유라시아 문명과 알타이

아시아학술연구총서 10
알타이학시리즈 5

유라시아 문명과 알타이

정 광, 류평주 · 장사오산, 요시다 유타카,
겔렉도르지 에렉젠, 바실리 소요노프

역락

이 책은 가천대학교 아시아문화연구소가 주최한 제30회 국제학술대회(일시: 2016년 9월 30일, 장소: 가천대학교 글로벌센터, 주제: 유라시아 문명과 알타이)에서 발표한 논문들을 일부 수정 보완하여 단행본으로 간행한 것이다.

알타이 제 민족의 문화가 유라시아 고대문명의 중요한 축(軸)을 맡고 있는 것으로 알려졌지만 그동안 이에 대한 연구가 별로 이루어지지 않았다. 이에 대하여 학회에서는 한국, 중국, 일본, 러시아의 전문가들이 자신들의 전문 분야에 대하여 그동안의 연구를 발표하였다. 이번에는 알타이 제 민족이 사용한 문자의 연구가 중심을 이루었지만 알타이 민족들의 역사적 유적(遺蹟)에 관한 연구도 실제 발굴을 담당했던 실무 연구자들의 조사가 발표되어서 이 분야의 연구자들에게 많은 도움을 주었다.

일제(日帝) 강점기를 지내면서 한민족(韓民族)의 뿌리와 긍지를 찾으려는 노력이 한국 학계에 만연(蔓延)되었고 한글에 대한 예찬(禮讚)이 뒤를 이었다. 알타이어학은 이 시대의 한국어학자들에게 가장 매력적인 학문이었으며 한국어의 역사를 연구하는 많은 연구자들이 알타이어와 한국어의 관계를 해명하는 일에 노력을 경주하였다. 그러나 한글이 발명된 배경으로 주변 알타이 민족들의 문자사용을 고찰하는 연구는 뜻밖에 아주 미미하였다.

언어의 역사적 연구는 문자로 기록된 자료에 의거할 수밖에 없다. 그러나 알타이 여러 민족의 역사를 기록한 문자들의 해독이 이루어지지 않아 그 언어의 실상을 파악할 수 없는 경우가 많았다. 해독되지 않는 문자 가운데 하나가 바로 거란(契丹) 문자다. 중국 역사에서 서방 세계에 가장 널리 알려진 요(遼)의 거란민족은 그들의 언어를 자신들이 발명한 문자로 기록하였지만 이 문자의 해독은 아직도 완벽하다고 보기 어렵다.

이번 제30회 국제학술대회에서 거란문자에 대하여 발표하고 이 책에 그 원고를 실은 류펑주(劉鳳翥) 박사는 중국에서 현재 생존하고 있는 거란 문자 연구에서 거의 독보적인 연구자다. 그가 장사오산(張少珊) 교수와 함께 발표한 '횡장(橫帳)'에 대한 연구는 거란대자와 거란소자를 구별하는 기준을 보였다는 점에서 주목할 만하다. 그동안 거란문자의 대자와 소자에 대한 구별이 쉽지 않았고 그로 인하여 여러 가지 오해도 있었다.

또 소그드 문자에 대하여 발표한 교토(京都) 대학의 요시다 유타카(吉田 裕) 교수는 일본에서 소그드 및 위구르 문자에 대하여 가장 정력적으로 연구 활동을 하고 있다. 이번 국제학술대회에서의 발표와 이 책의 연구 논문에서도 실제로 그가 발굴한 소그드 문자의 새로운 자료를 소개하면서 좋은 연구를 발표하였다. 이로부터 우리들은 칭기즈 칸과 누르하치가 차용한 위구르 문자의 전신인 소그드문자를 제대로 이해할 수 있게 되었다. 지금까지 한글과 동아시아 주변의 제문자와 관련한 여타 학술 대회에서 위구르 문자와 거란 문자에 대하여 발표한 글과 비교하면 전문가와 비전문가가 얼마나 다른지 알 수 있다.

이 책에서 유라시아 알타이 문명에 대하여 우리나라의 독자들이 조금이라도 새로운 식견을 갖추게 되기를 저자의 한 사람으로서 바라마지 않는다.

2017년 8월
정 광 씀

| 차 례 |

알타이 제 민족의 문자 제정과 사용
-한글과 파스파 문자의 제정을 중심으로-

정 광
고려대 명예교수

1. 서론

1.0 중국의 주변에 흩어져 사는 동아시아 여러 민족들, 특히 중국어와 문법적 구조가 다른 알타이 제어의 민족들은 다양한 문자로 자신들의 언어를 표기하였다. 이 민족들은 역사 이전부터 이 지역의 가장 강력한 한자문화에 휩쓸려 한자(漢字)를 빌려서 자신들의 언어를 표기하였다. 주로 중국의 침략을 받아 그의 지배를 받던 알타이민족들의 언어를 중국의 정복자들은 통치(統治) 문자인 한자로 이 언어들을 기록한 것이다. 그러나 한자는 고립어(孤立語)인 중국어, 그것도 고립적 문법구조를 가장 강하게 가졌던 장강(長江) 이남의 오아(吳兒)의 언어를 표기하기 위하여 고안된 표의 문자였다.[1]

---

1) 吳兒는 長江 이북의 漢兒에 대응하는 말로서 元代에는 南人이라고 불렸던 민족들이

한자는 중국 주변의 여러 민족들, 특히 교착적(膠着的)인 문법 구조를 가진 알타이 제어를 표기하기에는 매우 불편한 문자였다. 표의문자인 한자로는 문법적 의미만을 갖는 이들 언어의 어미와 조사, 즉 형태부의 표기가 어려울 뿐만 아니라 어순(語順)도 다르기 때문이다. 따라서 그들은 한자를 변형시킨 문자를 별도로 마련하거나 따로 불경(佛經)의 범자(梵字)에 이끌려 표음 문자를 새로 만들기도 하고 아니면 위구르 문자와 같은 서양의 표음 문자를 빌려서 자신들의 언어를 표기하려고 부단한 노력을 기울여 왔다.

1.1 동아시아의 알타이민족들이 자민족의 언어를 표기하기 위하여 사용한 문자는 거의 한자였다. 간혹 한자 이전에 고유한 문자를 자체적으로 만들어 사용했다는 신화(神話)와 전설(傳說)이 없는 것은 아니지만 남아 있는 자료가 없어 인정하기 어렵다. 또 설사 자료가 남아 있어도 문자로 보기 어려운 부호(符號)나 그림 문자 수준의 것이기 때문에 이를 언어를 표기한 문자라고 할 수는 없다고 본다.

현재까지의 연구로는 알타이민족 가운데 어느 민족이 가장 먼저 한자를 들여다가 자신들의 언어를 표기했는지 밝혀지지 않고 있다. 다만 필자는 기원 전 수세기 경에 한반도에서 기자(箕子) 조선, 또는 위만(衛滿) 조선 때에 한자가 수입되어 통치 문자로 이용하였을 것이라는 추정을 한 바 있다(졸고 2003a,b). 그러나 본격적인 한자의 사용은 한(漢)의 무제(武帝)가 기원전 108년에 요동(遼東)을 침략하고 한사군(漢四郡)을 설치하여 한반도의 북반부를 포함한 동북아의 끝자락을 오래 동안 지배하

다. 이들의 언어인 吳語는 역사적으로 先秦시대의 표준이었던 雅語, 즉 四書五經의 중국어를 말한다. 漢語의 역사에서 上古語(Archaic Chinese)라고 불린다.

면서 한자를 상용(常用)하였다고 추정한다. 이로 인하여 이 지역에 나라를 세운 고구려와 백제, 그리고 신라에서는 한문으로 역사를 기록하는 수준으로 한자가 보급되었다.

한사군(漢四郡)과 가장 밀접한 관계에 있던 고구려가 삼국 가운데 제일 먼저 한자를 사용한 것으로 보이며 스스로 한자를 변형시켜 고유한 인명, 지명, 관직명을 표기한 것으로 추정된다. 이러한 전통은 고구려의 고토(故土)에 나라를 세운 발해(渤海)로 이어졌고 결국은 요(遼)의 거란(契丹) 문자와 금(金)의 여진(女眞) 문자로 계승되었다.

1.2 표의(表意) 문자인 한자를 변형시켜 자신들의 언어를 표기하는 데에는 한계가 있었고 여러 가지 제약도 뒤를 따랐다. 그리하여 전혀 새로운 문자를 제정하여 사용하기도 하였는데 그 대표적인 예로 7세기 중반에 토번(吐蕃) 왕국의 송첸 감보(Srong-btsan sgam-po) 왕이 제정한 티베트의 서장(西藏) 문자를 들 수 있다. 이 문자는 당시 왕의 명으로 인도(印度)에 유학한 톤미 아누이브(Thon-mi Anu'ibu)가 고대인도의 비가라론(毘伽羅論)을 배우고 성명기론(聲明記論)과 같은 고도로 발달한 고대인도의 음성학 이론에 의거하여 과학적으로 제정한 표음 문자다.

이 문자는 당시에 매우 유용한 표음문자여서 토번(吐蕃)의 티베트어만이 아니라 주변의 여러 민족의 언어를 표기할 수가 있었다(졸저, 2009). 이 문자의 제정이 성공하자 중국의 주변에 있으면서 거대한 한자 문화에 종속되어 동화되거나 소멸되는 것을 두려워하던 중국 북방의 여러 민족들이 새로 국가를 세우면 새로운 문자를 제정하는 전통이 생겨났다.

1.3 이러한 전통에 맞추어 유라시아 대륙의 중앙아시아를 석권(席捲)

한 몽고의 칭기즈 칸은 점령지에서 사용되고 있던 위구르 문자를 빌려 몽고어를 표기하게 하였다. 이것이 몽고-위구르 문자다. 원래 위구르 문자는 유럽의 로마자와 같은 계통의 남셈(Southern Semitic) 문자에 속하는 아람 문자(Aramaic script)의 소그드 문자(Sogdic)에서 온 것이다. 서역(西域)에서 상인으로 활약하던 소그드인들은 아람문자를 이용하여 자신들의 언어를 기록하였는데 이들에게서 문자를 배운 위구르인(Uighurs)들은 이 문자로 역시 자신들의 언어를 기록하였다. 위구르인들은 기원 전후의 시기에 중국의 서쪽 경계에서 살았고 후대에 그 일부가 중국의 내부까지 들어왔다.[2]

위구르인들의 왕국이었던 나이만(乃蠻)을 정복한 칭기즈 칸은 이곳에서 위구르인인 타타퉁아(Tatatunga)라는 현인(賢人)을 포로로 잡아 그로 하여금 몽고어를 이 문자로 적도록 하고 이를 태자(太子)인 오고타이(窩闊臺)와 여러 왕자들에게 가르쳐 제국(帝國)의 통용 문자로 하였다. 이 문자는 몽고 제국의 번영과 확장으로 인하여 중앙아시아의 여러 민족의 언어를 기록하는데 사용되었다. 그러나 위구르 문자는 표음 문자로서 음소 단위의 문자이기 때문에 음절 단위의 한자의 발음 표기에는 매우 불편하였다.

---

2) 전통적으로 위구르 족으로 불리는 종족이 8세기 중엽에 突厥을 쳐부수고 몽골 고원에 위구르 可汗國을 세웠다. 그러나 이 나라는 9세기 중엽에 이르러 키르기스족의 공격을 받아 潰滅하였고 위구르 족은 남쪽과 서쪽으로 나뉘어 敗走하였다. 남쪽으로 도망간 위구르족은 唐으로의 망명이 이루어지지 않아서 뿔뿔이 흩어졌다. 서쪽으로 향한 위구르 족의 일부가 현재 중국의 甘肅省에 들어가 그곳에 王國을 세웠다가 11세기 초엽에 李元昊의 西夏에 멸망하였다. 한편 현재의 新疆省 위구르 자치구에 들어간 별도의 일파는 9세기 후반 당시의 焉耆, 高昌, 北庭을 중심으로 한 지역에 '西 위구르 王國'으로 일반에게 알려진 국가를 건설하였다. 이것이 다음에 설명할 나이만(乃蠻)으로 보인다. 이 나라도 13세기 전반 몽골족의 勃興에 의하여 멸망의 길을 걷게 되었고 결국은 사라지게 되었다(졸저, 2015:91~92).

1.4 칭기즈 칸(成吉思汗)의 손자로 남송(南宋)을 멸망시키고 중원(中原)에 원(元)을 세운 세조(世祖) 쿠빌라이 칸(忽必烈汗)은 역시 새 국가를 건설하면 새 문자를 제정한다는 북방민족의 관례에 따라서 토번(吐蕃)의 팍스파 라마('Phags-pa Lama, 八思巴 喇嘛)로 하여금 제국(帝國)의 언어를 모두 적을 수 있고 중국의 통치에 필요한 한자의 교육을 위하여 한자음 표기에 적절한 표음 문자를 새로 만들도록 명령한다.

팍스파 라마는 그가 사용하고 있던 티베트의 서장(西藏) 문자를 모방하고 고대인도의 비가라론(毘伽羅論)의 성명기론(聲明記論)과 이에 근거한 중국의 성운학(聲韻學)에 의거하여 43개의 새 문자를 만들었는데 이것이 바로 파스파 문자이다. 쿠빌라이 칸은 이것을 원 제국의 공용문자로 선포하고 보초(寶鈔, 지폐)와 동전(銅錢)의 문자를 비롯하여 모든 공문서에서 이 문자를 쓰게 하는 조령(詔令)을 내렸고 국자(國字)로 인정하였다.

1.5 중국 북방민족들이 새 국가를 세우면 새 문자를 제정하는 전통은 한반도에도 전달되어 조선의 건국과 더불어 새 문자인 한글이 제정된다. 고려의 무장(武將)이었던 이성계(李成桂)에 의하여 조선이 건국된 지 51년 만에 그의 손자인 세종이 정통(正統) 계해년(1443) 겨울에 훈민정음이라고 이름을 붙인 새로운 표음 문자를 만들었다.

이성계의 부친인 환조(桓祖) 이자춘(李子春)은 몽고의 원에 귀속하여 한때 천호(千戶)의 벼슬을 지냈으며 몽고식 이름으로 울루스 부카(吾魯思不花)라고 개명까지 하면서 몽고의 세계주의(cosmopolitanism)에 동조하였고 대대로 몽고의 문화를 숭상하였다. 따라서 그의 증손자인 세종이 문자를 제정할 때에 원대 파스파 문자의 영향을 받았었을 것은 능히 추측할 수 있다.[3]

훈민정음은 파스파 문자와 같이 한자음의 표기를 위하여 제정된 문자다. 명칭이 정음(正音), 또는 훈민정음(訓民正音)이라고 한 것으로도 미루어 짐작할 수 있는 것처럼 '올바른 한자음', 또는 '백성들에게 가르쳐야 하는 한자의 올바른 발음'을 표음하려는 목적으로 제정된 문자다. 처음에는 한자음 표음을 위한 기호로 만들었으나 파스파 문자와 같이 우리말과 우리 한자음의 표기에도 사용되었으며 빠르게 일반 백성들의 생활 문자로 퍼져나갔다. 한글의 보급에 중요한 역할을 한 것은 『훈몽자회』에 부재된 「언문자모」라고 할 수 있다(졸고, 2016b).

1.6 따라서 앞에서 언급한 동아시의 여러 민족들이 사용한 문자는 대체로 세 부류로 나눌 수 있다. 첫째는 한자를 변형시켜 만든 문자를 들수 있고 이 부류에 들어가는 문자로는 고구려 문자, 신라의 구결자(口訣字), 발해 문자, 일본의 가나(假名) 문자, 고려의 구결 약자(略字), 서하(西夏) 문자, 거란(契丹) 문자, 여진(女眞) 문자가 있다.4)

둘째 부류로는 불경의 범자(梵字)를 본받아 전혀 새로운 표음 문자를 창제하여 사용하는 방법이다. 범자는 비가라론(毘伽羅論)을 기반으로 하여 만들어진 음절 문자다. 비가라론은 고대인도에서 발달한 성명기론(聲明記論), 또는 기론(記論)을 말하는 것으로 고도의 음성학과 문법적 지식을 갖춘 산스크리트어의 문법 연구였다. 범어(梵語)와는 문법구조가 다르기 때문에 티베트의 서장(西藏)과 중국에서는 음성학의 이론만을 받

---

3) 한글과 파스파 문자와의 관계에 대하여는 졸고(2009a,c, 및 2011b)와 졸저(2009, 2012)에서 한글과 파스파 문자와의 관계를 구체적으로 고찰하였다.

4) 西田龍雄 編(1981:29)에 의하면 한자의 楷書로부터 萬葉假名, 契丹, 西夏, 女眞과 字喃 계문자, 簡体字가 분기한 것으로 도표를 그렸다. 아마도 고구려 문자는 隷書로부터 발달했을 것이다. 따라서 한자를 변형시켜 중국 주변의 언어를 기록하는 일은 오랜 역사를 가졌고 일반적으로 널리 알려진 사실이다. 다만 Jean(1987)에 소개된 한자 체계에는 契丹 문자가 빠져 있다(高橋啓 譯, 1990:137).

아드려 성운학(聲韻學)을 발전시켰다. 그리고 이 이론에 입각하여 새로운 표음 문자를 제정하여 자국어를 표기하는 것이 유행하였다. 토번(吐蕃)의 서장(西藏) 문자와 원(元)의 파스파 문자가 이 부류에 들어가고 필자는 한글도 여기에 속한다고 보았다(졸고, 2011a,b, 2012a 및 졸저, 2015).

셋째 부류는 서양의 표음 문자를 수입하여 자국어를 표기한 몽고-위구르 문자를 들 수 있다. 원래 셈 문자로서 북셈(Northern Semitic) 계통의 아람 문자(Aramaic script)에서 발달한 소그드 문자(Sogdian script)를 위구르인들이 중국 등지에서 활약한 소그드인들의 상인으로부터 받아들여 문자로 사용한 것으로 위구르 문자(Uighuric script)라고 한다. 이 문자를 몽고의 칭기즈 칸이 차용하여 몽고어 표기에 사용한 것이 몽고-위구르 문자(Mongol-Uighuric script)다. 이 문자는 만주족의 청(淸)에서 만주 문자(Manchu script)로 전용되었다.

이와 같이 동아시아에서 한자 문화의 영향이거나 반대로 그에 저항하여 만들어진 세 부류의 문자들은 상호 교류하면서 발전하였다. 예를 들면 여진(女眞) 문자는 거란(契丹) 문자의 영향을 받아 같은 방식으로 한자를 변형시킨 문자이며 일본의 가나(假名) 문자도 한자를 변형시켜 일본어를 표기하기에 알맞도록 마련한 문자다. 다만 일본의 가나문자는 일찍부터 고대인도의 비가라론이나 반자론(半字論), 만자론(滿字論)에 의거하여 いろは(伊呂波) 47자, 또는 51자의 오십음도(五十音圖) 등으로 문자 체계를 발전시켰다.[5]

---

5) 고대인도의 半字論에 의거하여 발달한 反切에 대하여는 졸고(2016b)를 참고할 것. 梵字를 자음과 모음으로 나누어 그 각각을 半字라고 하여 이를 알파벳으로 교육한 半字敎에 대하여는 졸고(2016b)를 참조할 것. 여기서는 고대인도의 毘伽羅論과 半滿二敎라고 불경에 등장하는 半字와 滿字에 대하여 논의하였다. 半字敎는 梵字의 摩多와 体文, 즉 모음과 자음의 교육이고 滿字敎는 悉曇, 즉 문자의 교육이었다. 일

이 글은 동아시아의 이러한 문자의 제정과 사용을 검토하고 상호 영향 관계를 추적하여 동아시아 여러 민족들의 문화적 교류와 우리의 한글을 제정한 배경을 밝히려는 것이다. 한민족의 언어를 표기하기 위한 한글은 이러한 동아시아 제 문자의 영향을 받아 제정된 것이지 절대로 무(無)에서 유(有)를 창조한 것처럼 기적적으로 한글이 발명된 것은 아니라고 보기 때문이다. 이제 역사적으로 동아시아 여러 민족들이 어떻게 문자를 제정하여 사용하였는가를 개관하고자 한다.

2. 고구려와 발해, 일본의 문자

2.0 한자를 변형시켜 자민족의 언어를 기록하기 시작한 것은 고구려라고 필자는 생각한다. 오늘날에 발굴되는 고구려의 여러 유물 가운데 한자를 변형시킨 것으로 볼 수 있는 수이자(殊異字)들이 많이 발견된다. 그러니 자료의 부족으로 체계적인 연구가 어렵다.[6] 다만 金毓黻(1934a, 1980), 李强(1982), 魏國忠·朱國沈·郝慶云(2006), 그리고 졸고(2010a)에서 고구려가 사용한 몇 개의 수이자들을 소개하여 한자를 변형 시킨 고구려의 문자가 있었을 가능성을 주장하였다.

고구려의 유민들이 고구려의 고토(故土)에 세운 발해의 유물에서도

본의 가나문자를 五十音圖로 정리한 것은 吉備眞備라고 한다. 주21 참조.
6) 고구려어에 대해서는 많은 연구가 있다. 그 가운데 졸저(2011)에서는 Beckwith(2004)의 연구를 비판하고 수백 개의 고구려 어휘를 재구하였다. 주로 명사들이고 간혹 동사와 부사의 어휘도 있으나 지명을 통한 연구여서 문법 형태들의 재구는 매우 미흡하다. 문헌 자료가 거의 없어 비교언어학의 방법에 의존해야 하는 고대한국어 연구의 한계라고 할 수 있다. 특히 표음문자로 기록된 고구려어의 자료가 없다는 것이 한층 더 연구를 어렵게 한다(졸고, 2007, 2008).

같은 수이자(殊異字)들로 발해어(渤海語)를 기록한 흔적이 많이 발견된다. 역시 자료가 부족할 뿐만 아니라 발해의 언어가 고구려어를 이어받은 것이 아니라 말갈(靺鞨)의 언어가 주류를 이루었을 것이라는 추정도 있어 그 해독은 더욱 어렵다. 역시 金毓黻(1934a, 1980)에서 발해(渤海)가 한자를 변형 시켜 만든 것으로 추정되는 수이자들을 여러 개 제시하였다(金毓黻, 1934, 『渤海國志長編』, 권16, 「族俗考」, pp. 377).

고구려, 또는 백제의 영향인지는 확인할 수 없어도 일본에서는 4세기경부터 망요가나(萬葉假名)라는 한자 변형의 문자를 사용하기 시작한다. 특이한 것은 이 가나 문자 'いろは'에서의 한자는 전혀 표음 문자로 변했다는 점이다. 거기다가 개음절인 일본어 음운 구조의 특성으로 이 문자는 자음과 모음의 음절문자가 되었다. いろは(伊呂波) 47자처럼 불가(佛家)의 비가라론(毘伽羅論)에서 영향을 받았고 후대에는 실담(悉曇)의 반자론(半字論)에 의거하여 오십음도(五十音圖)로 발전한다(졸고, 2016a).

2.1 주지하는 바와 같이 고구려는 부여(夫餘)의 후예인 주몽(朱蒙)이 기원 전 38년경에 세운 나라다. 한반도의 북반부와 만주 일대를 지배하면서 중국의 수(隋)・당(唐)과 대적하다가 당(唐)에 멸망한 고구려는 우리 민족의 선조다.[7] 고구려어에 대한 연구는 이 언어를 기록한 고문헌의 서지학적 탐색으로부터 이루어져야 한다. 고구려어에 대한 단편적이고 피상

---

7) 중국의 동북공정에서 고구려를 자신들의 변방 국가로 보려는 노력이 있었다. 필자는 2004년 12월에 고구려재단이 주선하여 중국 동북공정의 실제 실무자들과 한께 벌인 워크숍에서 고구려의 언어와 문자의 사용으로 볼 때에 우리말의 조상임을 강조하면서 교착적인 고구려어는 고립적 문법구조의 한어와 어떠한 친족관계도 없음을 역설하였다. 이 워크숍은 北京 怡生園 國際會議中心(만리장성 근천에 있으며 Secret Garden이라고도 불림)에서 열렸는데 워크숍이 끝나고 필자의 발언 때문에 몇 시간 억류되었던 기억이 있다(졸고, 2004b 및 졸고, 2005, 2010a).

적인 기록들이 중국의 고사서(古史書)와 고려시대에 편찬된 『삼국사기』, 『삼
국유사』, 『고려사』 등 한반도에서 편찬된 사서(史書)에 흩어져 있다.

그러나 고대 고구려어 자료에 대한 문헌학적 연구는 우리 학계에서
1950년대까지 정식으로 연구된 바가 없다. 왜냐하면 그 자료로부터 추
출한 고구려 지명 및 고유명사의 표기에 사용된 한자의 발음 연구가 당
시에는 그야말로 초보적인 수준이어서 학자들이 이 한자음을 이용하여
고구려어를 분명하게 파악하기 어려웠기 때문이다.

그러던 중에 이기문(1961)은 한국어의 역사에 관한 개설서로서 먼저
고구려어와 신라어가 서로 다르고 중세한국어는 신라어를 기반으로 한
것이며 고구려어는 중세 한국어에서 저층(substratum)을 형성함을 처음
으로 언급하였다. 특히 이기문(1963)에서는 『삼국사기』에 등장하는 지
명(地名)들의 코퍼스에 기초하여 고구려어는 "언어의 계통적 관점"에서
일본어와 가장 가까운 언어임을 강조하였다(이기문, 1963:97). 그 후 고구
려어에 대한 이러한 주장을 한국어의 역사와 형성을 다룬 그의 또 다른
책들에서 자세히 다투었나(이기문, 1967, 1983).

이러한 연구는 일본인 알타이어 연구자인 무라야마(村山七郎) 교수에게
전달되었고 그는 바로 고구려어에 관한, 그리고 고구려어와 일본어, 한국
어와의 관계에 관한 연구들을 발표하기 시작하였다(村山七郎, 1962, 1963).
물론 무라야마 교수가 후에 자신의 주장을 최소한 두 번이나 바꾸긴 했
지만(村山七郎, 1966, 1978), 이전 연구에서 그는 고구려어 코퍼스의 상당
부분이 일본어와 밀접한 관계가 있음과 동시에 일본어만큼 가깝지는 않
으나 한국어와도 상당 부분 연결되어 있다는 이기문 교수의 연구에 의견
을 같이 하였다(이기문, 1983, 村山七郎, 1963). 이러한 무라야마 교수의 논문
들은 일본의 많은 연구자들의 관심을 고구려어 자료에 집중시키게 되었

고 이기문 교수의 연구는 한국어의 언어적 친족관계를 연구하는 많은 한
국어 연구학자들 사이에서 가장 큰 지지를 얻는 기초가 되었다.

　2.1.1 이렇게 1960년대에 화려하게 출발한 고구려어의 연구는 그 이후
에 한국에서의 연구가 매우 지지부진하였다. 특히 훈민정음 창제 이후
15세기부터 표음문자에 의한 한국어 표기가 가능하였던 이유로 이 시
대 많은 소장학자들의 연구가 15세기 이후의 연구에 집중되었으며 상
대적으로 어려운 한자자료나 없어진 주변 민족의 언어를 찾아 작업해야
하는 고대한국어, 특히 고구려어에 대한 연구는 인기 없는 분야가 되어
방치되었다고 해도 과언(過言)이 아닐 정도로 연구가 쇠퇴하였다.

　더욱이 1970~80년대를 풍미(風靡)한 미국의 변형생성문법에 대한 열
기와 연구의 광풍은 우리 학계에도 많은 영향을 미치어 우수한 연구자
들이 여기에 몰두하였다 그 결과 한국어학의 많은 분야에서, 특히 한국
어의 역사적 연구에서 관심의 소홀과 연구자의 결핍, 연구 분야의 편중
(偏重)이라는 몸살을 앓게 되었다.[8]

　고구려어의 연구는 2000년대에 들어와서 외국학자들에 의하여 활발
하게 연구되면서 국내학자들의 관심을 끌게 되었다. 변형생성문법의 광
풍에 비교적 초연하였던 일본학계에서는 1980~90년대에도 꾸준히 고
구려어에 대한 연구가 고대 일본어와의 관계를 중심으로 연구되었다.
고구려를 자신들의 조상으로 여기는 한국의 고구려어 연구와는 매우 대

---

8) 이에 대하여는 서울대학교를 정년 퇴임하셨던 恩師 李崇寧 선생님의 1973년 9월
　 15일에 행한 정년퇴임 기념강연과 졸고(2009d)를 참조할 것. 특히 졸고(2009d)는
　 국어학회 창립 50주년을 기념하는 학술대회에서 '국어학의 새 지평'이란 제목으
　 로 의뢰를 받아 행한 기조 강연으로 미국 언어학에 경도된 한국어학의 병폐를 조
　 목조목 지적하였다.

조적으로 일본에서는 많은 업적이 발표되었다.

그리고 이러한 일본의 연구를 접한 미국의 역사언어학자들이 고구려어의 연구에 관심을 갖게 되었다. 한국어와 일본어의 언어 관계에 대하여 논의한 Martin(1966) 이후에 마틴(Samuel E. Martin), 휘트만(John B. Whitman), 응거(J. Marshall Unger), 보빙(Alexander Vovin) 등의 미국학자들이 고구려어에 대하여 계속적으로 논고를 발표하더니 급기야 미국 인디아나 대학의 벡위드(Christopher I. Beckwith) 교수가 *Koguryo, The language of Japan's Continental Relatives*(Leiden · Boston : Bril, 2004)라는9) 제목으로 고구려어 연구에 대한 단행본을 간행하였다. 이어서 응거(Unger, 2008), 보빙(Vovin, 2010)도 유사한 연구서를 단행본으로 발표하였다.

2.1.2 고구려어는 한자로 기록되었다. 졸저(2011)에서는 한사군(漢四郡) 시대에 통치 문자로서 본격적으로 유입된 한자가 고구려에서는 국가나 개인이 경영하는 학교에서 교육되었다고 보았다.10) 고구려 소수림왕(小獸林土) 2년(372)에 설립한 태학(太學)은 관학(官學)이있고 그 이후에 설치된 경당(扃堂)은 사학(私學)으로서 유교 경전을 교재로 하여 한자를 교육한 것이라고 주장하였다(졸저, 2011:43). 또 같은 시기에 불교가 고구려에 들어오면서 불경을 통한 한문 교육이 있었는데 후자는 중국어의 역사에서 중고어(中古語, Ancient Chinese)라고 불리는 통어(通語, 또는 凡通語)의 교육이었고 전자는 상고어(上古語, Archaic Chinese)로 불리는 사서오경(四書五經)

---

9) 이 책은 필자에 의하여 『고구려어-일본을 대륙과 연결시켜 주는 언어-』(서울: 고구려연구재단, 2006)으로 번역되었다.
10) 한반도에 한자가 들어온 것은 고조선의 衛滿朝鮮까지 거슬러 올라 갈 수 있다고 보았다(졸고, 2003a). 중국 연(燕)나라에서 이주한 위만조선의 지배층은 이미 한문을 능숙하게 사용한 것으로 추정되기 때문이다(졸저, 2011:95).

의 아언(雅言)에 대한 교육이었다.

고구려의 유경(儒經)과 불경(佛經)을 통한 중국어와 한자의 교육은 한
문으로 자국의 역사를 기록할 정도로 보급되었다. 국초에 간행된『유기
(留記)』라든지 태학박사 이문진(李文眞)이 편찬했다는『신집(新集)』은 모
두 한문으로 작성된 고구려의 역사서로 추정된다. 따라서 고구려인들은
한자를 매우 익숙하게 사용한 것으로 보아야 할 것이다.

2.1.3 그러나 고구려 문자가 별도로 있었다는 주장도 있다. 즉, 일찍부
터 고구려인들은 한문을 배워서 지식인들은 이를 문어(文語)로 사용하였
는데 이때에 배운 한자를 변형시켜 자국의 언어를 표기하였다는 것이다.
『삼국사기』(권11) '헌강왕(憲康王)'조에 "十二年春, 北鎭奏: 狄國人入鎭,
以片木掛樹而歸。遂取以獻, 其木書十五字云: 寶露國與黑水國人, 共向新羅
國和通。 - 〔헌강왕〕 12년 봄에 북진에서 주(奏)하기를 오랑캐 나라 사람
이 들어와서 편목을 나무에 걸어놓고 돌아가서 나아가 집어다가 받쳤
다. 그 나무 조각에 15자가 쓰여서 말하기를 보로국이 흑수국 사람들이
함께 신라에 가서 화통화려고 한다고 하였다"라는 기사가 있어 고구려
문자로 편목(片木)에 쓴 글을 신라의 북진(北鎭)에서 보내왔음을 말한다.
이러한 기사를 보면 고구려인들의 사용한 변형한자는 상당한 수준이었
던 것으로 별도의 문자로 취급할 수 있을 것으로 보인다.

오늘날 고구려에서 사용된 한자의 모습을 분명하게 보여주는 자료로
먼저 <광개토왕비문>을 들 수 있다. 이 비문의 서체로 필획(筆劃)은 전
서(篆書), 결구(結構)는 해서(楷書), 필세(筆勢)는 예서체(隷書体)라고 하지
만 종합적으로는 고구려식 고예체(古隷体)라고 본다(李鍾學 외, 1999:223).
이 비문에 약체(略體) 문자가 사용되기도 하였지만 고구려의 독자적인

자체가 적지 않게 보인다. 물론 탁본(拓本)으로 본 것임으로 그로 인한 오류도 없지 않겠지만 당시 중국에서 사용한 서체와 확연하게 다른 글자들이 있다.[11] 이 수이자(殊異字)들은 고구려의 다른 금석문이나 벽돌, 기와 등의 명문(銘文)에서 발견된다.

2.2 고구려에서 한자를 변형시켜 자국어를 표기하는데 사용하는 방법은 발해에 그대로 전해진 것 같다. 발해의 언어에 대한 연구는 거의 이루어지지 않았고 그 계통에 대한 연구도 확실한 것은 없다. 몇 가지 가설 중에서 그래도 가납할 수 있는 것은 『일본기략(日本紀略)』의 홍인(弘仁) 원년(810) 5월 27일 조 기사에[12] 근거하여 발해어(渤海語)는 한어(漢語)도 아니고 말갈인(靺鞨人)들이 전통적으로 사용하던 언어도 아니며 말갈어(靺鞨語)를 모체로 하여 탄생한 '새로운 언어'라는 주장이다. 즉 발해족이 형성됨에 따라 말갈어를 중심으로 한어와 고구려어, 기타 언어들이 융합된 새로운 복합 언어라는 가설이다(魏國忠·朱國沈·郝慶云, 2006:393).

그러나 발해의 건국을 이룩한 고왕(高王) 대조영(大祚榮)은 고구려의 신하이었고 발해의 권력층이 고구려의 유민이었음을 감안할 때에 발해어의 상층부(superstratum)는 고구려어이었다고 추정하게 된다. 따라서 비록 언어 저층(substratum)은 말갈(靺鞨)의 언어이었을지언정 발해어의 핵심부는 고구려어로 볼 수밖에 없다. 이에 대하여 魏國忠·朱國沈·郝慶云(2006)에서는 "이상의 추론을 통하여 발해의 거주민들 가운데 기본이 되는 언중(言衆)들은 고대 퉁구스 계열의 만주족 언어를 사용하였고

---

11) 李鍾學 외(1999:212-226)에서는 상당한 수효의 殊異字를 찾아 이체자로 제시하였다.
12) 이 기사는 "渤海 使臣 중에 首領인 高多佛이 사절단에서 벗어나 越前國에 머물자 史生 羽粟馬長과 학생들로 하여금 渤海語를 배우게 하였다"라는 내용이다.

그 언어가 바로 발해 왕국의 국어였다는 결론을 얻을 수 있다"라고 하여 발해어가 알타이어 계통의 북방계 언어임을 주장하였다.

2.2.1 발해의 문자사용에 대하여는 서로 극명하게 대립되는 두 가지 학설이 있다. 하나는 발해가 고유한 문자를 제정하여 자국의 언어를 표기하였다는 것이고 또 하나는 고유한 문자가 없었고 한자를 사용하여 자국의 언어를 기록하였다는 주장이다. 후자는 『구당서(舊唐書)』「발해전」과 『책부원구(冊府元龜)』 등에 "발해는 문자와 서기(書記)가 없다"라는 기사가 있고 『신당서(新唐書)』「발해전」, 『동국사략(東國史略)』, 『동국통감(東國通鑑)』 등에 발해에는 문자가 없었다고 하였기 때문에 고유의 문자를 제정하거나 그를 이용하여 발해어를 기록한 흔적이 없다는 것이다. 또, 『유취국사(類聚國史)』에 "발해는 글자를 알았다"라고 기록하고 『거란국지(契丹國志)』에도 발해는 "글자를 알았으며 고금제도를 배워 해동성국(海東盛國)이 되었다"라고 하여 글자, 즉 한자를 알고 있었던 것으로 보았다(李强, 1982, 김정배·유재신, 2000:160).

그러나 발해의 유적지에서 발굴된 기물과 와당(瓦當) 가운데 문자가 새겨진 것이 있고 그 문자들 가운데 한자로 보기 어려운 수이자(殊異字)가 있어 발해에서는 고유한 문자를 제정하여 사용하였다고 볼 수 있다. 소위 '문자 기와'로 명명된 발해의 문자기와는 지금까지 중국에서 수집된 것만도 400여 개나 되고[13] 그로부터 250여 개의 문자와 부호를 추

---

13) '문자 기와'는 옛 발해의 三京, 즉 上京 龍泉府(지금 흑룡강성 영안현 동경성), 東京 용원부 (지금의 길림성 훈춘현 팔련성), 中京 顯德府 (지금의 길림성 화룡현 서고성)의 유적지에서 주로 출토되고 있으며 한국에서 수집하여 보존한 문자기와 수효는 400여개에 이른다고 한다. 또 1939년에 편찬된 『東京城-渤海國上京龍泉府址の發掘調査』에 수록된 '문자기와'와 한국 金毓黻 선생의 『발해국지장편』에 수록

출할 수 있다고 한다. 이 가운데는 한자와 구별되는 수이자가 있고 문자로 보기 어려운 부호도 적지 않다.

이에 대하여 金毓黻(1980)은 발해의 문자기와에 나타난 수이자(殊異字)에 대하여 "그 서체가 특이하여 분명 발해와 관련이 있고 〔중략〕 대개 발해는 이미 한자를 익혀 사용하였으나 그 언어 중에 분명 한자로 표현할 수 없는 음이 있어 따로 글자를 만들어 그것을 표현하였는데 매우 기이하여 알 수 없는 문자가 바로 이러한 연유로 나타나게 된 것이다"
(金毓黻, 『渤海國志長編』 권20, 「補遺」 사회과학전선 잡지사 1980년 번각본 pp. 578) 라고 하였다.[14]

2.2.2 필자는 얼마 전부터 고구려의 언어와 문자사용을 검토하면서 고구려인들이 자국의 언어를 기록하기 위하여 이용한 독특한 한자 표기 방식에 대하여 관심을 갖게 되었다. 여기서 말하는 독특한 한자 표기방식이란 고유어로 된 인명(人名), 지명(地名), 관직명(官職名)과 같은 고유명사, 그리고 조사나 어미와 같이 표의 문자인 한자로 표기하기 어려운 형태부를 한자의 형(形)과 음(音)으로 표기하는 방법을 말하며 현재로는 고구려어의 고유명사와 형태부 표기가 현재 남아있는 가장 이른 시기의 것이다.

고립적인 문법구조의 중국어를 표기하기 위하여 고안된 한자는 한자(漢字)가 형(形), 음(音), 의(義)를 모두 갖춘 표의 문자지만 음절 단위의 쓰이기 때문에 교착적인 문법구조를 가진 고구려어의 형태부, 즉 조사

된 것까지 합하여 계산한다면 그에 새겨진 문자부호는 모두 250여개가 된다고 한다(李强, 1983, 김정배·유재신, 2000:143에서 인용).

14) 霍明琨(2013)에서는 金毓黻의 논저를 대부분 정리하였다. 그러나 여기에서는 金毓黻(1980)의 번각본이 목록에 들어있지 않았다. 아마도 鉛印本의 번각본이 이미 이를 대신하여 널리 사용되었음을 알 수 있다.

와 어미까지 한자로 표기하기가 어려웠다(졸고, 2005). 그리하여 고구려인들은 한자의 자형(字形)만을 빌리거나 또는 조금 변형시켜 고구려어의 표기에 맞는 새 문자를 만들었으며 때로는 한자의 자의(字義)를 빌려 고구려어를 표기하기도 하였고 또는 자음(字音)만을 빌려 표음적으로 표기하는 데 사용하였다.

자형을 빌려 다른 뜻, 다른 발음으로 사용하거나 자형을 변형시켜 표기하는 경우에 이를 수이자(殊異字)가 된다. 자의(字意)를 빌려 표기하는 경우 이렇게 사용된 한자를 훈독자, 석독자로 부르며 자음(字音)만을 빌려 표음적으로 표기하는 경우 이를 음독자라 하여 한자의 차자표기에서는 이들을 구별한다. 이러한 고구려의 독특한 한자 사용법은 한반도에 그대로 전달되어 신라의 향찰(鄕札) 표기로 이어진다고 필자는 생각한다.

2.2.3 고구려의 문화를 이어받은 발해(渤海)도 고구려의 이러한 독특한 한자 사용을 전수받았을 가능성은 매우 크다. 그러나 현재까지의 자료들, 주로 문자가 새겨진 와당 자료만 가지고 발해의 고유 문자를 연구하기에는 미흡하기 짝이 없다. 그보다는 좀 더 많은 자료를 남겨둔 요(遼)와 금(金)에서 한자를 변형시켜 새 문자를 제정한 것에 대하여 검토하여 발해의 문자에 대한 연구의 기초를 삼을까 한다. 왜냐하면 발해의 뒤를 이어 북방 유목민족을 통합하고 중앙아시아의 스텝에 새로운 국가를 건설한 것이 몽골계의 요(遼)나라이고 그 뒤를 이은 것이 퉁구스 계통의 여진족이 세운 금(金)나라이기 때문이다.

2.3 일본에서도 한자를 변형시켜 자국어를 표기하였다. 일본에서의 한자 교육은 고구려나 백제와 같이 학교 교육에서 이루어졌다. 일본 오

진(應神) 16년(285)에 백제의 아직기(阿直岐)와 왕인(王仁)에 의하여 한자의 초보교과서인 <천자문>과 유학(儒學)의 기본서인 <논어>가 전수되었다. 그 후 계속해서 한반도와 중국으로부터 많은 문인(文人)들이 도일(渡日)하여 한자의 사용을 촉진시켰고 유학을 흥륭(興隆)하게 하였다.15)

드디어 리츄(履中) 4년(403)에는 제국(諸國, 日本의 各藩國을 말함)에 서인(書人, ふみひと)을 두고 언사(言事)를 글로 써서 사방에 전달하였다는 기록이 있어16) 이때에 이미 한자가 널리 사용되었음을 알 수 있다. 또 킨메이(欽明) 13년(552)에 일본에 불교가 전래되고 그것이 토착 신앙인 신도(神道)와 통합되면서 급격하게 번성하였다.17) 일본의 교육은 본래의 신도와 외래의 유교·불교의 교육에서 시작되었다(文部省, 1910:37).18)

4세기경까지 소급할 수 있는 일본의 망요가나(萬葉假名)는 한자를 간략하게 줄인 수이자(殊異字)로 일본어를 표기한 것이며 『고지키(古史記)』(712), 『니혼쇼키(日本書紀)』(680~720) 등에서 일부 사용되다가 『고킨슈(古今集)』(905)에서는 모두 이 문자로 표기되었다. 후대에는 한자의 편방

---

15) 文部省(1910)에 의하면 王仁의 後裔를 文氏라 하고 王仁보다 四年 後에 渡日한 阿知使主(アチオミ)를 漢氏(アヤ氏)라고 불러 구별한다고 하였는데 漢氏는 大和에서, 文氏는 河內에서 각각 대대로 文筆을 관장하여 왔으므로 이들을 東西(ヤマトムチ)의 史部(フヒトベ)라고 불렀다고 한다(文部省, 1910:11~12).
16) 『日本書記』(권9) 第十二 '履中天皇'조에 "四年秋八月, 辛卯朔戊戌 始之於諸國置國史 記言達四方志"라는 기록 참조.
17) 佛教가 전래된 지 半世紀도 못된 推古代(593-627)에는 벌써 寺院이 46곳, 僧侶가 816人, 比丘尼가 569人을 헤아리게 되었다고 한다.
18) 日本의 史料에 보이는 最古의 학교는 '法隆學問所'로서 推古 15년(674)에 聖德太子가 創建한 것이다. 그러나 이것은 佛家의 교육을 위한 것이므로 일반인의 교육기관으로 가장 오랜 것은 天智代(662-671)에 百濟에서 渡來한 鬼室集斯가 세운 학교로서 그가 처음으로 學職頭(ガクショクノカミ)가 되었던 官學이었다. 天武代(673~686)에는 大學察라고 불렀다. 또 이 때에 지방에는 府學과 國學을 두어 크게 學問이 장려되었다(졸저, 1988:77~79).

(偏旁)을 떼어 문자로 사용하였다. 이로부터 한자와는 완전히 다른 문자
로 일본의 가나(假名) 문자가 태어난 것이다.

2.3.1 일본에서의 한자 교육은 앞에서 고찰한 바와 같이 백제의 왕인
(王仁) 박사가 『논어』와 『천자문』을 일본에 갖고 가서 왕자인 우지노와
키이라쓰코(菟道稚郎子, うじのわきいらつこ)에게 한문을 가르치면서 시작되
었다고 보는 것이 일반적인 통설이다. 우리의 경우와 같이 한자 교육은
문자의 독법과 뜻을 알게 하는 것이 중심이 되어 음독과 훈독의 방법을
집중적으로 교육하였다. 우리의 한자교육이 『천자문』에서 '천(天)'과 '지
(地)'를 "하늘 천, 따 지"식으로 훈(訓)과 음을 가르치는 것과 같이 일본에
서도 같은 방법을 취했다(졸저, 1988).

그러나 일본어 표기에 한자를 변형 시킨 문자를 사용하면서 일본의
한자 교육은 변형 이전의 한자로 표기하는 방법을 아울러 교육하게 되
었다. 즉, 일본인들은 우리의 이두(吏讀)와 같이 한자의 훈(訓)과 음(音)
을 차용하여 일본어를 기록하였으며, 이 때에 훈차(訓借), 또는 음차(音
借)된 한자들을 약화(略化)시켜 원래의 한자와 다르게 되었다. 그리하여
일본어를 표기하기 위하여 차용된 한자를 마나(眞字, まな)라고 부르고
일본인들이 스스로 변형시킨 한자를 가나(假字, かな)라고 불렀으며, 후
일 이와 동일한 발음의 가나(假名, かな)로[19] 바뀌었는데 이는 진서(眞書)
인 한문(漢文)에 대하여 한글을 언문(諺文)으로 겸양한 것과 같은 맥락으

---

19) 假名의 '名'은 訓讀하여 'na'로 읽혀 假字와 假名의 일본어 발음은 동일하게 'kana'
가 된다. 眞字에 대한 假字가 후대 사람들에 의하여 假名으로 바뀌었음을 쉽게 알
수 있고, 19세기 말까지는 半字, 假字의 술어도 많이 사용되었다. 佛家의 半字論으
로부터 영향을 받은 것이다(졸고, 2016b).

로 생각할 수 있다.

일본어 표기에 차용된 한자, 즉 약화되기 이전의 것을 마나(眞字), 또는 마가나(眞假字, まがな), 망요가나(萬葉假名, まんようがな)라고 불렀다. 그리고 같은 발음을 표기하는데 나타나는 개인적 차이나 지역적 차이에 따라 여러 개의 한자를 혼용하여 후일 간략하게 만든 히라가나(平假名, ひらがな)나 가타가나(片假名, かたかな)의 원래 한자를 찾는 것은 대단히 중요한 일본어 문자 연구의 하나가 되었다. 따라서 20세기 이전의 근대시대에는 당시 사용되던 가나문자(假名文字)의 원류를 찾는 작업이 중요한 일본어의 역사적 연구가 되었다. 이것은 한국어학사에서 <훈민정음>의 연구가 한국어의 역사적 연구에서 중요한 위치를 차지하였던 것과 같은 과정을 겪었던 것으로 보이며 두 나라 국어학의 발달에서 기묘하게도 동일 현상이 보이는 것 같다.

2.3.2 또 실제로 초급단계의 문자교육에서는 이 가나문자의 교육이 중심을 이루게 되었으며 여러 형태로 된 가나문자 정시법의 교과서가 간행되었다. 일본에서의 문자교육은 한자보다는 이를 약화, 또는 변형 시켜 일본어 표기에 사용한 48자의 가나문자 교육으로 시작된다. 그 최초의 교재는 우리의 <천자문>에서 유래(由來)한 것으로 보이는 <아메쓰지노고도바(阿女都千ノ詞)>라고 할 수 있다.[20]

---

20) 伊呂波(또는 以呂波, 伊路波는 이의 異稱)의 歌가 나오기 이전에 假名文字의 手習詞歌(假名文字를 모두 한 번씩 넣어 하나의 줄거리를 갖게 한 歌詞로서는 <阿女都千ノ詞> 이외에 <大爲爾伊天詞>가 있었다. 高橋愛次(1974)에 의하면 <阿女都千ノ詞>는 王仁의 作으로 알려졌고 그 외에 <難波津の歌>는 『原氏物語』의 <若紫>에 보인다고 한다. 또 <淺香山の歌>라는 手習詞歌도 있어서 전술한 <難波津の歌>와 더불어 假名文字의 手習이 시작된다는 기록이 『古今集』의 序文에 보인다(졸고, 1991).

大矢透(1918)에서는 이에 대해서 "上代에 常用하는 假名를 幼童에게 가르치기 위한 것"(필자 번역)으로 보았다. 이 <阿女都千ノ詞>가 처음으로 문헌에 나타나는 『우쓰호모노가타리(宇津保物語)』에서는 이미 남자체(男子體)의 '오토고데(男手, 草假名, 諧書體)'와 여자체(女子體)인 '온나데(女手, 略草假名, つづけ書き)'로 나누어 그 정서법을 설명하고 있다. 이에 의하여 大矢透(1918)에서는 나라말기(奈良末期, 8세기말)에 창작되었다고 보았으나 橋本進吉(1949)에서는 헤이안초기(平安初期, 9세기初)에 시작되어 헤이안중기(平安中期, 9세기末 - 10세기中)에 성황을 이루었다고 보았다.

마나가나(眞字假名, 또는 萬葉假名)에서 가타가나(片假名)가 이용된 것도 훨씬 후대의 일이다. 고쥬온즈(五十音圖)의 창시자로 알려진 나라(奈良) 시대의 기비노마기비(吉備眞備, 693/695~775)가 가타가나(片假名)도 만들었다는 가설도 있으나 텐안연간(天安年間, 857~858)까지는 가타가나(片假名)의 일정한 자체가 정해지지 않았으므로 믿기 어렵다.[21] 橋本進吉(1949)에 부록된 가타가나(片假名) 조에는 이러한 자체(字体)가 헤이안(平安) 초기에 마련된 것으로 보았다.

<아메쓰지(阿女都千)> 이전의 가나문자는 처음에는 아무런 규범이 없이 같은 음(音)에도 서로 다른 여러 한자음을 대응시켜 어떤 때에는 하나의 음(音)에 수십 종의 서로 다른 문자로 표기된 예가 있다. 그러나 <阿女都千> 이후에는 일음일자(一音一字)의 대응이 가능하여졌고 가나문자가 한자로부터 독립하여 하나의 문자로 定立되었다.

---

21) 吉備眞備(きびのまきび)는 원래 본명은 下道(しもつみち) 眞吉備(まきび)로 下道가 성이다. 奈良 시대 사람으로 養老 원년(717)에 遣唐 유학생으로 당나라에 들어가서 天平 7년(735)에 귀국하였다. 후에 遣唐副使로 다시 入唐한 일이 있다. 아마도 唐에 유학할 때에 毘伽羅論을 배운 것 같고 고대 인도의 半字論에 의거하여 五十音圖를 작성한 것으로 보인다.

또 가타가나(片假名)를 소가나(草假名, ソウカナ)와 히라가나(平假名)보다 먼저 학습하는 예는 『쓰쓰미츄나곤모노가타리(堤中納言物語)』를 위시하여 전술한 『우쓰호모노가타리(宇津保物語)』, 『사고로모모노가타리(狹衣物語)』, 그리고 『우지슈이모노가타리(宇治拾遺物語)』 등이 있어 가타가나가 어느 시대에 어느 정도 보급되었는가를 말해 주고 있다.

橋本進吉(1949)의 부록, 가타가나(片假名) <연혁(沿革)>조에서 "片假名가 쓰임에 따라서 漢文의 옆에 토를 달아 쓰던 것을 漢字 사이에 끼워 넣게 되고, 이어서 本文 중의 어휘들도 사이사이 片假名로 쓰도록 되었다. 漢字와 片假名를 섞어 쓴 文章이 院政時代부터 나타나서 鎌倉時代의 新興文字에도 쓰이게 되었다. 〔下略〕"(필자 번역)라고 하여 가타가나의 문자화 과정을 설명하고 있다.

<阿女都千>의 뒤를 이어 마련된 가나문자 학습은 <이로하우타(いろは歌)>에 의존하게 된다. 다카다(高田與淸)의 『마쓰야힛기(松屋筆記)』(卷 107, 手習의 조)에 "<なにはづ(難波津)>, <アサカヤマ(淺香山)>보다 먼저 <いろは歌>가 있있고, 48字의 가나문자로 노래를 부른 이 <いろは歌>에 '一, 十, 百, 千' 등의 수자를 붙여 어린이들에게 가르친 것은 사가(嵯峨)시대 (809~823)일 것"이라고 추측하였다.

이에 대해서 大矢透(1918)에서는 <いろは歌>가 이루어진 것은 870~ 84년경으로 보았으나, 오늘날은 일반적으로 헤이안(平安)시대 말(1108) 경으로 생각한다. 더욱이 'いろは' 가나문자(假名文字)에 一, 十, 百, 千, 萬 등의 수자를 붙여 교육하는 습관은 <나니하쓰(難波津)>에 수자를 붙여 교육하던 것보다 훨씬 후대의 일로 무로마찌(室町)시대의 초기(14세기 말~15세기 초)에 일어난 것으로 보고 있다. 'いろは'의 끝에 '京'자를 붙이는 습관은 고안(弘安) 10년(1287) 료손(了尊)의 『싯단린랴구쇼(悉曇輪略抄)』

에서 처음 발견된다고 한다(大矢透, 1918:70).

2.3.3 일본 가나문자의 고쥬온즈(五十音圖)는 불가(佛家)의 반자론에서 왔을 가능성이 있다. 졸고(2016a)에서 불경의 『대반열반경(大般涅槃經)』 (권8) 「문자품(文字品)」에 "〔전략〕善男子, 有十四音, 名爲字義。所言字者, 名曰涅槃。常故不流, 若不流者則爲無盡, 夫無盡者, 卽是如來金剛之身. 是 十四音名曰字本。"라는 기사를 들어 마다(摩多)와 체문(体文)에 대하여 설 명하였다.

그리고 14개의 마다(摩多), 즉 모음이 범자(梵字)의 기본이라고 하였으 며 이어서 36 체문(体文), 즉 자음을 소개하여 모두 50음을 소개하였다. 그러나 실제로 예를 들은 마다(摩多)는 중복되어 20음이 넘었으며 체문 (体文)도 예를 들었으나 수효가 불분명하다. 아마도 후대에 혼란이 있었 던 것으로 보인다.

당(唐)의 지광(智廣)이 편찬한 『실담자기(悉曇字記)』(권1)에서는 마다(摩 多)와 체문(体文)을 12 기본 모음과 35 자음으로 나누어 다음과 같이 분 류하였으나 다른 곳에서는 14 마다와 36 체문으로 모두 50음도를 보인 것도 있다(졸고, 2014b).

摩多－阿〔a〕, 阿〔ā〕, 伊〔i〕, 伊〔ī〕, 歐〔u〕, 歐〔ū〕, 藹〔e〕, 藹〔ai〕, 奧〔o〕,
    奧〔au〕, 暗〔aṃ〕, 疴〔aḥ〕
体文－迦〔ka〕, 法〔kha〕, 誐〔ga〕, 伽〔gha〕, 哦〔nga〕,
    者〔tsa〕, 車〔tsha〕, 惹〔za〕, 社〔zha〕, 若〔na〕,
    吒〔ṭa〕, 他〔ṭha〕, 茶〔ḍa〕, 茶〔ḍha〕 拏〔ṇa〕,
    多〔ta〕, 他〔tha〕, 陀〔da〕, 陀〔dha〕, 那〔na〕,
    波〔pa〕, 頗〔pha〕, 婆〔ba〕, 婆〔bha〕, 磨〔ma〕,

也〔ja〕, 羅〔ra〕, 囉〔la〕, 縛〔va〕, 奢〔śa〕, 沙〔ṣa〕, 紗〔sa〕,
訶〔ha〕, - 遍口聲
濫〔llam〕, 乞灑〔kṣa〕 - 重字 - 졸고(2016b:9)

고대 인도에서는 비가라론(毘伽羅論, Vyākaraṇa)이라는 베다(Veda) 경전
의 범어(梵語)에 대하여 음운과 문법을 공부하는 분야가 있었으며 오늘
날 일부 남아 있는 파니니(Pāṇini)의『팔장(Aṣṭādhyāyī)』에서 그 이론의 정
수를 볼 수 있다.22)

원래 범어를 기록하는 범자는 실담(悉曇)으로 불렸는데 이 문자는 음
절문자로서 자음과 모음이 결합된 형태다. 이 각각의 음운을 배워서 문
자의 사용을 익히는 것을 반자교(半字敎)라고 하고 전체 문자의 정서법
을 배우는 것을 만자교(滿字敎)라 한다.

반만이교(半滿二敎)라 불리는 반자교와 만자교는 결국 실담(悉曇) 문자
의 교육이다(졸고, 2016a:139). 원래 실담(悉曇, siddham)의 의미는 'sidh(완
성하다)'의 과거수동분사인 'siddha'에 중성(中性) 명사의 주격단수어미
'ṃ'를 붙인 형태로 "완성된 것"이란 뜻이다. 즉, 반자(半字)에 대하여 만
자(滿字)를 말한다.

<삼장법사전>에23) 등장하는 반만이교(半滿二敎)라는 것은 반만교(半滿
敎), 또는 반만이자교(半滿二字敎)라고도 하며 반자론과 만자론의 교육을
말한다. 반자론(半字論)의 반자(半字)란 원래 범어의 산스크리트 문자, 즉
범자의 자음(体文)과 모음(摩多)을 가리키고 만자교(滿字敎)의 만자(滿字)는

---

22) 毘伽羅論과 팔장』에 대하여는 졸고(2016a)에서 자세하게 논의되었다. 특히 <삼장
법사론>에 소개된 파니니와 <記論>, 즉 <팔장>에 대한 연구는 이제까지 아무
도 시도한 바가 없다.
23) 원명은『大唐大慈恩寺三藏法師傳』으로 西域을 다녀온 唐의 高僧 玄奘의 일대기다.

자모를 합성한 실담(悉曇)의 음절문자를 말하며 모두 범자(梵字)의 교육
을 의미한다.

비가라론에서 실담장(悉曇章)은 글자의 자모를 가르치는 반자교이고
만자교는 음절 단위의 문자인 범자의 연구와 비가라론 전체를 가리킨
다. 즉, 음운과 문법으로 구별하는 것과 비슷하게 반자교는 음운을 연
구하고 비가라론은 음운의 결합으로 얻어지는 여러 언어 단위들을 연구
하는 분야다(졸고, 2016a:135~139).

일본 가나문자의 고쥬온즈(五十音圖)에서 ア행음(行音)의 5자와 이어지
는 ア、カ、サ、タ、ナ、ハ、マ、ヤ、ラ、ワ의 10행음을 합쳐서 50음
으로 보는 것은 실담의 50자와 일치한다. 그리고 실제로는 ン를 더 하
여 모두 51자를 사용한다.

또 조선 사역원(司譯院)의 왜학(倭學)에서 일본어 가나문자 교재로 편
찬한 『이로파(伊路波)』(弘治 5년, 1492판)에서 いろは(伊路波) 47자의 사체자
(四體字)를 보였다. 전술한 바와 같이 실담(悉曇)의 마다(摩多) 12자에 체
문(体文) 35자를 더하면 47자가 된다(졸고, 2014b).

3. 거란(契丹)과 여진(女眞) 문자

3.0 7세기 중반에 티베트의 토번(吐蕃) 왕국에서 송첸 감포(Srong-
btsan sgam-po) 왕이 톤미 아누이브(Thon mi Anu'ibu)를 시켜 서장문자를
제정한 이후에 유라시아대륙의 북방 민족들이 중국의 한자문화에 대응
하여 표음적인 새 문자를 제정하는 전통이 생겨났다(졸저, 2009).

이러한 전통은 토번(吐蕃) 왕조를 대신하여 세력을 갖고 국가를 건립

한 유라시아 동북부의 여러 유목민족 사이에서도 그대로 유지되었다. 새 국가의 건설은 새 문자의 제정이라는 관례가 생긴 것은 이 문자로 통치계급의 물갈이를 도모할 수도 있기 때문이었다.24)

3.1 지금까지 알려진 가장 이른 시기의 것으로 토번(吐蕃) 왕조 이후 10세기 초에 이 지역과 중국 화북(華北)지역을 석권(席捲)한 거란족의 요(遼) 나라가 문자를 제정한 것을 들 수 있다. 중국의 역사에서 당(唐) 왕조 말년에 중원이 분란하여 번진(藩鎭)이 할거(割據)하였고 발해(渤海)도 쇠약하여 스텝의 강자들이 난립하게 되었는데 거란(契丹) 귀족의 수령인 야율아보기(耶律阿保機)가 이 기회를 타서 각 부족을 통일하고 서기 907년에 황제(皇帝)라 칭하였으며 916년에 나라를 세웠다. 이것이 역사상 '거란(契丹)'이라고 부르기도 하는 '요(遼)' 왕조다.

거란 왕조인 요(遼)는 오대(五代)에 이어 북송(北宋)에 이르기까지 한족(漢族)과는 남북으로 대치한 국가다. 이 왕조의 역사를 기록한 『요사(遼史)』는 <이십사사(二十四史)>의 히니로 요국(遼國)이 극성할 때에는 그 영토가 서쪽으로 금산(金山)과 유사(流沙)에 이르고 남쪽으로는 하북성(河北省) 중부, 산서성(山西省) 북부에 이르며 북으로는 외흥안령(外興安嶺)에 이르렀다.

오경(五京)을25) 설치하고 6부(臨潢府, 大定府, 遼陽府, 析津府, 大同部, 興中部)를 두었다. 주(州)와 군(郡), 성(城)이 156개, 현(縣)이 209개, 부족이

---

24) 중국 공산당의 주도로 중국 본토에서 전면적으로 실현된 한자의 간체자의 사용도 그런 예의 하나로 볼 수 있다.
25) 五京은 上京, 中京, 東京, 南京, 西京을 말한다. 上京은 臨潢으로 지금의 林東을 말하고 中京은 大定으로 지금의 寧城 경내를 말하며 東京은 遼陽, 南京은 析津으로 지금의 北京이고 西京은 大同을 말함.

52개, 속국이 60개였다(淸格爾泰 외 4인, 1985).

요(遼)는 태조(太祖, 耶律阿保機), 태종(太宗, 耶律德光), 세종(世宗, 耶律阮), 목종(穆宗, 耶律璟), 경종(景宗, 耶律賢), 경종(經宗, 耶律隆緒), 홍종(興宗, 耶律宗眞), 도종(道宗, 耶律洪基), 그리고 천조황제(天祚皇帝, 耶律延禧)의 9제(帝)를 거쳤고 1125년에 금(金)에게 망하였다.

금(金)이 바야흐로 요(遼)를 멸하려고 할 때에 요의 종실(宗室)인 야율대석(耶律大石)이 스스로 왕이 되어 서쪽으로 부족을 이끌고 가서 기올만(起兀漫, 현재 舊蘇聯 境內의 사마르칸트 부근)에서 황제(皇帝)라 칭하고 호사알이타(虎思斡耳朶, 지금 구소련의 타크마크 以東)에 도읍을 정하였으니 이것이 서요(西遼)다.

영토는 지금의 신강(新疆) 및 그 부근 지역을 포함하였다. 1211년 정권을 나이만(乃蠻)의 왕인 굴출율(屈出律)에게 빼앗겼어도 서요(西遼)의 국호를 계속 사용하였고 1218년에 몽고에게 멸망하였다.

거란 왕조는 중국역사에서는 말할 것도 없고 세계 역사에서도 큰 영향을 주었는데 오로지 서쪽을 통제하여 중국과 서역의 교통을 이어주는 중요한 길을 터 주었기 때문이다. 이로 인하여 거란이란 하나의 국가, 또는 민족이 중국 전체를 통치하기에 이르렀으며 이에 대하여는 유명한 마르코 폴로의『동방견문록(東方見聞錄)』에서 자세하게 기록하였다.

아주 흥미 있는 것은 15세기 콜럼버스가 신대륙을 발견한 일도 거란과 관계가 있다고 한다. 콜럼버스는 마르코 폴로의『동방견문록』의 영향을 많이 받아서 스페인 국왕의 지령을 얻고 거란과 인도를 방문할 수 있는 빠른 길을 찾아 서쪽으로 갔으며 대서양을 건너서 아메리카 신대륙을 발견한 것이다(당시는 그곳을 契丹과 印度로 믿었다).

오늘날에 이르러는 어느 국가, 또는 한 민족의 언어에서, 예를 들면 러시아어 칼카 몽고어(蒙古人民共和國) 등에서는 거란(契丹)이란 단어의 발음만 바꾸어 중국을 부르는 데 사용한다.26)

3.1.1 거란어(契丹語)는 알타이어족으로 분류되는 몽골계의 언어로 오늘날 없어진 언어다. 문자는 말을 기록하는 부호(符號)이어서 거란 문자를 연구하려고 한다면 반드시 먼저 거란어를 알아야 한다. 그것도 거란어의 역사적 연구가 있어야 하기 때문이다.

요(遼)의 거란인들이 사용한 언어 자료가 보존되어 내려온 것은 많지 않다. 『요사(遼史)』의 「국어해(國語解)」에 수록된 200여 항 정도가 가장 객관적인 자료인데 그 가운데 일부는 한어(漢語)의 어휘에 포함될 것으로 인명, 지명 등 고유명사를 제거하면 겨우 100항에도 미치지 못할 것이다. 100항도 안 되는 이 어휘 가운데는 또 많은 관직, 또는 관부의 명칭이 있어서 진정한 의미의 거란어의 기본 어휘는 겨우 40여 개 항이 남을 뿐이다.27) 또 청대(淸代)에 편찬한 『삼사어해(三史語解)』의 「요사어해(遼史語解)」는 비록 수록한 어휘는 많지만 단어 해서에 너무 주려하여 증거가 없거나 매우 적을 뿐만 아니라 예문의 인용도 부족한 자료다.

북송(北宋) 유반(劉攽)의 『중산시화(中山詩話)』에는 "거란(契丹)으로 가는 두 사신(使臣)이 호어(胡語)에 능하였네"라는 송나라 사신 여정(余靖)이 거란어와 한어(漢語)를 섞어서 지은 칠언(七言) 율시(律詩) 한 수가 있다.28)

---

26) 고려 말기에 편찬된 중국어 교과서 '老乞大'의 '乞大'도 契丹을 지칭하는 것이다. 이 말은 '중국 통', 또는 '중국인'이란 의미를 갖는데(졸저, 2004) 이 시대의 한반도에서도 중국을 '乞大'라는 契丹의 별칭으로 불렀음을 알 수 있다.

27) 예를 들면 '女古'(金), '孤穩'(玉), '阿斯'(大), '監母'(遺留), '耐'(首), '耶魯碗'(興旺), '陶里'(免), '捏褐'(犬), '爪'(百), '達剌干'(縣官), '幹魯朵'(官) 등이 있다.

28) 이 시는 叶隆禮의 『契丹國志』(권24)에도 수록되었으나 양자에는 글자의 차이가 있다.

이 시는 "夜宴設還(厚盛也) 臣拜洗(受賜)、兩朝厭荷(通好) 情感勤(厚重)、微臣雅魯(拜舞) 祝若統(福祐)、經壽鐵擇(崇高) 俱可忒(無極)。"(汲古閣『津逮秘書』제5집)이라 하여 거란어와 한어를 대작하여 섞어 지은 시(詩)인데 "設還(厚盛也)、拜洗(受賜)、厭荷(通好)、感勤(厚重)、雅魯(拜舞)、若統(福祐)、鐵擇(崇高)、可忒(無極)"과 같은 대작어(對作語)에서 거란어를 추출할 수 있다(淸格爾泰 외 4인, 1985).

또 같은 책에서 심괄(沈括)의 『몽계필담(夢溪筆談)』에도 북송의 사신이었던 조약(刁約)의 유사한 대작시(對作詩)가 있다고 하며 그러한 시(詩)로부터 몇 개의 거란어를 건질 수가 있다고 한다.

즉, "押燕移离畢、看房賀跋支、餞行三匹裂、密賜十貔貍。"라는 詩의 末尾에 註를 붙이기를 "移离畢、官名、如中國執政官。賀跋支、如執衣防閣。匹裂、小木罌、以色棱木爲之、如黃漆。貔貍、形如鼠而大、穴居、食果穀、嗜肉狄人爲珍膳、味如独子而脆。"이라 하여 "移离畢, 賀跋支, 匹裂, 貔貍" 등의 거란어를 추출할 수 있다. 이때의 이 어휘들은 한자의 음(音)을 빌어 표기한 것으로 볼 수밖에 없다.

3.1.2 거란어와 한어의 차이는 어휘만이 아니다. 기본적으로 고립적인 문법구조의 중국어에 대하여 교착어인 거란어는 어간이 문법적 차이에 의하여 어형이 변할 뿐만 아니라 다른 문법요소들이 첨가되며 어순도 거란어가 'S(주어) + O(목적어) + V(서술동사)'의 문장구조를 가진 반면 중국어는 'S(주어) + V(동사) + O(목적어)'의 구조를 보인다. 따라서 거란어로 중국 한문을 읽으려면 목적어를 먼저 읽고 서술동사를 읽어야 하기 때문에 거꾸로 읽게 된다. 이에 대하여는 다음과 같은 증언이 있다.

송대(宋代) 홍매(洪邁)의 『이견지(夷堅志)』(권18) 「병지(丙志)」에 "契丹小

兒初讀書, 先以俗語顚倒其文句而習之, 至有一字用兩三字者。- 거란의 어린 아이들이 처음 글을 읽을 때에 먼저 속어(거란어를 말함)를 거꾸로 하여 그 문구를 배운다. 한 글자에 두 석자를 써서 [풀이한다]"라 하여 거란어로 한문을 풀이할 때에 중국어의 뒤 부분을 먼저 읽는 문장 구조임을 밝히고 있다.

그리고 이 책에서는 이어서 추고, 또는 퇴고(推敲)의 고사로 유명한 가도(賈島)의 오언율시에 보이는 "鳥宿池中樹 僧敲月下門"의 두 구를 거란의 아이들은 "月明里和尙門子打 水底里樹上老鴉坐 - 달 밝은데 스님이 문을 두드리고 물 밑 나무 위에 늙은 갈가마귀가 앉았다"라고 읽는다는 이야기를 그가 송의 사신으로 금(金)나라에 갔을 때에 접반사(接伴使)이었던 비서소감(秘書少監) 왕보(王補)가 우스갯소리로 했다고 썼다. 이 왕보는 금주(錦州) 사람으로 거란인이었다.

거란어는 알타이어족에 속하는 몽골 계통의 언어다. 따라서 위의 소화(笑話)는 한자의 어순을 거란어에 맞추어 읽은 것을 말하는 것이다. 이것은 한반도의 신라에서 임신서기석(壬申誓記石)의 한자 표기와 향찰(鄕札) 표기에서, 그리고 일본의 망요가나(萬葉假名) 등에서도 흔히 발견되는 예들이다. 이러한 거란어를 한자로 기록하는데 많은 어려움이 따랐고 그들은 새 나라의 건국과 더불어 새로운 문자를 만들었는데 이를 거란 문자라 한다.

3.1.3 거란(契丹)의 요(遼) 왕조가 선 다음에 정치, 군사, 경제, 문화 발전의 수요에 부응하고 한자 문화로부터의 독자성을 유지하려는 민족적 자각에서 거란 대자(大字)와 거란 소자(小字)를 제정하였다. 무엇보다도 고구려와 발해의 고토에 세워진 요가 그들의 전통을 이어간 것으로 보

아야 할 것이다. 이 문자는 서로 유형적으로 같지 않으며 그 해독이나 이해가 아직도 부족하다.

거란 문자(Khitan script)는 대자(large)와 소자(small)가 있다. 서기 916년에 요 태조 야율아보기(耶律阿保機)가 나라를 세운 뒤에 얼마 되지 않은 신책(神冊) 5년(920) 정월에 거란대자(大字)를 만들기 시작하여 9월에 완성하고 이를 반행(頒行)하라는 조칙(詔勅)을 내렸다고 한다.29) 이때에 요(遼) 태조를 도와 거란 대자를 만든 사람은 돌려불(突呂不)과 야율노불고(耶律魯不古)인 것 같다.

즉, 『요사(遼史)』(권75) 「돌려불전(突呂不傳)」에 "突呂不, 字鐸袞, 幼聰敏嗜學, 事太祖見器重。及制거란大字, 突呂不贊成爲多。未几爲文班林牙, 領國子博士, 知制誥。 – 돌려불은 字가 탁곤(鐸袞)이며 어려서 총민하고 학문을 좋아하였다. 태조〔遼 太祖 耶律阿保機를 말함〕가 그릇이 무거움을 알았다. 거란문자를 지을 때에 도와서 이룬 것이 많았고 문반에 들어가 한림에 이르지는 못하였으나 국자학 박사, 지제고를 지냈다."이라는 기사가 있다.

또, 같은 책(권75) 「야율노불고(耶律魯不古傳)」조에 "耶律魯不古, 字信貯, 太祖從侄也。初太祖制거란國字, 魯不古以贊成功, 授林牙, 監修國史。 – 야율노불고는 字가 신저(信貯)이고 태조의 종질(從姪)이다. 처음에 태조가 거란 국자를 만들 때에 도와서 성공시켜서 임아(林牙)를30) 주고 국사(國史)를 감수하게 하였다."라는 기사를 보면 그들이 태조의 신문자 제정을 도운 것임을 알 수 있다. 신책(神冊) 5년(920) 9월에 요 태조의

---

29) 『遼史』(권2) 「太祖紀」에 "神冊、春正月乙丑、始制거란大字。〔중략〕 九月壬寅大字成、詔頒行之。"이란 기사 참조

30) 遼나라의 관직으로 翰林에 해당함.

조칙(詔勅)으로 반포된 거란국자(國字)가 바로 '거란 대자'이다.

3.1.4 거란소자(小字)는 이보다 몇 년 후에 요(遼) 태조의 황제(皇弟)인 질랄(迭剌)이 위구르의 사절들을 만나 그들의 표음적인 위구르 문자를 배워서 만든 문자다.

즉, 원대(元代)에 탈탈(脫脫)이 찬수한 『요사(遼史)』(권 64) 「황자표(皇子 表)」에 "迭剌, 字云獨昆。〔중략〕 性敏給, 〔중략〕 回鶻使至, 無能通其語 者。太后謂太祖曰: 迭剌聰敏可使, 遣迓祉。相從二旬, 能習其言與書, 因制 거란小字, 數少而該貫。 ─ 질랄은 자(字)가 독곤(獨昆)이다. 〔중략〕 성격 이 총민하고 원만하였다. 위구르(回鶻)의 사신이 도달하였는데 그 말에 능통한 사람이 없었다. 태후가 태조(遼의 太祖 아보기를 말함)에게 말하기 를 '질랄(迭剌)이 총민하니 가히 쓸 만합니다'하니 〔그를〕 보내어 〔使臣들 을〕 맞이하게 하였다. 서로 상종하기를 20일간 하여서 능히 그 말과 글 을 배워 거란 소자(小字)를 제정하였는데 글자 수는 적으나 모두 갖추고 꿰뚫었다"라고 하여31) 위구르 사신들에게 위구르 문자를 배워 거란소 자를 지었음을 말하고 있다.

현재 잔존하는 거란문자의 자료 가운데 어느 것이 소자(小字)인지 분 명하지 않았으나 최근 하나의 방법을 개발하였다. 거란 문자에 대하여 는 송대(宋代) 왕이(王易)의 『연북록(燕北錄)』과 도종의(陶宗儀)의 『서사회 요(書史會要)』에 기재된 "朕, 勅, 走, 馬, 急"에 해당하는 5개의 거란 문자 의 자형 이외에는 알려진 것이 없었다.

1920년 전후로 중국 몽고 자치구 적봉시(赤峰市) 파림우기(巴林右旗) 경

---

31) 淸格爾泰 외 4인(1985:4)에서 재인용함.

내의 백탑자(白塔子) 부근에서 요(遼)의 경릉(慶陵)이 발굴되고 1922년 여름에 역시 적봉(赤峰) 일대에서 선교하던 게르빈(L. Kervyn)에 의하여 중릉(中陵)의 묘실(墓室)에서 발견된 요(遼)의 제7대 흥종(興宗, 在位 1031~1055)의 비문과 그의 비(妃)인 인의황후(仁懿皇后)의 비문('哀冊'으로 불림)이 초사(抄寫)되어 학계에 보고한 다음부터 거란문자의 실체가 확실해졌다 (졸저, 2009).

3.2 다음으로 여진족의 금(金)에서 제정된 여진문자(Jurchin or Jurchen script)에 대하여 살펴보기로 한다. 전술한 바와 같이 스텝의 여진 지역에서는 거란 文字가 통용된 지 수백 년 후에도 여진족은 각전(刻箭, 화살 대에 새김을 말함)의 방법으로 통신하였으며 여진의 일족이 금(金) 나라를 세운 후에도 초기에는 문자가 없었다. 李德啓(1931:1)에 의하면

[전략] 自建國稱金之後, 始漸知契丹文及漢字。王圻續文獻通考一八四卷三一頁云; "金初無字, 及獲契丹漢人, 始通契丹漢字。太祖遂命谷神依漢人楷字, 因契丹字制度, 合本國語, 製女眞字行之。後熙宗製女眞小字, 谷神所製爲大字。"－나라를 세워 금(金)이라 칭한 다음부터 [여진족은] 점차 거란 문자 및 한자를 알기 시작하였다. 왕기(王圻)의 『속문헌통고(續文獻通考)』(권184:31)에 말하기를 "금나라는 처음에 글자가 없었으나 거란인과 한인(漢人)을 얻어 거란 문자와 한자로 소통하기 시작하였다. [금] 태조가 명을 내려 곡신(谷神)으로 하여금 한인(漢人)들의 해자(楷字)에[32] 의거하고 거란 문자의 제도에 따르며 본국의 말에 맞추어 여진 문자를 만들어 사용하였다. 후에 희종(熙宗) 때에 여진 소자(小字)를 만들었는데 곡신이 지은 것은 대자(大

---

32) 한자의 자체 가운데 楷書体를 말함.

字)라고 하였다"라고 하다.[33]

라고 하여 여진 대자(大字)와 소자(小字)가 금(金)의 국초에 만들어졌음을
알 수 있다.

여진족의 완안부(完顔部) 추장(酋長)이었던 아구다(阿骨打)가 주변 여러
부족을 통합하여 나라를 세우고 금(金)이라 하였으며 태조가 되었다. 위
의 기사에 의하면 금 태조(太祖)는 통치를 위한 문자가 없어 완안희윤
(完顔希尹, 本名은 谷神)에게 명하여 한자의 해서자(楷書字)를 변형하여 표음
적인 여진자를 만들게 하였는데 이것이 여진대자(女眞大字)라는 것이다.

즉, 『금사(金史)』(권73) 「완안희윤전(完顔希尹傳)」에 "太祖命希尹撰本國
字備制度。希尹依漢人楷字, 因거란字制度, 合本國語, 制女眞字。天輔三
年八月字書成, 太祖大悅命頒行之。- 태조[阿骨打를 말함]가 [완안(完顔)]
희윤(希尹)에게 명하여 금나라의 글자를 만들게 하여 제도를 마련하게
하였다. 희윤(希尹)이 한인(漢人)들의 해서(楷書) 글자에 의거하고 거란(契
丹) 글자의 제도에 의거하며 금나라의 말에 맞추어 여진자를 만들었다.
천보(天輔) 3년(1119) 8월에 글자가 완성되니 태조가 크게 기뻐하고 반포
하여 행하게 하였다."라 하여 위와 사실을 확인할 수 있으며 거란자에
맞추어 만들어진 여진대자(Jurchen large script)가 천보 3년(1119)에 글자
가 만들어져서 칙명(勅命)으로 반포(頒布)되었음을 알 수 있다.

희윤이 만든 것이 여진대자이다("希尹所撰謂之女眞大字,"『金史』, 권73 같은
곳). 이 문자는 한자와 유사하지만 한자가 아니어서 여진인들은 이 글자

---

33) 비슷한 내용이 陶宗儀의 『書史會要』에도 전한다. 그것을 옮겨보면 "金人初無文字。
國勢日强、與隣國交好、迺用거란字。太祖命完顔希尹{本名谷神}、撰國字。其後熙宗
亦製字並行。希尹所製謂之女眞大字、熙宗所製之女眞小字。"와 같다.

를 읽기가 어려웠고 배우기도 어려웠다. 19년 후인 제3대 희종(熙宗, 在位 1135~1149)이 천권(天眷) 원년(1138) 정월에 대자(大字)를 간략화한 다른 여진자를 만들어 공포하였으니 이를 여진 소자(小字)라 한다.

역시 『금사(金史)』(권4) 희종(熙宗) 천권(天眷) 원년 정월조에 "頒女眞小字。皇統五年五月戊午，初用御製小字。"라는 기사가 있어 천권 원년 (1138)에 처음으로 어제 소자를 썼음을 알 수 있고 이것이 여진소자 (Jurchen small script)이며 모두가 거란 문자의 대·소자를 따른 것임을 알 수 있다(졸저, 2009).

4. 몽고-위구르 문자와 만주 문자

4.0 원래 위구르 문자는 7~10세기에 우즈베키스탄의 사마르칸트를 중심으로 한 소그디아나(Sogdiana)에서 사용되던 소그드 문자로부터 발달하였고 소그드 문자는 아람 문자에 소급된다. 고대 페르시아의 아케메네스 왕조에서 공문서의 작성에 사용되던 아람 문자(Aramaic script)는 기원 전 2세기경에 제국(帝國)이 멸망하여 더 이상 공용 문자로 사용되지 않았으나 이 문자를 사용하던 서기(書記)들은 각 지방에 흩어져 아람어가 아닌 여러 방언을 이 문자로 기록하게 되었다. 이 문자는 소그디아나의 소그드 방언도 표기하게 되었는데 이렇게 소그드의 언어를 기록하던 아람 문자를 소그드 문자라고 한다.

따라서 아람 문자 이외에도 소그드 언어를 기록하던 아베스타 문자 (Avestan script), 코레즘 문자(Choresmian script)도 소그드 문자에 속한다. 이들 모두 북셈(Northern Semitic) 문자 계통이어서 첫 글자가 aleph, 그

리고 이어서 beth, gimel, daleth 등의 순서다. 라틴문자의 alpha, beta
와 같은 순서이며 영어의 a, b와도 같은 계통이다. 소그드인들은 중앙
아시아와 중국의 본토에까지 들어와서 장사를 하였다. 이들과 같은 지
역에서 활약하던 위구르인들이 이 문자로 자신들의 언어를 기록하였다.

이렇게 위구르인들이 사용하던 문자를 칭기즈 칸이 몽고어의 표기를
위하여 수입하였고 이것이 후대에 만주족의 누르하치가 다시 사용하여
만주문자가 되었다. 여기서는 소그드 문자와 그로부터 발달한 위구르
문자, 그리고 이를 차용하여 몽고어를 기록한 몽고-위구르 문자에 대하
여 살펴보고 후일 만주문자와 비교하기로 한다.

4.1 중앙아시아의 사마르칸트를 중심으로 하는 소그디아나에서 사용
되던 아람문자는 전술한 바와 같이 소그드어를 표기하는 소그드문자로
변천하였다. 이 문자는 중앙아시아 일대, 그리고 중국의 본토의 서북
지방에서도 사용되었다. 이 지역에서 함께 살던 위구르인들은 소그드인
들과 교류하면서 이 문자를 접하게 되었고 급기야 사신들의 언어를 기
록하는데 이 문자를 사용하기 시작하였다.

그리하여 중국 신강성(新疆省) 위구르 자치구와 감숙성(甘肅省)의 위구
르인들의 거주지에는 소그드 문자로 기록한 위구르 문헌이 남아 있으며
위구르어를 기록한 문자를 위구르 문자라고 한다. 현재 위구르인들은
아라비아 문자로 된 신(新) 위구르 문자를 사용한다. 소그드 문자에는
해서(楷書)체와 초서(草書)체의 두 서체가 있었는데 위구르인들은 주로
초서체의 소그드 문자를 빌려 자신들의 언어를 기록하였다. 그러나 현
재 남아있는 위구르 문헌에는 매우 조금이지만 해서체의 소그드 문자로
기록한 위구르어 자료들이 남아있다.[34]

4.1.1 위구르 문헌에는 위구르 문자의 리스트를 표시한 것이 남아있다. 거기에는 18종의 문자로 맨 처음에 aleph(로마자의 alpha에 해당함)에서 17번째의 tau에 이르기까지 소그드 문자의 배열순서와 대부분 일치하고 맨 마지막의 *resh만이 위구르인들이 따로 만든 것이다. 그것을 여기에 옮겨 보면 다음과 같다.[35]

1) aleph /ʼ/, 2) beth /β/, 3) gimel /γ/, 4) vau /w/, 5) zain /z/, 6) cheth /x/, 7) jod /y/, 8) caph /k/, 9) lamed /δ/, 10) mem /m/, 11) nun /n/, 12) samech /s/, 13) pe /p/, 14) tzaddi /c/, 15) resh /r/, 16) schin /š/, 17) tau /t/, 18) *resh /l/

앞에서 언급한 대로 마지막의 18) *resh /l/는 위구르어의 표기에서 만들어진 것으로 15) resh /r/을 가공한 것이다. <사진 1>에서 15의 resh 글자와 18의 *resh 글자를 비교하면 알 수 있다. 뿐만 아니라 소그드 문자에 있었던 수사나 표의 문자, 혹은 어말에만 사용되던 특수 문자 5개가 위구르 문자에서는 보이지 않는다. 위구르어 표기에는 필요

---

34) 이에 대하여는 Poppe(1965.65)에 "By far the larger number of Ancient Turkic texts, namely those of later origin (IX~X centuries), are written in the so-called Uighur script. The latter developed from the Sogdian alphabet, to be exact, from what the German scholars called 'sogdishe Kursivschrift', i.e., Sogdian speed writing. the Uighur transmitted to the Mongols. – 매우 많은 고대 투르크어 자료, 다시 말하면 후기 자료(9세~10세기)가 소위 말하는 위구르 문자로 쓰였다. 후자 [위구르 문자]는 소그드 문자의 자모에서, 정확하게 말하면 소그드 문자의 속기체(速記体, Kursivschrift)에서 발달한 것이다. 위구르 문자는 후대에 아마도 12세기 후반을 지나서 몽고에 전달되었다."라는 언급을 참조할 것. 졸저(2009:112)에서 재인용. 여기서 '속기체'는 草書体를 말한다.

35) 소그드 문자는 음절 초에 16개 문자, 음절 가운데에 18개 문자, 음절 말에 17개 문자를 사용하였다(졸저, 2009:113).

가 없었기 때문이다(河野六郎・千野榮一・西田龍雄, 2001:119).

<사진 1> 위구르 문자[36]

4.1.2 위구르 문자가 소그드 문자에서 온 것이고 문자의 배열순서는 같지만 그 글자의 음가와 정서법은 서로 달랐다. 거기다가 소그드 문자는 오른쪽에서 왼쪽으로 횡서(橫書)하였지만 위구르 문자는 한자의 영향을 받았는지 주로 종서(縱書)로 썼다. 초기의 위구르 문자는 횡서한 것도 있었다고 하였으나 남아있는 위구르 문헌들은 거의 모두 종서된 것이다. 다만 한문과 다르게 왼 쪽에서 바른 쪽으로 행을 이어갔다.

위구르 문자는 처음에는 소그드 문자와 거의 같은 정서법을 가졌으나 시대의 변천에 따라 문자의 자형과 음가, 그리고 사용법이 달라졌다. <사진 1>에서 보이는 12) samech의 /s/와 16) schin의 /š/의 자형이 동화되어 본래의 /š/를 표음하기 위하여 오른 쪽 옆에 2점을 찍었다. 또 3) gimel /ɣ/과 6) cheth /x, q/의 자형이 어말의 위치에서만 구별되었는데 6) cheth의 아랫부분을 길게 하고 3) gimel의 윗부분을 짧게 하였

---

36) 河野六郎・千野榮一・西田龍雄(2001:119)의 庄垣內 正弘씨가 집필한 것에서 인용하였다. 庄垣內씨와는 오랜 친구였으나 얼마 전에 유명을 달리하였다. 삼가 고인의 명복을 빈다.

으나 서서히 gimel의 형태로 바뀌어 갔다.

　5) zain /z/는 소그드 언어에서는 11) nun /n/과 구별하기 위하여, 또는 /ž/를 표음하기 위하여 1점, 또는 2점을 붙였다. 위구르어에서도 초기 문헌에는 /z/에 점을 더 하기도 하고 /ž/를 분명하게 표음하기 위하여 2점을 붙이기도 했다. 1) aleph /a, ä/와 11) nun /n/의 자형은 초기 문헌에서 변별하기가 어려웠다. 더욱이 어중(語中)의 위치에서 6) cheth, 3) gimel과의 구별도 어려웠다. 그로부터 11) nun의 자형에 점차 1점을 붙이게 되었다.

　4.1.3 위구르 문자는 원래 다음자성(多音字性)의 큰 문자였다. 문자간의 구별도 비교적 확실했었는데 후기에 들어와서 초서체의 문자가 발달함에 따라 문자간의 구별이 매우 애매해져서 사본에 의하면 aleph, nun, gimel의 돌기 부분이 생략되어 1본의 봉선(棒線)이 여러 개의 문자를 대신하기도 한다. 예를 들면 /s−l/, /bwr−n/이 /saqal/ '수염', /burxan/ '부처'와 같이 한 줄의 선이 /aqa/, /xa/을 표기한다(河野六郎・千野榮一・西田龍雄, 2001:120). 후기의 위구르 문자는 한자의 영향을 받아 문자로서는 분석이 불가능하게 하나의 문자가 하나의 의미를 표하기도 한다.

　이 시대에는 위구르 불경에서 한자를 섞어 쓴 위구르 문장이 발견된다. 한자는 음독하는 것과 석독(釋讀)하는 것이 있지만 대체로는 음독보다 석독하였다. 석독 한자에다가 위구르어의 접사(接辭)가 덧붙여서 마치 우리 한문과 한글이 섞여 쓰인 문장과 같다. 당시 위구르에는 위구르 한자음이라는 것이 있었는데 이것 역시 우리가 별도의 한자음을 가졌던 것과 같다.

　위구르 문자는 소그드 문자를 차용하여 사용하여서 초기에는 소그드

의 언어적 특색을 많이 가졌으나 한문 불경을 대량으로 번역하면서 한
자 표기의 영향을 받게 되었다. 일반인들의 속(俗)문서에는 개인적인 특
징이 드러난 치졸한 표기가 많이 남아있다.

4.2 전통적으로 위구르 족으로 불리는 종족이 8세기 중엽에 돌궐(突
厥)을 쳐부수고 몽골 고원에 위구르 칸국(可汗國)을 세웠다. 그러나 이
나라는 9세기 중엽에 이르러 키르기스(Kirgiz)족의 공격을 받아 궤멸하
였고 위구르 족은 남쪽과 서쪽으로 나뉘어 패주(敗走)하였다. 남쪽으로
도망간 위구르 족은 당(唐)으로의 망명이 이루지지 않아서 뿔뿔이 흩어
졌다. 서쪽으로 향한 위구르 족의 일부가 현재 중국의 감숙성(甘肅省)에
들어가 그곳에 왕국을 세웠다가 11세기 초엽에 이원호(李元昊)의 서하(西
夏)에 멸망하였다(졸저(2009:106~109).

한편 현재의 신강성(新疆省) 위구르 자치구에 들어간 별도의 일파는 9
세기 후반 당시의 언자(焉耆), 고창(高昌), 북정(北庭)을 중심으로 한 지역
에 '서(西) 위구르 왕국'으로 일반에게 알려진 국가를 건설하였다. 이 나라
도 13세기 전반 몽골족의 발흥에 의하여 멸망을 길을 걷게 되었고 결국
은 사라지게 되었다. 이것이 다음에 설명할 나이만(乃蠻)으로 보인다. 우
수한 문명을 가졌던 이 나라는 몽고 문화에 지대한 영향을 주었다(Ibid.).

4.2.1 몽고의 칭기즈 칸은 나이만(乃蠻, Naiman)을 정복하고 포로로 잡아
온 위구르인(畏兀人) 타타퉁아(塔塔統阿, Tatatunga)로 하여금 위구르 문자(畏
兀文字)로 몽고어를 기록하는 방법을 고안하여 태자 오고타이(窩闊臺)와 제
한(諸汗)에게 가르쳤다. 즉, 『원사(元史)』에 다음과 같은 기사가 있다.

塔塔統阿畏兀人也，性聰慧、善言論、深通本國文字。乃蠻大敭可
汗尊之爲傅，掌其金印及錢穀。太祖西征，乃蠻國亡，塔塔統阿懷印逃
去，俄就擒。帝詰之曰：“大敭人民疆土悉歸於我矣，汝負印何之？”對
曰：“臣職也。將以死守、欲求故主授之耳。安敢有他？”帝曰：“忠孝
人也。問是印何用？”對曰：“出納錢穀委任人才，一切事皆用之，以爲
信驗耳”。帝善之，命居左右。是後凡有制旨，始用印章，仍命掌之。
帝曰：“汝深知本國文字乎？”塔塔統阿悉以所蘊對，稱旨遂命教太子
諸王，以畏兀字書國言。－타타퉁아는 위구르 사람이다. 천성이 총명
하고 지혜로우며 언론(言論)을 잘 하였고 자기 나라 글자(위구르 문
자를 말함－필자)를 깊이 알았다. 나이만(乃蠻)의 대양가한(大敭可汗
－나이만의 황제를 말함))이 존경하여 스승을 삼고 금인(金印) 및 돈
과 곡식을 관장하게 하였다. 태조(칭기즈 칸을 말함)가 서쪽으로 원
정하여 나이만의 나라를 멸망시켰을 때에 타타퉁아가 금인(金印)을
안고 도망을 갔다가 곧 잡혔다. 황제(칭기즈칸을 말함－필자)가 따져
물었다. “대양(大敭)의 인민과 강토가 모두 나에게로 돌아왔거늘 네
가 금인을 갖고 무엇을 하겠는가?” [타타퉁아가] 대답하여 말하기를
“신(臣)의 직분입니다. 마땅히 죽음으로써 지켜서 옛 주인이 주신 바
를 구하려고 한 것일 뿐 어찌 다른 뜻이 감히 있겠습니까?” 황제가
말하기를 “충효(忠孝)한 인물이로다. 묻고자 하는 것은 이 인장(印章)
을 무엇에 쓰는 것인가?” 대답하기를 “전곡(錢穀) 출납을 위임받은
사람이 일체의 일에 모두 이것을 사용하여 믿고 증명하려는 것일 뿐
입니다.” 황제가 좋다고 하고 [타타퉁아를 황제의] 곁에 두도록 명하
였다. 이후로부터 모든 제도를 만드는 명령에 인장을 사용하기 시작
하였고 [타타퉁아가] 명을 받들어 이를 관장하였다.37) 황제가 말하기
를 “네가 너의 나라의 문자를 깊이 아느냐?” 하였더니 타타퉁아가 모

---

37) 몽고의 제2대 황제 오고타이 칸(窩闊臺汗, Ögödäi, 후일 元 太宗) 시대에도 印璽를
만들어 耶律楚材와 田鎭海에게 나누어 관장 시켰는데 용처는 漢人과 色目人의 군
사에 관한 일에 국한하였다.

두 알고 있다고 대답하였다. [그는] 황제의 뜻으로 태자와 여러 왕들
에게 위구르 문자로 나라의 말(몽고어를 말함 - 필자)을 쓰는 것을 가
르치는 명령을 수행하였다(『元史』 권 124권, 「列傳」 제 11 '塔塔統
阿'조).

이에 의하면 나이만(乃蠻)의 타타퉁아에 의하여 그 나라의 문자인 위
구르 문자로 몽고어를 기록하게 되었음을 알 수가 있다. 이것이 몽고
위구르자(畏兀字, Mongolian Uigur alphabet)라고 불리는 몽고인 최초의 문
자로 초기에는 웨올(維吾爾 - 위구르) 문자라고 불리기도 하였다.38)

4.2.2 전통적으로 몽고인들은 문자가 없었고 위구르 문자를 빌려 썼
다. 조공(趙珙)의 『달달비록(蒙韃備錄)』에 "其俗旣朴, 則有回鶻爲隣, 每於兩
{說郛本作西}河博易販賣於其國。迄今文書中自用於他國者, 皆用回鶻字, 如
中國笛譜字也。今二年以來, 因金國叛亡降附之臣無地容身, 願爲彼用, 始敎
之文書, 於金國往來却用漢字。 - [몽골은] 그 풍속은 순박하고 위구르(回
鶻)가 이웃에 있어서 매번 그 나라에 물건을 널리 판매하였다. 지금까지
의 문서 가운데 타국에 보내는 것은 모두 위구르(回鶻) 문자를 썼는데
중국의 적보(笛譜)의 문자와 같다. 이제부터 2년 이래에 금(金)나라가 모
반을 일으켰다가 망하여 항복한 다음에 그 신하들이 용신(容身)할 곳이
없어서 그들을 고용하여 문서를 만드는 것을 가르치기 시작하였으며 금
나라와의 왕래에서는 한자를 썼다"라는 기사가 있어 몽고가 그들과 이
웃한 위구르인의 사용한 위구르 문자를 빌려서 서역의 여러 민족과 통
교하고 금(金)과는 한자를 사용하여 통교하였음을 알 수가 있다.

---

38) 몽고어의 문자 표기에 대하여는 Vladimirtsov(1929:19), Poppe(1933:76)를 참고할 것.

몽고인들은 원(元)의 쿠빌라이 칸이 파스파 문자를 제정한 다음에도 서역으로 퍼져나간 몽고의 여러 칸국(汗國)에서 그대로 사용되었고 원 제국(帝國)에서도 한동안 사용되었다. 그리고 후대에 만주족의 청(淸)나라에서 이 문자를 차용하여 만주어를 기록하여 만주문자로 변신한다.

4.3 만주 문자는 청(淸) 태조 누르하치(奴兒哈赤)가 에르데니(額爾德尼) 등을 시켜 몽고-위구르 문자를 빌려 만주어를 기록하도록 만든 문자다. 만력(萬曆) 27년(1599)에 만들었다가 청(淸) 태종이 숭정(崇禎) 5년(1632)에 몇 개의 문자를 더 첨가하고 권점을 붙여 수정하였으며 다하이(達海) 박사 등에 명하여 많은 중국의 서적을 만주어로 번역하고 이 문자로 기록하게 하였다. 이 문자는 조선 사역원에서 병자호란 이후에 만주어 학습을 위하여 교육되었다. 이미 이때에는 여진족의 금(金)에서 한자를 변개시켜 만든 여진자(大字, 小字)를 사용하지 않고 몽고 위구르 문자를 수정한 만주문자가 널리 사용되었기 때문이다.

만주족은 여진족의 일부로서 건주여진(建州女眞)과 해서여진(海西女眞)을 기초로 하여 여진 각부를 통일한 것이며 청조(淸朝) 안에는 야인여직(野人女直), 한인(韓人), 한인(漢人), 몽고인, 시버(錫伯), 달알이(達斡爾) 등의 여러 민족이 흡수되어 있다. 조전(趙展)씨[39]의 보고서에 의하면 만주족은 16세기 말부터 17세기 초에 걸쳐 누르하치(奴兒哈赤)에 의하여 여

---

[39] 趙展씨는 1931년 중국 黑龍江省 寧安縣에서 출생한 滿洲族으로 伊爾根覺羅(이르겐 교로)가 그 만주어 이름이다. 鑲紅旗人에 속하고 있으며 1957년 東北人民大學 歷史系를 졸업하고 그 해부터 北京의 中央民族學院에 근무하면서 滿洲族의 歷史 文化에 관한 연구를 담당하였다. 1985년 中央民族學院 民族研究所 東北蒙古研究所 副主任으로 있을 때에 일본에 와서 "中國에 있어서 滿洲學의 復興에 대하여"라는 제목의 보고서를 『天理大學學報』에 실었다. 趙展(1985) 참조.

진 각부가 통일되고 1636년에 여진의 호칭을 만주(滿洲)라고 고치도록 명령하였다. 이어서 이들은 산해관(山海關)을 넘어 중원에 들어가 명(明)을 멸망시키고 청조(淸朝)를 건립하였다.

그리하여 청대(淸代)에 순치(順治) · 강희(康熙) · 옹정(雍正)의 3대에는 대부분의 군사 · 정치상의 중요사항이 만주 문자로 기록되었고 공문서도 만문(滿文)으로 작성되었다. 그러나 만주족이 세운 청(淸)의 언어와 문화는 몽고족의 원(元)과 마찬가지로 점차 한화(漢化)되어 건륭(乾隆) · 가경(嘉慶) · 함풍(咸豊)의 3대에는 공문서가 만한(滿漢) 합벽(合璧)의 형식이 많았으며 함풍(咸豊) · 동치(同治) 이후에는 만문(滿文)의 사용이 현저하게 줄어들게 되었다. 드디어 청(淸)의 멸망으로 만주문자의 사용도 종지부를 찍게 된다.

5. 서장(西藏) 문자와 파스파 문자

5.0 한자를 변형시켜 표음문자로 사용하여 자민족의 언어를 기록하기에는 일정한 한계가 있었고 여러 가지 제한이 있었다. 우선 한자의 편방(偏旁)을 떼여내어 그 각각을 표음 기호로 사용할 때에 각 민족의 언어마다 음운 체계가 달라서 한자의 편방만으로는 체계적인 기호체계를 구축하기가 어렵고 원래 그 한자가 원래 가졌던 의미와 발음이 겹쳐져서 많은 제약을 가져왔다.

이러한 한계와 제약을 극복하기 위하여 자민족어의 음운에 맞춘 새로운 기호를 만들어 사용하기에 이르렀다. 이때에 가장 모델이 된 것은 오래 전부터 베다(Veda) 경전의 범어를 기록하고 불경(佛經)의 문자로 이들에게 알려진 범자(梵字), 즉 산스크리트 문자였다.

　비록 음절 문자였지만 범어를 표음 문자로 표기하여 수천 년의 역사
를 가진 범자(梵字)는 불교를 받아드린 동아시아의 모든 민족들에게 익
숙하게 되면서 이 문자를 통하여 표음 문자에 대한 이해와 추종이 뒤를
이었다.

　5.1 범자(梵字)와 같이 표음문자를 만들어 자민족의 언어를 표기하는
데 성공한 것은 서력 기원 후 650년경에 토번(吐蕃) 왕국의 송첸 감보왕
의 시대였다. 당(唐) 태종의 황녀(皇女) 문성(文成)공주를 왕비로 맞이하
여 중국의 문물을 받아드린 송첸 감보(Srong-btsan sgam-po, 松贊干布)왕은
톤미 아누이브(Thon-mi Anu'ibu)를 비롯한 여러 명의 신하를 인도에 파견
하여 비가라론(毘伽羅論)과 만자론(滿字論), 반자론(半字論)을 배우게 하였
다.[40] 그들이 돌아와서 토번(吐蕃)의 티베트어를 표기하기에 적합한 문
자로 만든 것이 서장(西藏)문자다.

　문자의 모습은 카시미르(Kashmir) 문자를 본떴고 라사르 성(城)에서
수정한 다음 문자와 문법의 <팔장(八章)>을 본떠서 <팔론(八論)>을 만들
었으며 왕은 4년간 이것을 배웠다고 한다.

　여기서 <팔장>은 파니니의 *Aṣṭādhyāyī*(『八章』)를 말하며 베다(Veda)
경전의 산스크리트어의 문법과 음운을 고찰한 비가라론(毘伽羅論)의 이
론서이다. 언어학사에서는 굴절어의 3대 고전문법에서 최고(最古)의 문

---

40) 티베트의 史料에 의하면 티베트에는 문자가 없었기 때문에 톤미 아누이브(Thon-
　mi Anu'ibu)와 함께 16인을 인도에 문자 연수를 위하여 파견하였으며 이들은 印
　度의 판디타 헤리그 셍 게(Pandita lHa'i rigs seng ge) 밑에서 인도 문법을 배워서
　티베트어에 맞도록 子흡 문자 30개, 母흡 기호 4개를 정리하여 티베트 문자를 만
　들었다는 기사가 있다(졸저, 2015:62).

법서로 보고 있다.

카시미르 문자란 인도의 서북부 카시수미르 지역의 언어인 카시미르 언어를 표기한 사라다(Sarada)[41] 문자를 말하는 것으로 8세기경에 당시 갠지스 강 중류 지역과 동인도, 서북 인도, 카시미르 지역에 보급되었던 쉬다마드리카(Siddhamātṛkā) 문자의 서부파(西部派)에서 만들어진 것이다.

카시미르의 카르코다카(Karkoṭaka) 왕조는 3세기에 걸쳐 이 지방을 지배하였고 이 세력에 의거하여 사라다 문자는 카시미르에서 펀자브, 서인도, 북인도에 퍼져나갔다(졸저, 2015:62~63).

5.2 티베트문자는 고대인도의 비가라론과 반자론의 음운 연구에 의거하여 제정된 것이다.

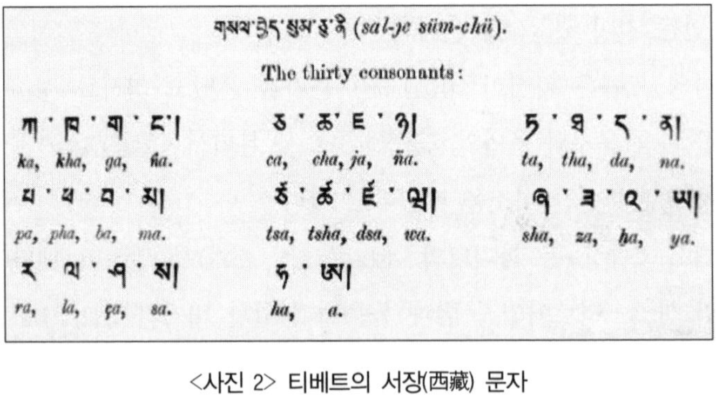

ཀཁགང་ བྱ་ སྦྱ་ རྫ་ཉ (sal-ye süm-chü).

The thirty consonants :

ཀ་ ཁ་ ག་ ང༌།   ཙ་ ཚ་ ཏ་ ཉ།   ཏ་ ཐ་ ད་ ཉ།
ka, kha, ga, ṅa.   ca, cha, ja, ña.   ta, tha, da, na.

 པ་ ཕ་ བ་ མ།   ཙ་ ཚ་ ཛ་ ཝ།   ཤ་ ཟ་ འ་ ཡ།
pa, pha, ba, ma.   tsa, tsha, dsa, wa.   sha, za, ḥa, ya.

ར་ ལ་ ཤ་ ས།   ཧ་ ཨ།
ra, la, ça, sa.   ha, a.

<사진 2> 티베트의 서장(西藏) 문자

이를 로마자로 정리하면 다음과 같다.

---

41) 사라다(Sarada)라는 명칭은 카시미르 지역의 守護 女神인 사라다 데뷔(Śāradā Devī) 에서 온 것이다. '사라다'는 시바神의 부인 '파라웨디'를 말한다(졸저, 2009:144).

<표 1> 서장(西藏) 문자의 중국 성운학적 배열

발음위치 발음방법	西藏문자 (로마자전사)	중국 聲韻學과의 對音	五音
연구개음	ka, kha, ga, nga	牙音의 全淸, 次淸. 全濁, 不淸不濁 음에 해당	牙音
경구개음	ca, cha, ja, nya	齒音의 위와 같음	齒音
치 경 음	ta, tha, da, na	舌頭音의 위와 같음	舌音
양 순 음	pa, pha, ba, ma	脣音의 위와 같음	脣音
파 찰 음	tsa, tsha, dza, wa	齒頭音의 위와 같음	齒音
마 찰 음	zha, za, 'a, ya	부분적으로 正齒音의 위와 같음	齒音
유 음	ra, la, sha, sa	半舌半齒의 不淸不濁	半舌半齒
후 음	ha, a	喉音의 次淸, 불청불탁에 해당	喉音

서장(西藏)문자의 음절 초(onset) 자음은 29개의 문자로 표기되고 이들
은 각기 발음 위치와 발음 방법에 따라 연구개 정지음[ka, kha, ga, nga],
경구개 마찰음[ca, cha, ja, nya], 치경 정지음[ta, tha, da, na], 양순 정지음
[pa, pha, ba, ma], 경구개 파찰음[tsa, tsha, dza, wa], 동 유기음[zha, za, 'a,
ya], 유음[ra, la, sha, sa], 후음[ha, a]의 순서로 정리되었다. 이를 사진과 표
로 보이면 위의 <사진 2>와 <표 1>과 같다.

이러한 문자의 제정은 파니니 문법으로 대표되는 고대인도의 비가라
론과 반자론의 음운 연구에서 영향을 받은 것으로 비가라론, 즉 성명기
론으로부터 조음위치의 '아(牙), 설(舌), 순(脣), 치(齒), 후(喉)'와 조음방
식의 전청(全淸), 차청(次淸), 전탁(全濁), 불청불탁(不淸不濁)에 따라 자음
문자를 배치하는 방법에 따른 것이다. 그리고 모음을 표음하는 30번째
글자 /ɑ/와 네 개의 구분부호(diacritical mark)를 만들어 자음과 더불어
결합하여 범자(梵字)와 같은 음절문자로 사용하였다. 역시 고대인도의
반자론에 의거한 것이다(졸고, 2016b:27).

<사진 3> 서장 문자의 모음자와 모음 표시 구분부호

5.3 남송(南宋)을 멸망시키고 중원(中原)에 몽고의 원(元)을 세운 쿠빌라이 칸은 새 국가에는 새 문자의 전통에 따라 파스파 문자를 제정하였다. 파스파 문자의 제정은 『원사(元史)』의 기사에 의하면 원 지원(至元) 6년(1269)에 팍스파(八思巴) 라마가 파스파 문자 41개 자모를 만들었다고 기록하였다. 즉, 『원사』(권202) 「전(傳)」 89 '석로(釋老) 팍스파(八思巴)'조에

中統元年, 世祖卽位, 尊他爲國師, 授給玉印。令他製作蒙古新文字, 文字造成後進上。這種文字祇有一千多個字, 韻母共四十一個, 和相關聲母造成字的, 有韻關法; 用兩個、三個、四個韻母合成字的, 有語韻法; 要點是以諧音爲宗旨。至元六年, 下詔頒行天下。-중통(中統) 원년에 세조가 즉위하고 [파스파]를 존경하여 국사를 삼았다. 옥인(玉印)을 수여하고 봉고 신분자를 제작하도록 명령하였고 그는 문자를 만들어 받쳤다. 문자는 일천 몇 개의 글자이었고 운모(韻母)는 모두 41개이었으며 성모(聲母)가 서로 관련하여 글자를 만들고 운이 연결하는 법칙이 있어 두 개, 세 개, 또는 네 개의 운모가 합하여 글자를 이루며 어운법(語韻法)이 있는데 요점은 음이 화합하는 것이 근본 내용이다. 지원(至元) 6년(1269)에 반포하여 천하에 사용하라는 조칙(詔勅)을 내리다.

라는 기사가 있어 파스파 문자가 운모(韻母), 즉 어두 자음에 대한 글자로 41개를 만들었으며 지원(至元) 6년에 황제의 조령(詔令)으로 반포되었음을 알 수 있다.[42]

『원사』(권6) 「세조기(世祖紀)」에 "至元六年二月己丑, 詔以新製蒙古字, 頒行天下。—지원 6년 2월 기축(己丑)일에 새로 만든 몽고자를 천하에 반포하도록 조칙(詔勅)을 내리다"라는 기사에 의거하면 파스파 문자는 원 세조(世祖), 즉 쿠빌라이 칸에 의하여 지원(至元) 6년(1269)에 황제의 조령으로 반포되었음을 알 수 있다(졸저, 2015:303).

5.3.1 티베트의 서장문자는 후한(後漢) 이후에 중국어로 불경을 번역하던 서역(西域)의 역경승(譯經僧)들이 중국 한자음의 음절 초의 자음을 30자모로 분석하여 여기에 서장 문자의 30자모(字母)를 표음하는 새 기호로 만들어 대응시키는 방법으로 새 문자를 제정하였다. 수·당(隋·唐)대에 중국에서는 36자모로 성모를 확대하였으며 이를 성모(聲母), 또는 대운(大韻)으로 보았다.

파스파 문자는 서장문자와 같이 36자모에 해당하는 글자와 한자음의 운모(韻母)로부터 분석해 낸 모음 7자를 제자하여 유모(喩母)에 속한 것으로 보았다. 이 모음자의 제정에 대하여는 그동안 세계의 파스파 문자를 연구하는 학계에서 미처 살펴보지 못한 것으로 졸고(2011)에서 처음으로 밝혀내었다.

먼저 <광운(廣韻)>의 36성모를 문자화한 파스파 문자의 자음자에 대하여 살펴본다. 그동안 파스파 문자의 연구에서 여러 가지 가설이 제기

---

42) 그 詔令은 "詔令說："朕認爲用字來書寫語言, 用語言來記錄事情, 這是從古到今都采用的辨法。我們的國家在北方創業, 民俗崇尙簡單古樸, 沒來得及制定文字, 凡使用文字的地方, 都沿用漢字楷書及畏兀文字, 以表達本朝的語言。查考遼朝, 金朝以及遠方各國, 照例各有文字, 如今以文敎治國逐漸興起, 但書寫文字缺乏, 作爲一個時代的制度來看, 實在是沒有完備。所以特地命令國師八思巴創制蒙古新字, 譯寫一切文字, 希望能語句通順地表達淸楚事物而已。從今以後, 是頒發詔令文書, 都用蒙古新字, 并附以各國自己的文字。"와 같다. 졸저(2015:304~5)에서 전문을 번역하고 그 요지를 정리하였다.

되었으나 졸고(2011a)에서는 『몽고자운(蒙古字韻)』의 런던 초본(抄本)에 의거하여 다음의 <표 2>와 같이 정리하였다. 36성모를 각각의 기호로 대응시켰지만 같은 글자가 있어서 실제로는 32개만이 새 기호를 만든 것이다.

다음의 <표 2>에서 보이는 바와 같이 설상음(舌上音)의 전청, 차청, 전탁의 3모가 정치음(正齒音)의 3모와 /ㅌ, ㅍ, ㅂ/로 일치하고 순경음(脣輕音)의 전청과 전탁의 글자가 /ㅎ/로 동일하다. 따라서 36자모라고 하지만 실제로는 32자모만을 새 기호로 표시한 것이다. 이 32자모는 「세종어제훈민정음」, 즉 훈민정음의 <언해본>에서 초성 17자, 각자병서, 즉 쌍서자(雙書字) 6개, 그리고 순경음 4개에 한음(漢音) 표기를 위하여 제정한 치두(齒頭)와 정치(正齒)의 구별의 5자를 더한 32자와 일치한다.

	牙音	舌音		脣音		齒音		喉音	半音	
		舌頭音	舌上音	脣重音	脣輕音	齒頭音	正齒音		半舌音	半齒音
全淸	見 ठा	端 ㄷ	知 ㅌ	幇 ㄹ	非 ㅎ	精 ㅈ	照 ㅌ	曉 ㅎ		
次淸	溪 ㅏ	透 ㅂ	徹 ㅍ	滂 ㄹ	敷 ㅎ	淸 ㅈ	穿 ㅍ	匣 ㅂ		
全濁	群 ㅍ	定 ㄸ	澄 ㅂ	並 ㄹ	奉 ㅎ	從 ㅎ	床 ㅂ	影 ㄹ		
不淸 不濁	疑 ㄹ	泥 ㅎ	娘 ㅎ	明 ㅎ	微 ㅂ			喩 ㄴ	來 ㄹ	日 ㅁ
全淸						心 ㄹ	審 ㄹ	(ㅿ)ㅆ		
全濁						邪 ㅋ	禪 ㅋ			

<표 2> 『몽고자운』 런던 초본의 파스파 문자 36 자모(字母)

5.3.2 파스파 문자는 티베트 문자와 달리 음절 문자가 아니며 또 모음자를 별도로 제정하였다. 즉, 원말(元末)에 주종문(朱宗文)이 증정(增訂)한 {증정}『몽고자운』(1301)의 런던 초본에는 권두 '자모(字母)'에 보이는 36

자모도의 오른 쪽에 "ᘐ ᅙ ᘔ ᄌ ᘰ ᄐ 此七字歸喩母"라는 기사가 보인다. "여기에 보인 7자가 유모(喩母)에 속하다"는 내용으로 유모(喩母)에 속하는 글자, 즉 모음자로서 실제로는 모두 6개만 제시하였다.

그동안 학계에서는 이것이 모음자를 표시한 것인지도 몰랐고 여기서 7자라고 한 것은 36 자모도에 들어 있는 유모(喩母)의 /ᘄ, ᘝ[ɑ]/를43) 포함하여 'ᘐ[i], ᅙ[u], ᘔ[i+o/u, ü], ᄌ[o], ᘰ[e+o/u, ö], ᄐ[e]'의 7개 모음을 표기한 글자를 말한 것인 줄도 몰랐다. 파스파 문자에서 모음의 표기를 위하여 7자를 제정한 것은 앞에서 언급한 대로 졸고(2011b)에서 처음으로 주장하였다.44)

훈민정음에서도 중성자(中聲字), 즉 모음자를 11개 제정하였으나 실제로는 단모음의 문자로는 기본자 3과 초출자(初出字) 4개의 7자만을 제정한 것이다. 그리고 이 모음자들은 음양(陰陽)으로 나누어 서로 같은 모음끼리만 연결되는 것을 설명하였다.

지금까지는 이 중성자, 즉 모음자들이 당시 한국어의 모음체계를 반영하고 음양(陰陽)은 한국어의 모음에 존재하는 모음조화로 생각하여 왔다. 그러나 이러한 연구는 파스파 문자의 유모(喩母)자에 근거하여 제정한 훈민정음의 중성자를 제정한 것을 이해하지 못하여 일어난 오해라고 주장하였다(졸저. 2015: 350~355).

---

43) 이 두 문자는 서로 異體字로 몽고어 [ɑ]를 표기한 모음자이다.
44) 필자로서도 이러한 주장이 너무 조심스러워서 파스파 문자의 모음자에 관한 논저를 가장 많이 발표한 일본인 학자 服部四郞 교수의 모교이고 또 그가 수학했던 東京大學 언어학과에서 간행하는 『東京大學言語學論集』에 투고하였다. 1년 넘는 기간에 걸쳐 철저한 심사 끝에 제31호(2011년 간행)의 권두 논문으로 게재되었다. 따라서 현재는 어느 정도 학계의 인정을 받고 있는 것으로 보인다.

5.3.3 다음은 파스파 문자의 사용과 그 전파(傳播)에 대하여 살펴보기로 한다. 지원(至元) 6년(1269)에 반포된 파스파 문자는 '몽고신자(蒙古新字)', '몽고자(蒙古字)', 그리고 '국자(國字)'로 불리면서 몽고-위구르 문자와 구별되었다.

이 문자는 원(元) 제국(帝國)의 문자로 인정되어 같은 해 7월에는 모든 지역에서 몽고자 학교가 설치되었다.[45] 이어서 지원(至元) 8년 12월에는 국자(國字) 사용을 증가하라는 포고령이 내렸고 지원(至元) 10년 정월에는 이후의 모든 명령서에 국자를 사용하라는 칙령(勅令)이 내렸다.

그러나 이러한 노력에도 불구하고 중국인 관리의 자제들은 파스파 문자의 교육을 받지 않고 외올(畏兀) 문자, 즉 몽고-위구르 문자를 사용하는데 익숙하였다. 이에 대하여 화례곽손(和禮霍孫)의 상소가 있었으며 신문자의 전파는 매우 더뎠다는 것을 알 수 있다(Poppe, 1957:6).

드디어 지원(至元) 16년(1279)에는 중서성(中書省)이 관문(官文)이나 상소에 위구르문자 사용을 금지시켰으나 이 명령은 지켜지지 않았고 중서성은 5년 후인 지원 21년 5월에 다시 같은 명령을 내리게 된다.[46]

원대(元代)에 중국의 사서(史書)들도 몽고어로 번역되어 파스파 문자로 기록되었다. 예를 들면 『자치통감(資治通鑑)』은 몽고어로 번역되어 파스파 문자와 외올, 즉 위구르 문자로 간행되었다는 기사가 있다. 뿐만 아니라 『효경(孝經)』도 당시 한아언어(漢兒言語)로 번역된 『직해효경(直解孝經)』을 다시 몽고어로 번역하여 파스파 문자로 기록한 「국자효경(國字孝

---

45) 至元 7년에는 10월에 皇帝 祖上을 祭祀하는 寺院에서 祈禱文의 문자로 파스파 문자를 지정한다는 布告가 내려졌다. 졸저(2009) 참조.
46) 조선시대의 馬牌에 해당하는 牌字(몽고어 gerege)의 글도 至元 15년(1278) 7월에 황제의 칙령으로 외올문자로부터 파스파 문자로 바꾸도록 하였다. 그러나 실제로 이것이 시행된 것은 몇 년 후의 일이다.

經)」이 간행되었다는 기사가 있다(Pauthier, 1862:21).47)

이 외에도 『대학연의택문(大學衍義擇文)』, 『몽고자모백가성(蒙古字母百家姓)』, 『몽고자훈(蒙古字訓)』 등 파스파 문자로 쓰인 책들의 서명이 『팔사경적지(八史經籍志)』의 「원사예문지(元史藝文志)」에 보인다.

그러나 오늘날 현존하는 파스파 문자의 기록물은 전적류는 거의 남아있지 않고 금석문의 경우가 오히려 많다. 아마도 明 太祖에 의해서 시행된 철저한 호원(胡元)의 말살 정책 때문으로 보인다.

6. 한글의 제정

6.0 알타이 제 민족들이 새 국가를 세우면 새 문자를 제정하는 관례에 따라 조선 왕조에서도 건국한지 50년이 되는 세종 25년(1443)에 훈민정음이란 이름의 새로운 문자를 창제하였는데 문자 명칭이 "백성들에게 가르쳐야 하는 올바른 발음"인 것으로부터 한자음의 발음기호로 제정된 것임을 알 수 있다.

훈민정음에서는 초성(初聲) 17자, 중성(中聲) 11자, 도합 28자의 뮤자를 제정하였다. 물론 이때의 초성에는 각자병서의 쌍서자 〔ㄲ, ㄸ, ㅃ, ㅆ, ㅉ, ㆅ〕는 포함되지 않으며 한음(漢音) 표기를 위한 치음에서의 정치(正齒)와 치두(齒頭)의 구별, 설음에서의 설두(舌頭)와 설상(舌上)의 구별은 물론 들어가지 않는다.48) 따라서 이 28자는 우리 한자음, 즉 동음(東

---

47) 『孝經』의 漢兒言語 번역과 그 간행에 대하여는 졸고(2004a)를 참고할 것.
48) 훈민정음 초성 17자에 全濁의 쌍서자 6개를 더하면 동국정운 23자모가 되고 순경음 4개를 더 하면 반절 상자, 즉 大韻의 27자가 되며 여기에 漢音을 표음하기

音)과 우리말 표기를 위한 음소 문자들이다.

6.1 최근 졸고(2016b)에서는 『훈몽자회』의 권두에 부재된 「언문자모(諺文字母)」의 부제(副題)로 "俗所謂反切二十七字"라고 한 것으로부터 '언문자모', 즉 한글을 반절(反切)로 본 것에 주목하였다. 반절(反切)은 불교가 중국에 수입되던 후한(後漢) 말경에 서역에서 온 불경의 역승(譯僧)들이 한자의 정확한 발음을 표음하기 위하여 고안한 방법으로 동(東)의 발음 [tong]을 '德紅切'과 같이 '德[t]'과 '紅[ong]'의 2자로 표기하는 방법이다. 첫 글자를 반절상자(反切上字), 또는 대운(大韻)이라 하고 둘째 글자를 반절하자(反切下字), 또는 소운(小韻)이라 한다. 언문자모 즉, 한글을 반절로 본 것은 이 글자가 한자의 발음을 표기하기 위한 것임을 암시한다.

졸고(2016b)에서는 원래 '반절 27자'는 반절상자, 즉 대운의 27자를 말하던 것인데 여항에서는 이를 초성 16자와 중성 11자를 합친 것으로 오해하여 '속소위(俗所謂)'라고 한 것임을 밝혔다. 즉, 「언문자모」에서는 /ㆆ/을 뺀 초성 16자에다가 중성 11사를 합하여 반절 27사라고 하였으나 이것은 중성만으로 소운(小韻), 즉 반절하자가 될 수 없으므로 잘못된 것이다.

원래 반절상자의 27자는 훈민정음의 초성 17자에 전탁음(全濁音) 표기를 위한 쌍서자 /ㄲ, ㄸ, ㅃ, ㅆ, ㅉ, ㆅ/의 6개에다가 순경음 /ㅸ, ㆄ, ㅹ, ㅱ/ 4개를 더한 것이다. 따라서 반절 27자에는 치두와 정치를 구별하기 위한 10자 /ᄼ, ᄾ, ᄽ, ᄿ, ᅎ, ᅐ, ᅔ, ᅕ, ᅏ, ᅑ/는 제외된다. 왜

위하여 만든 舌上音과 正齒音을 구별하기 위한 5자를 더 하면 <세종어제 훈민정음>의 32字母가 되는데 이것은 『몽고자운』의 32 파스파 자모와 일치한다(졸고, 2016b).

냐하면 치음에서 치두(齒頭)와 정치(正齒)의 구별은 한음(漢音)을 표기하는데 필요한 것이고 동국정운식 한자음을 포함한 동음(東音)과 우리말 표기에는 필요가 없는 글자였기 때문이다.

그러나 여항에서는 이를 초성 16자와 중성 11자로 오해하였다. 그리하여 『훈몽자회』의 「언문자모」에서는 이를 그대로 옮기면서 '俗所謂反切二十七字'라 하여 속되게, 즉 민중들이 소위 말하는 반절 27자라고 소개하였다.

6.2 훈민정음 28자 가운데 중성 11자는 기본자 3개와 초출자 4개, 재출자(再出字) 4개, 모두 11자인데 재출자 /ㅛ, ㅑ, ㅠ, ㅕ/는 ㅣ계 이중모음을 말한다. 따라서 단모음의 글자로는 모두 7개의 글자를 만든 것이다. 종래에는 이것이 훈민정음 제정 당시인 15세기의 우리말 단모음으로 인정하고 전설 대 후설의 대립을 위루는 중세한국어의 모음체계를 세웠다(김완진, 1963).

그러나 곧 이러한 모음체계는 전시대의 모음체계를 반영한 모음조화의 체계라 하여 고대한국어의 모음체계로 보려는 논문이 있었고(이기문, 1968) 이것이 이기문(1972a, b)에서 다시 다듬어져 오늘날의 학계에서 정설로 굳어졌다. 그러나 김완진(1978)에서 중세한국어의 7모음 체계가 비판되었고 5모음 체계가 제안되었으며 7모음 체계에 대한 비판이 뒤를 이었다.[49] 드디어 졸고(2011b)에서는 훈민정음의 7개 중성자가 파스파 문자의 7개 유모자(喩母字)를 그대로 답습한 것이라는 주장이 제기되었다.

---

49) 특히 서양의 여러 학자들, 특히 미국의 일본어와 한국어 연구자들에 의해서 모음조화에 의한 7 모음체계가 매우 심도 있게 비판되었다. 특히 Unger(1975), Whitman (1985), Martin((2000), Vovin(2003, 2010) 등을 참고할 것.

훈민정음의 <해례본> '초성해'에서는 11개 중성자(中聲字) 이외에도 2
자 합용(合用)으로 /ㅘ(ㅗ + ㅏ), ㅝ(ㅜ + ㅓ), ㆇ(ㅛ + ㅑ), ㆊ(ㅠ + ㅕ)/
의 4자와 여기에 /ㅣ/를 제외한 10자의 각각에 ㅣ를 결합한 /·ㅣ, ㅢ,
ㅚ, ㅐ, ㅟ, ㅔ, ㅚ, ㅒ, ㆌ, ㅖ, ㅙ, ㅞ, ㅙ,ㅙ/를 더하여 모두 29자를
제자하여 보였다.50) 따라서 이러한 모음자는 문자라기보다는 발음을
표기하기 위한 기호로 본 것 같다.51)

6.3 종성(終聲)에 대하여는 훈민정음의 세종이 친제한 것으로 알려진
예의(例義)에서 "終聲復用初聲"이라 하여 초성 17자를 모두 쓰는 것으로
하였고 해례(解例)에서는 "八終聲可足用"이라 하여 8개의 종성, 즉 /ㄱ,
ㄴ, ㄷ, ㄹ, ㅁ, ㅂ, ㅅ, ㅇ/만을 인정하였다. 음절 말의 위치에서 변별
적 기능을 상실하는 우리말의 음운론적 특징을 제대로 이해하고 8개의
음운만을 문자로 정한 것이다.

이것은 고대인도의 반자론에서 자음과 모음의 음절 구조로부터 한자
음을 성(聲)과 운(韻)으로 나누고 운(韻)을 다시 모음과 자음으로 나누는
한어(漢語)의 복잡한 음운 구조를 제대로 파악하여 마련한 발음 표기 방
법이었다. 이것은 자음과 모음으로 구성된 범자(梵字)와 음절 말에 자음

---

50) 훈민정음의 <해례본> '중성해'에서는 중성 29자의 제자 방법을 소개하고 聲(소
리)의 深淺(깊고 낮음)과 口(입)의 闔闢(열고 닫음), 舌(혀)의 展蹙(펼치고 오므림)으
로 모음의 조음음성학적 설명을 붙였다. 모두 현대의 생성음운론에서 변별적 자
질로 인정되는 조음 음성의 특징이다.
51) 졸저(2015)에서는 한글이 애초에는 발음기호로 제정되었으며 후일 세종의 둘째
따님인 貞懿公主가 이 기호로 口訣를 달아서 '變音吐着'의 난제를 해결한 다음에
우리말의 전면적 표기로 나아갔다고 주장하였다. 한글의 명칭이 訓民正音, 즉 백
성에게 가르쳐야 하는 바른 한자음이라는 의미를 가졌고 또는 正音, 바른 한자음
도 그런 연유로 지은 이름으로 보았다.

이 올 수 있는 한자(漢字)의 차이를 인식한 것이다.[52] 즉, 두 문자가 모두 음절 문자이나 후자가 훨씬 복잡한 음절 구조를 보이는 문자였다.

한글은 음절 초의 자음인 성(聲)을 초성으로 하고 훈민정음 <언해본>에서 이것을 표음하는 글자로 모두 32자를 마련하였으며 운(韻)을 중성과 종성으로 나누었다. 그리고 중성에 11자를 만들어 모두 43자의 글자를 만들었는데 이 숫자는 파스파 문자의 43자모와 일치한다. 파스파 문자의 제정이 얼마나 훈민정음의 창제에 영향을 끼쳤는가를 알 수 있는 대목이다.

6.4 한글의 제정은 훈민정음 <해례본>의 간행으로 완성된 것으로 알려졌고 또 새 문자의 반포도 이 책의 간행으로 이루어졌다고 보아 한글날을 10월 9일로 정하여 기념까지 한다. 그러나 실제로는 <언해본>의 공표를 한글의 반포로 보아야 하는데 이 <언해본>은 세조 5년(1459)에 간행된 『월인석보』에 부재된 것으로 알려져 이를 수용하기가 어려웠다.

그러나 필자에 의하여 正統 12년(1447)에 제작된 <월인석보>의 옥책(玉冊)이 발굴되어 적어도 이때보다는 앞선 시기, 즉 세종의 생존 시에 <월인석보>는 간행되었고 이 책의 권두에 부재된 <언해본>이 있었음을 밝혀내어(졸고, 2013 및 졸저, 2015) 다음과 같은 일정으로 새 문자인 한글이 제정되었을 것으로 보았다.

> 세종 25년(1443) 12월--세종이 훈민정음 28자를 한자음의 발음
> 기호로 친제한 것을 발표함.

---

52) 졸고(2016a,b)에서는 이러한 두 문자의 차이에서 反切法을 이해할 것을 주장하였다. 즉, 불교가 유입할 때에 西域의 佛僧들이 중국에 와서 梵語의 불경을 漢譯하면서 한자의 정확한 발음을 표음하기 위하여 고대인도의 半字論에 의거하여 反切의 표음 방법을 발달시켰다고 본 것이다.

세종 26년(1444) 2월 16일(丙申)--새 문자로 韻會의 번역을 명함.
번역은 발음전사(transcription).

세종 26년(1444) 2월 20일(庚子)--崔萬理의 반대 상소문.

세종 26년(1444) 3월(?) - 貞懿公主가 變音吐着을 해결

세종 26년(1444) 4월(?) - 〈增修釋迦譜〉의 언해, 〈釋譜詳節〉 시작

세종 26년(1444) 5월(?) - 〈月印千江之曲〉 집필

**세종 27년(1445) 3월(?)--〈釋譜詳節〉과 〈月印千江之曲〉을 합편
하여 『月印釋譜』을 편찬 시작.**

세종 28년(1446) 3월--昭憲王后 昇遐. 〈釋譜詳節〉과 〈月印千江之
曲〉, 『月印釋譜』의 刊板 시작.

세종 28년(1446) 9월--해례본 『訓民正音』 간행.

**세종 28년(1446) 10월(?)--『月印釋譜』 舊卷 간행(?), 卷頭에
훈민정음 〈언해본〉 부재,53) 새 문자의 공표**

세종 28년(1446) 12월--吏科와 取才에서 훈민정음을 부과함.

세종 29년(1447) 4월--각종 취재에서 훈민정음 시험 강화.

세종 29년(1447) 7월--『釋譜詳節』, 『月印千江之曲』을 별도로 간행.

세종 29년(1447) 9월--『東國正韻』 완성, 새 문자에 의한 한자음
정리 완성

**세종 29년(1447) 12월(?) --개성 佛日寺에서 〈월인석보〉 구권의
玉冊 간행**

세종 30년(1448) 10월--『동국정운』 보급.

문종 원년(AD. 1450) 10월-- 正音廳 설치.

---

53) 朴勝彬씨 소장으로 원본이라 주장했던 六堂文庫본 〈훈민정음〉은 바로 세종 28년
에 간행된 〈월인석보〉의 구권에 부재됐던 것으로 추정된다. 이것이 실제로 신
문자의 頒布로 볼 수밖에 없는 것은 다음 달인 세종 28년 12월에 실시된 吏科와
取才에서 훈민정음이 출제되었기 때문이다. 반포도 하지 않고 훈민정음을 국가
관리의 채용 시험에 출제할 수는 없는 것이다. 아울러 졸고(2005, 2006a,b)에서
〈훈민정음〉의 〈언해본〉이 세종 30년에 간행된 것으로 본 것을 세종 28년에 간
행된 〈월인석보〉의 구권에 부재된 것으로 이번 기회에 바로 잡는다.

문종 2년(1452) 4월--『동국정운』 한자음에 의한 과거시험 실시.

단종 원년(1452) 12월--『동국정운』과 『예부운략』의 한자운을 모두
　　　과거에 사용하도록 함.

단종 3년(1455) 4월--『洪武正韻譯訓』 완성, 『홍무정운역훈』의
　　　신숙주 서문에 "景泰六年仲春旣望--경태 6년(1455) 중춘(4월)
　　　보름"를 참조. 새 문자에 의한 한자음의 正音 완성

세조 2년(1457) - 貞懿공주가 <諺文字母>를 제안(?).

세조 4년(1458)--崔恒 등의『初學字會』 편찬. <언문자모>를
**　　　권두에 부재(?).**

세조 5년(1459) 7월--『月印釋譜』 新編 간행. 권두에 <세종어제훈민
　　　정음> 게재.

세조 7년(1461)--刊經都監 설치.

　　　　　　　　　　　　　　　*진하게 표시된 부분은 필자 주장

7. 결론

7.0 이상 동아시아의 여러 알타이 민족들이 스스로 문자를 제정하여
자민족의 언어를 기록한 것에 대하여 살펴보았다. 지금까지 논의된 내
용을 요약하여 정리하기로 한다.

중국 주변에 흩어져 살고 있는 알타이 민족들은 교차적 문법 구조를
가진 언어를 사용하였다. 소위 알타이어족이라고 불리는 이들의 언어는
교착어로서 문장의 구성이 어순보다는 다른 문법 요소의 결합으로 이루
어진다. 따라서 문장 속에서 각 단어들의 관계를 밝혀주는 어미와 조사
가 상대적으로 중요하였다. 이러한 언어를 표기하는데 표의 문자인 한
자는 적합하지 않았다.

한자는 문장의 구성이 주로 어순(語順)에 의존하는 고립적 문법구조의 상대(上代) 중국어를 표기하기 위하여 발달한 문자다. 이 언어에서는 문장 속에서 각 단어들의 관계를 나타내는 어미와 조사가 발달하지 않았고 각 단어들은 어순에 의거한다. 언어학의 유형론에서 고립적인 문법구조의 언어로 알려진 중국어를 표기하기 위하여 자생적으로 발달한 문자가 한자라고 볼 수 있다.

한자는 황하(黃河) 문명의 발달과 더불어 동아시아의 가장 강력한 문자로 등장한다. 중국 주변의 교착어인 알타이제어도 역사가 시작할 때에는 한자로 기록되었다. 이 민족들은 유교(儒教)의 경전을 통하여 한자의 한문을 배우고 그것으로 자민족의 언어를 기록하였다. 다시 말하면 자신들의 언어를 중국어로 번역하여 한자로 기록한 것이다. 당연히 많은 불편이 따르게 된다. 그리하여 그들은 새로운 문자를 제정하여 자신들의 언어를 기록하기 시작하였다.

7.1 처음에 새로운 문자를 제정할 때에는 당시 가장 널리 알려진 한자를 이용하는 방법이 일반적이었다. 주로 한자를 변형시켜 자신들의 언어를 표기하는데 알맞은 문자를 표기하였다. 이러한 방법을 이용한 문자로는 고구려 문자를 비롯하여 발해, 일본의 가나(假名), 거란(契丹), 서하(西夏), 여진(女眞) 문자가 있었다. 고려의 구결(口訣) 약자도 그러한 계통의 문자로 볼 수 있다.

또 한 가지 방법은 서양의 표음문자를 빌려 사용하는 방법이다. 서양의 북셈(Northern Semitic) 문자의 하나인 고대 아람 문자(Aramaic script)에서 발달한 소그드 문자(Sogdian script)가 동아시아에 유입되어 위구르 문자(Uighuric script)가 되었다. 이를 몽고의 칭기즈 칸이 차용

하여 몽고어를 적게 하여 몽고-위구르(Mongol-Uighuric) 문자가 시작된
다. 이 문자는 초기 몽고의 여러 칸국(汗國)에서 사용하여 널리 퍼져나
갔으며 오늘날에도 몽골 인민공화국의 공식문자로 사용한다. 그리고
후일 만주족의 누르하치가 받아들여 청(淸)의 만주어를 기록하는 문자
가 되었다.

세 번째의 방법으로는 스스로 새로운 표음 문자를 제정하는 것이다.
여기에는 불교의 유입으로 일반화된 불경(佛經)의 문자인 범자(梵字)의
영향이 컸다. 고대인도의 범자는 베다(Vedic) 경전의 산스크리트어, 즉
범어(梵語)를 기록하던 문자였으나 불경이 이 문자로 기록되면서 불교를
받아들인 동아시아의 모든 민족에게 친숙한 문자가 되었다. 이 문자는
한자와 달리 표음 문자였고 이로부터 한자 표기가 어려운 여러 민족들
이 표음 문자를 스스로 제정하게 된다.

7.2 범자의 영향을 받아 새로운 표음 문자를 처음으로 만든 것은 7세
기 중엽 토번(吐蕃) 왕국의 송첸 감보(Srong-btsan sgam-po) 왕이었다. 그
는 톤미 아누이브((Thon mi Anuʹibu)를 시켜 서장(西藏) 문자 30개를 만들
었는데 이 문자는 매우 과학적으로 만들어진 표음 문자여서 당시 주변
의 다른 민족들의 언어도 이 문자로 표기되었고 오늘날에도 사용되고
있는 티베트의 음절 문자이다.

이 서장(西藏) 문자를 음소 문자로 바꾸어 원(元) 제국의 모든 언어와
한자를 표음할 수 있는 문자로 만든 것이 파스파 문자다. 칭기즈 칸의
몽골 제국(帝國)에서 중국만을 분리하여 원(元)이란 새로운 국가를 세운
쿠빌라이 칸은 팍스파 라마로 하여금 서장(西藏) 문자와 같은 표음 문자
를 만들게 하여 제국(帝國)의 국자(國字)로 삼았다. 중국 성운학에 의거

하여 36성모(聲母)의 자음 글자를 만들고 당시 몽고어의 모음 체계에 맞추어 7개의 모음 글자를 만들어 모두 43개의 음소 문자를 만들었으나 실제로는 41개의 문자만 사용하였다.

7.3 한글도 파스파 문자와 같이 표음 문자로 제정되었다. 처음에는 우리 한자음, 즉 동음(東音)의 표기를 위하여 28자를 만들었으나 동국정운식 한자음 표기를 위하여 초성, 즉 반절상자로 27자를 만들고 한음(漢音)을 표기하기 위하여 32자까지 자음을 표음하는 글자를 만들었다. 여기에 중성 11자를 더 하면 43자로 앞에서 살펴본 파스파 문자의 글자 수와 같아진다. 그러나 실제 우리말과 우리 한자음, 그리고 동국정운식 한자음을 표기하기 위하여 많은 글자를 더 만들어 사용하였다.

이상의 논의를 종합하면 동아시아의 여러 민족들, 특히 교착적 문법 구조의 알타이제어를 사용하는 민족들은 한자문화에 동화되어 소멸되는 것을 두려워하였고 한자가 자신들의 언어를 표기하기에 적당하지 않기 때문에 새로운 문자를 만들어 사용하였다. 이러한 진통은 알타이 제 민족에서 서로 교류하였고 영향을 주었으며 한글도 이러한 영향 아래에 제정된 표음 문자로 보아야 한다.

🗐 참고문헌

김완진(1963), "國語母音體系의 新考察,"『震檀學報』(震檀學會) 제24호 pp. 63~99, 이 논문은 김완진(1971)에 재록됨.

_____(1971),『國語音韻體系의 硏究』, 一潮閣, 서울.

_____(1996),『음운과 문자』, 신구문화사, 서울.

김완진 외 2人(1997), 金完鎭·鄭光·張素媛:『國語學史』, 韓國放送大學校出版部, 서울.

김정배·유재신 편(2000),『중국 연변대학 헌인 교수들이 쓴 발해국사』(1), 정음사, 서울.

남풍현(1999),『國語史를 위한 口訣硏究』, 太學社, 서울.

유참균(1978),『蒙古韻略과 四聲通解의 硏究』, 螢雪출판사, 서울.

이기문(1961),『國語史槪說』民衆書館, 서울.

_____(1963), A Genetic View on Japanese.『朝鮮學報』(일본 朝鮮學會) 27, pp. 94~105.

_____(1964), Materials of the Koguryo Language. Bulletin of the Korean Research Center: Journal of Social Sciences and Humanities 20: pp. 11~20.

_____(1967), "韓國語形成史,"『韓國文化史大系 V』, 「언어문학사」(상), pp. 19~112.

_____(1968), "모음조화와 모음체계",『이숭녕선생송수기념논총』, 을유문화사(1972a), 『國語音韻史 硏究』, 韓國文化硏究院, 서울.

_____1972b),『改訂 國語史槪說』, 民衆書館, 서울.

_____(1976), "최근의 訓民正音硏究에서 提起된 몇 問題,"『震檀學報』(震檀學會), 42호, pp. 187~190.

_____(1983),『韓國語の形成』, 成功書房, 東京 이기문(1967)의 일본어판.

_____(1998),『新訂版 國語史槪說』, 태학사, 서울.

_____(2008), "訓民正音 創制에 대한 再照明,"『韓國語硏究』제5호, pp. 5~45.

李鍾學 외(1999),『廣開土王碑文의 新研究』, 서라벌군사연구소, 경주.

李進熙(1972),『廣開土王碑の硏究』, 吉川弘文館, 東京.

졸고(1991), "倭學書『伊路波』에 대하여," 서울대학교 대학원 국어연구회 편『國語學의 새로운 認識과 展開』(金完鎭先生華甲紀念論叢), 서울: 민음사, pp. 142~161.

_____(1999): "元代漢語의〈舊本老乞大〉,"『中國語學硏究 開篇』(早稻田大學 中國語學科), 제19호 pp. 1~23.

_____(2003a), "韓半島에서 漢字의 受容과 借字表記의 變遷,"『口訣研究』(口訣學會),

제11호, pp. 53~86.

_____(2003b), "朝鮮漢字音の成立と變遷", 日本 中國語學會 제53회 全國大會 심포지엄 "漢字音研究の現在" 主題發表, 2003년 10月 25日 日本 早稻田大學 大隈講堂.

_____(2004a), "朝鮮時代的漢語敎育与敎材-以〈老乞大〉爲例-,"『國外漢語敎學動態』(北京外國語大學), 總第5期, pp. 2~9.

_____(2004b), "從韓國語系統和文字使用中高句麗的語言与文字," 〈高句麗文化的歷史价值〉-中韓學術討論會-(主爲: 中國社會科學院, 承爲: 中國社會科學院 中國邊疆史地研究中心, 場所: 北京 怡生園國際會議中心, 日時: 2004年 12月 21日~22日).

_____(2005), "고구려의 언어와 문자," *Anamnesis* (羅鍾一博士停年紀念論文集), pp. 3~21.

_____(2006), "吏文과 漢吏文",『口訣研究』(口訣學會) 16호, pp. 27~69.

_____(2007), "고구려어 연구의 몇 문제,"『알타이학보』(한국알타이학회) 제17호, pp. 197~214.

_____(2008), "언어의 분기(divergence)와 통합(convergence), 서울대학교 대학원 국어연구회 편,『이숭녕, 현대국어학의 개척자』(심악 이숭녕 선생 탄신 100주년 기념논집), pp. 815~840.

_____(2009d), "국어학의 새 지평," 국어학회 창립 50주년 기념학술대회 기조강연, 일시: 2009년 12월 17~19일, 장소: 서강대 다산관국제회의실.

_____(2009a), "訓民正音の字形の獨創性―『蒙古字韻』のパスパ文字との比較を通して"『朝鮮學報』(일본 朝鮮學會) 第211輯(平成21年4月刊), pp. 41~86.

_____(2009b), "契丹 문자와 女眞字-渤海 문자 연구의 기초를 위하여-," 국제고려학회 블라디보스토크 국제워크숍(주제: 동아시아와 渤海의 역사 문화, 일시: 2010년 10월 5~6일, 장소 러시아 블라디보스토크 극동대학.

_____(2009c), "훈민정음 中聲과 파스파 문자의 모음자,"『국어학』(국어학회), 제56호, pp. 221~247.

_____(2010a), "고구려의 언어와 한국어와의 친족관계(The Relationship of the Koguryŏ language to Korean),"『동북공정과 고구려(China's northeastern regional program and the historical identity of the ancient Koguryŏ kingdom)』(서울: 동북아역사재단), pp. 219~244.

_____(2010b), "거란・女眞文字と高麗の口訣字,"『日本文化研究』(동아시아일본학회), 第36輯, pp. 393~416, 이 논문은 國際ワークショップ「漢字情報と漢文訓讀」(日時: 2009年 8月 22日(土)~23日, 場所: 札幌市・北海道大學人文・社會科學總合敎育研究棟 W408)에서 일본어로 발표한 것을 수정 보완한 것이다.

_____(2011a), "훈민정음 초성 31자와 파스파자 32자모," 『譯學과 譯學書』(譯學書學
會), 제2호, pp. 97~140.

_____(2011b), "〈蒙古字韻〉喩母のパスパ母音字と訓民正音の中聲," 『東京大學言語學論集』
(東京大學 言語學科) 제31호, pp. 1~20.

_____(2012a), "<몽고자운>의 파스파 韻尾字와 훈민정음의 終聲," 『譯學과 譯學書』
(譯學書學會), 제3호, pp. 5~34.

_____(2012b), "元代漢吏文と朝鮮吏文," 『朝鮮學報』(일본朝鮮學會), 제224輯, pp. 1~46.

_____(2012c), "고려본〈용감수경〉에 대하여," 『국어국문학』(국어국문학회) 제161호
pp. 237~279.

_____(2013), "≪월인석보≫의 舊卷과 훈민정음의 언해본 - 正統 12년 佛日寺판
≪월인석보≫ 옥책을 중심으로-," 『國語學』(國語學會), 제68호, pp. 3~49.

_____(2014a), "세종의 한글 창제- 동아시아 제 민족의 문자 교류와 훈민정음의 제정
을 중심으로 -," 『한국학연구』(고려대학교 한국학연구소). 제51호, pp. 5~50.

_____(2014b), "朝鮮司譯院の倭學における仮名文字教育 -바チカン圖書館所藏の 「伊呂
波」 を中心に-," 『朝鮮學報』(일본 朝鮮學會, ISSN 0577-9766) 제231輯, pp.
35~87.

_____(2015), "동북아 제언어의 한자 사용에 대하여," 정광 외 『한국어의 좌표 찾기』
(서울: 역락). pp. 69~108.

_____(2016a), "毘伽羅論과 훈민정음 -파니니의 〈八章〉과 佛家의 聲明記論을 중심으
로-," 『한국어사 연구』(국어사연구회) 제2호, pp. 113~179.

_____(2016b), "反切考," 第8次 國際譯學書學會 國際學術大會 基調特講 要旨(주제: 譯
學書 研究의 現況과 課題, 일시: 2016년 7월 30일~31일, 장소: 일본 요코하
마 鶴見대학), 豫稿集 『譯學書研究の回顧と展望』, pp. 3~34.

졸역(2006), 『고구려어 - 일본을 대륙과 연결시켜 주는 언어 -』, 고구려연구재단, 서울,
Beckwith(2004)의 한국어 번역.

졸저(1988), 『司譯院 倭學 研究』, 太學社, 서울.

_____(1990), 『朝鮮朝譯科試券研究』, 大東文化研究院(成均館大學校附設), 서울.

_____(2002a), 鄭光主編 共同編者: 梁伍鎭, 鄭丞惠: 『原本老乞大』(解題・原文・原本影
印・倂音索引), 外語教學与研究出版社, 北京.

_____(2002b), 鄭丞惠・梁伍鎭 共著: 『吏學指南』, 太學社, 서울.

_____(2004), 『역주 原本老乞大』, 김영사, 서울, 수정판 (박문사, 2010).

_____(2009), 『蒙古字韻 研究』, J&C, 서울, 중어본(2013, 民族出版社, 北京), 일어본

(2015, 大倉 Info. 東京).

_____(2011), 『삼국시대 한반도의 언어 연구』, 박문사, 서울 대한민국 학술원 우수도서.

_____(2012), 『훈민정음과 파스파 문자』, 도서출판 역락, 서울.

_____(2014), 『조선시대의 외국어 교육』, 김영사, 서울 2015년 대한민국 학술원 우
    수도서.

_____(2015), 『한글의 발명』, 김영사, 서울 2015년 문화관광체육부 세종도서 우수학
    술도서.

洪起文(1946), 『正音發達史』 上・下, 서울신문사 出版局, 서울.

<저자의 일본어 五十音圖順>

石川謙 ・石川松太郎(1967~74), 『日本教科書大系』, 第1~15, 講談社, 東京.

石川松太郎(1978), 『藩校と寺子屋』, 教育社, 東京.

大矢透(1918), 『音圖及手習詞歌考』, 大日本圖書株式會社, 東京.

河野六郎・千野榮一・西田龍雄(1989) 編, 『言語學 大辭典』 上・中・下, 三省堂, 東京.

_____(2001) 編, 『言語學大辭典』 別卷, 三省堂, 東京.

神原甚造(1925), 弘治五年 活字版朝鮮本〈伊路波〉い就いて, 『典籍之硏究』 第三號.

佐瀬誠實(1890), 『日本教育史 上.下』, 文部省 總務局 圖書課, 東京 同修訂版(1903) (全
    一冊), 大日本圖書, 東京, 仲新.酒井豊(1973), 同校正版, 平凡社, 東京.

新村出(1916), "國語及び朝鮮語の數詞について,"『芸文』7：2-4. 이 논문은 『東方言
    語史叢考』, 岩波書店, 1927, pp. 1~30에 재수록.

高橋愛次(1974), 『伊呂波歌考』, 三省堂, 東京.

西田龍雄 編(1981), 講座 言語 第5卷 『世界の文字』, 大修館書店, 東京.

橋本進吉(1949), 『文字及び仮名遣の硏究』, 岩波書店, 東京.

花登正宏(1997), 『古今韻會擧要硏究-中國近世音韻史の一側面-』, 汲古書院, 東京.

浜田敦(1952), 弘治五年 朝鮮板〈伊路波' 諺文大音考-國語史の立場から-, 『國語國文』 第
    21卷 第10號 이것은 浜田敦(1970)에 再錄됨.

_____(1970), 朝鮮資料による日本語硏究, 岩波書店 東京.

服部四郎(1946), 『元朝秘史の蒙古語を表はす漢字の硏究』, 龍文書局, 東京.

_____(1984), パクパ字(八思巴字)について 一特に e の字と ė の字に關して(一) -On
    the hPhags-pa Script - Especially Concerning the Lette e and ė -(1),
    『月刊言語』13-7, pp. 100~104, 服部四郎(1993:216-223)에서 인용.

_____(1993), 『服部四郎論文集』, 三省堂, 東京.

久木幸男(1968), 大學寮と古代儒敎-日本古代敎育史硏究, サイマル出版社, 東京文部省
      (1910), 日本敎育史, 弘道館, 東京.

村山七郎(1962), "高句麗語資料および若干の日本語と高句麗語音韻對應,"『言語硏究』(日
      本言語學會) NO. 42 pp. 66~72.

_____(1963), "高句麗語と朝鮮語との關係に關する考察,"『朝鮮學報』(朝鮮學會) No.
      26, pp. 25~34.

_____(1966), "言語學的に見た日本文化の起源,"『民俗學硏究』No. 30~4, pp. 301~310.

_____(1978),『日本語系統の硏究』, 大修館, 東京.

_____(1985), 監修者前書き『韓國語の系統』(金芳漢), 三一書房, 東京

內藤湖南(1907),『日本滿州交通略說』, 五山講演集, 東京.

吉池孝一(2004), "跋蒙古字韻 譯註,"『KOTONOHANA』(古代文字資料館) 22号 pp. 13~16.

_____(2005), "パスパ文字の字母表,"『KOTONOHANA』(古代文字資料館) 37号 pp. 9~10.

<중국인 저자의 한국한자음 가나다순>
金光平・金啓綜(1980),『女眞語言文字硏究』, 文物出版社, 北京.

金毓黻(1934a),『渤海國志長編』, 金氏千華山館著鉛印, 遼陽 金毓黻(1980)에서 활자 인쇄.

_____(1934b),『遼陵石刻集錄』, 國立奉天圖書館, 奉天.

_____(1946),『宋遼金史』, 商務印書館, 北京.

_____(1980):『渤海國志長編』, 사회과학전선 잡지사, 北京 金毓黻(1934a)의 활자본.

霍明琨(2013),『東北史壇巨擘金毓黻 ≪靜晤室日記≫ 硏究』黑龍江大學出版社, 哈尔濱.

羅常培・蔡美彪(1959),『八思巴文字與元代漢語』〔資料匯編〕, 科學出版社, 北京.

魏國忠・朱國沈・郝慶云(2006),『渤海國史』, 동북아역사재단 번역본, 동북아역사재단,
      서울.

李德啓(1931), "滿洲文字之起源及其演變,"『北平圖書館刊』 5卷 6期(民國 20년 11-12
      월), 뒤에서 pp. 1~18, 도표 16.

李强(1982), "論渤海文字,"『學習與探索』, 1982년 제5기, pp. 119~130.

鄭再發(1965),『蒙古字韻跟跟八思巴字有關的韻書』, 臺灣大學文學院文史叢刊之十五, 臺北.

照那斯圖(2003),『新編 元代八思巴字 百家姓』, 文物出版社, 北京.

周有光(1989), "漢字文化圈的文字演變,"『民族語文』(民族硏究所) 1989-1, pp. 37-55.

陳慶英(1999), "漢文'西藏'一詞的來歷簡說,"『燕京學報』(燕京硏究院, 北京大學出版社)
      新六期 (1999년 5월) pp. 129~139.

陳乃雄(1988), "契丹學硏究述略,"『西田龍雄還曆記念東アジアの言語と歷史』, 松香堂, 京都.

趙展(1985), 河內良弘 譯, 中國における滿洲學の復興について, 『天理大學報』(天理大學), 第145輯.

淸格爾泰(1997): "關於契丹文字的特點," 『아시아 諸民族의 文字』(口訣學會 編), 태학사, 서울.

淸格爾泰 외 4인(1985), 淸格爾泰・劉鳳翥・陳乃雄・于寶林・邢夏禮: 『契丹小字硏究』, 中國社會科學出版社, 北京.

<서양인 저자의 알파벳순>

Baxter(1992), William H. Baxter, A Handbook of old Chinese Phonology. Mouton de Gruyter, Berlin.

Beckwith(2000), Christpher I. Beckwith, The Japanese-Koguryoic Family of Languages and the Chinese Mainland. Paper presented at the Association for Asian studies, San Diego, March 9~12, 2000.

_____(2003), "Ancient Koguryo, Old Koguryo, and the Relationship of Japanese to Korean." Paper presented at the 13th Japanese/Korean Linguistics Conference, East Lancing, August 1-3, 2003.

_____(2004), Koguryo, The language of Japan's Continental Relatives. Brill, Leiden・Boston. 졸역(2006).

Bentley, John R. 2001. A Descriptive Grammar of Early Old Japanese Prose. Leiden: Brill

Buzo(1995), Adrian Buzo. "Transcription Characters on Koguryŏ Inscriptions." 『素I谷남풍현선생 회갑기념논총』(간행위원회), 태학사, 서울, pp. 865~894.

Byington(2006), Mark E. Byington, "Review Article, Christopher I. Beckwith, Koguryo-The language of Japan's Continental Relatives," (Leiden:Brill, 2004), Acta Koreana vol. 9, no.1 January 2006, pp. 141~166.

Chung(2004), Kwang Chung, "On Polivanov's Study of the Geneology of Korean—Focused on Polivanov's Life and His Scholarship—," Paper presented ICKL 2004(July 13~14) at Ankara Univ., Antalia, Turkey.

_____(2005), "〈Review〉 Christopher I. Beckwith, Koguryo - The language of Japan's continental relatives," 『北方史論叢』(高句麗財團) No.5, pp. 369~377.

Clauson(1969), Sir Gerard Clauson, "A Lexico-statistical Appraisal of the Altaic Theory," Central Asiatic Journal No.13, pp. 1~23.

_____(1972), *An Etymological Dictionary of Pre-Thirteenth Century Turkish.* Clarendon Press, Oxford.

Frellesvig & Whitman(2003), Bjarke Frellesvig and John B. Whitman, "Evidence for Seven Vowels in proto-Japanese," Paper presented at the XVIth International Conference on Historical Linguistics. University of Copenhagen, August 11-15, 2003.

Finch(1999), Roger Finch: "Korean Hangul and the hP'ags-pa script," in Juha Janhunen and Volker Rybatzki ed., *Writing in the Altaic World*, Studia Orientalia 87, Helsinki.

Grube(1896), Wilhelm Grube, *Die Sprache und Schrift de Jučen*, Harrassowitz, Berlin.

Janhunen & Rybatski(1999), Juha Janhunen and Volker Rybatzki, *Writing in the Altaic World, Studia Orientalia*(The Finnish Oriental Society), Helsinki.

Jean(1987), Georges Jean, *L'écriture: mémoire des hommes,* Gillimard, Paris. 高橋 啓 譯(1990), 『文字の歴史』, 創元社, 大阪.

Karlgren(1957), Bernhard Karlgren, *Grammata Serica recensa.* Museum of Far Eastern Antiquities, Stockholm.

Klaproth(1812), J. von Klaproth, *Abhandlung über die Sprache und Schrift der Uiguren*, Berlin.

Ledyard(1966), Gari Ledyard, "The Korean language reform of 1446 – The Origin, Background, and Early History of the Korean Alphabet, Unpublished Ph. D dissertation, University of California. 이 논문은 한국에서 출판되었다(Ledyard(1998).

_____(1997), "The international linguistic background of the correct sounds for the uction of the people," Young-Key Kim-Renaud(1997).

_____(1998), *The Korean language reform of 1446*, 국립국어연구원 총서 2, 신구문화사, 서울.

Lewin(1973), Bruno Lewin, "Japanese and the Language of Koguryŏ," Papers of the C.I.C. Far Eastern Language Institute 4: 19~33.

Ligeti(1956), Louis. Ligeti, "Le Po kia sing en écriture 'Phags-pa," *AOH* (Acta Orientalia Scientiarum Hungaricae, Budapest) 6(1-3, 1956) pp. 1~52.

_____(1962), "Trois notes sur l'écriture 'Phags-pa," *AOH* 13(1, 1962) pp. 201~237.

_____(1973), "Monuments en écriture 'Phags-pa," *Pièces de chancellerie en transcription chinoise*, Budapest, Vol. I, 1972, Vol. II, 1973.

Liu(1999), "Seventy years of Khitan Small Script studies," Janhunen & Rybatski(1999:159~169).

Martin(1966), Samuel E. Martin, "Lexical Evidence Relating Korean to Japanese," *Language* No. 42, pp. 185~251.

_____(1987), *The Japanese Language Through Time*. Yale University Press, New Haven.

_____(1990), Morphological clues to the relationship of Japanese and Korean. In: Philip Baldi (ed.). *Linguistic Change and Reconstruction Methodology*. Trends in Linguistics: Studies and Monographs 45. pp. 483~509.

_____(1991), "Recent Research on the Relationships of Japanese and Korean." *Sprung from Some Common Source*, 269-292. Stanford: Stanford University Press.

_____(1995), "On the Prehistory of Korean Grammar: Verb Forms," *Korean Studies*, No. 19 pp. 139~150.

_____(2000), "How have Korean vowels changed through time?" *Korean Linguistics* No.10, pp. 1~59.

Miller(1971), Roy A. Miller, *Japanese and the Other Altaic Languages*. University of Chicago Press, Chicago.

_____(1979), "Old Japanese and the Koguryŏ Fragments: A Re-Survey," In: George Bedell, Eichi Kobayashi, and Myake, Marc H. 2003. *Old Japanese: A Phonetic Reconstruction*. Routledge Curzon, London.

Pauthier(1862), G. Pauthier, "De l'alphabet de P'a-sse-pa," *JA*, sér. V, 19:8(Janv, 1862).

Poppe(1957), N. Poppe: *The Mongolian Monuments in ḫP'ags-pa Script*, Second Edition translated and edited by John R. Kruger, Otto Harrassowitz, Wiesbaden.

_____(1965), *Introduction to Altaic Linguistics*, Otto Harrassowitz, Wiesbaden.

Pozdněev(1895-1908), A. M. Pozdněev, *Lekcii po istorii mongolskoĭ literatutuŋ*, vol. I-III, St. Peterburg.

Polivanov(1927), Евгний Дмитриевич Поливанов, "K voprosu o rodstevennyx otnošenijax koreikogo I altajskix'jazykov", *Izvestija Akademii nauk SSSR*(Series VI, Vol.XXI, Nos. 15-17, Leningrad.

Pulleyblank(1962), Edwin G. Pulleyblank, "The Consonantal System of Old Chinese," *Asia Major*, 9: 58~144, pp. 206~265.

_____(1984), *Middle Chinese: A Study in Historical Phonology*. University of British Columbia Press, Vancouver.

_____(1991), *Lexicon of Reconstructed Pronunciation in Early Middle Chinese, Late Middle Chinese, and Early Mandarin*. UBC Press, Vancouver.

_____(1996), "Early Contacts between Indo-Europeans and Chinese," *International Review of Chinese Linguistics* 1.1: pp. 1~25.

Ramsey(1993), Robert S. Ramsey, "Some Remarks on Reconstructing Earlier Korean," 『어학연구』 29.4, pp. 433~442.

Ramstedt(1911), G. J. Ramstedt, "Ein Fragment mongolischer Quadratschrift," *JSFOu* 27(3), pp. 1~4.

_____(1952), Gustav J. Ramsted, *Einführung in die Altaische Sprachwissenschaft.*. II. Formenlehre. Mémoires de la Société Finno Ougrienne 104.2. Helsinki: Suomalais-Ugrilainen Seura.

Sagart(1999), Laurent Sagart, *The Roots of Old Chinese*. John Benjamins, Amsterdam.

Starostin(1989), Sergei A. Starostin, Rekonstrukciya drevnekitayskoy fonologičeskoy sistemĭ. Nauka, Moscow.

_____(1991), Altayskaya problema i proisxoždenie yaponskogo yazĭka. Nauka, Moscow.

Starostin, Dybo, Mudrak(2003), Sergei Starostin, Anna Dybo, and Oleg Mudrak, The Etymological Dictionary of the Altaic Languages. E. J. Brill, Leiden.

Unger(1975), Marshall J. Unger, "Studies in Early Japanese Morphophonemics." Ph.D. Dissertation, Yale University.

_____(1990), "Japanese and What Other Altaic Languages?" In: Philip Baldi, ed., Linguistic Change and Reconstruction Methodology, Mouton de Gruyter, Berlin, 547~561.

_____(2001), "Layers of Words and Volcanic Ash in Japan and Korea," Journal of Japanese Studies, 27.1: 81~111.

_____(2008), The Role of Contact in the Origins of the Japanese and Korean Languages, University of Hawai'i Press, Honolulu.

Vladimirtsov(1929), Boris Ya. Vladimirtsov, *Сравителъная грмматика монг олъского письме-нного языка и халхаского наречия, Vvedeni i fonetica*, Leningrad.

_____(1931), "Монгльский международный алфавит XIII", века, *KPV* 10:32.

_____(1932), "Монгольские литературиые языки", ZIV 1:8.

Vovin(1993), Alexander Vovin, "About the phonetic value of the Middle Korean grapheme △," *Bulletin of the School of Oriental and African Studies*, LV I.2: pp. 247~259.

_____(1994), Genetic affiliation of Japanese and methodology of linguistic comparison,' *Journal de la Société Finno-Ougrienne*, No.85: pp. 241~56.

_____(2005a), *A Descriptive and Comparative Grammar of Western Old Japanese*. Vol. 1:Phonology, Script, Lexicon, and Nominals. Global Oriental, Kensington.

_____(2005b), "The End of the Altaic Controversy." *Central Asiatic Journal* 49.1.

_____(2010), *KOREO-JAPONICA-A critical study in the language relationship*, Univ. of Hawai'i Press, Honolulu.

Whitman(1985), John Whitman, The Phonological Basis for the Comparison of Japanese and Korean. Unpublished Harvard University Ph.D. dissertation, Boston.

_____(1990), "A Rule of Medial *-r-loss in Pre-Old Japanese," In: Philip Baldi, ed. *Linguistic Change and Reconstruction Methodology*. Mouton de Gruyter, Berlin: 511~545.

Young-Key Kim-Renaud(1997), ed., *The Korean alphabet: Its history and structure*, University of Hawaii Press, Honolulu.

■

거란문자 중의 '횡장(橫帳)'

류펑주 · 장사오산

중국사회과학원 민족학 · 인류학연구소 연구원
적봉학원 역사문화학원 부교수

1. 서론

　"횡장(橫帳)"은 『요사(遼史)』에 황족을 나타내는 고유명사라 명시하고
있다. 그러나 횡장의 범위에 대하여, 『요사』의 기록은 다소 차이가 있
어 일치하지 않는다. 때로는 덕조의 자손을 횡장 계부방(季父房)이라고
말하기도 한다. 예를 들면, "현조(玄祖)의 장남인 마로(麻魯)에게는 후손
이 없어, 차남인 암목(巖木)의 후손을 맹부방(孟父房)이라고 하고, 셋째
아들인 석로(釋魯)를 중부방이라고 하며, 넷째 아들은 덕조이니, 덕조의
장남이 태조(太祖) 천황제(天皇帝)이며 이를 횡장이라 한다. 나머지 동생
들은 랄갈(剌葛), 질랄(迭剌), 인저석(寅底石), 안단(安端), 소(蘇)이니 모두
계부방이라 칭한다."는 기록이 있다.1) 때로는 덕조의 족속에 계부방만
있는 것이 아니라 세 개의 부방(父房)이 있다고 말하기도 하였다. 예를
들면, "덕조의 족속은 삼부방(三父房)이라 알려져 있으며 횡장으로 칭하
여 왕족 중 매우 귀하신 분이었다."는 기록이다.2) 또한 다른 곳에는 횡

---

1) [元]脫脫等撰, 『遼史』卷45, 『百官志一』, 中華書局點校修訂本, 2016年北京版, pp. 795-796.
2) [元]脫脫等撰, 『遼史』卷116, 『國語解』, 中華書局點校修訂本, 2016年北京版, p. 1695.

장이 덕조의 자손만이 아니라, 암목의 후손인 맹부방 역시 횡장에 속한 다고 말한다. 예를 들면, "횡장 맹부방인 암목은 초국왕(楚國王)이다."는 기록이다.[3) 한자와 거란문자 묘지는 덕조의 후손인 계부방만 횡장으로 칭할 뿐만 아니라 맹부방과 중부방의 사람 역시 횡장으로 칭하고 있음 을 말해주고 있다. 한자『야율인선묘지명(耶律仁先墓誌銘)』에서는 "원조(遠祖)는 중부(仲父) 술랄(述剌)·실로(實魯)이며, 우월(于越)직을 맡았다. 바로 제2횡장이 되고 태조 황제의 아버지 형제들이다."라고 하였다.[4) 술랄·실로는 바로『요사·황자표』중의 석로이고 석로의 자가 술란(述瀾)이다. 석로는 실로이며 술란은 술랄이니 모두 같은 이름을 달리 번역 한 것이다. 술랄·실로는 거란어 전체 이름이고 '제2횡장'은 바로 '횡장 중부방'을 의미한다. 한자『소포로묘지명(蕭袍魯墓誌銘)』에서 소포로(蕭袍魯)의 아내를 언급하여 말하길, "부인 야율씨(耶律氏)는 횡장의 작고한 전 절도사 갈로부(曷盧不)의 딸이다."라고 하였다.[5) '횡장'을 사용하여 갈로 부의 신분을 나타내며, 그의 성이 야율임을 표시하고 있다.

거란소자 ㅊ ·㐅 의 본의는 '형세(兄弟)'이다. 예를 들면, 기란소지『야 율노묘지명(耶律奴墓誌銘)』5번째 줄에 있는 ㅊ 㐁 生 卆 㐅 方 杰 㐅 主 王 雨 ㅊ ·㐅 는 각각 '제사(第四)', '대(代)의', '조(祖)', '부(父)', '노곤(老袞)', '연(燕)', '왕(王)', '천(天)', '황(皇)', '제(帝)의', '형(兄)' 및 '제(弟)'의 의미이다. 이는 야율노의 증조부가 노곤 연왕임을 말하는 것으로, 그는 천황제의 형제 서열의 사람이었다.[6) 천황제는 바로 요 태조(太祖) 야율

---

3) [元]脫脫等撰,『遼史』卷66,『皇族表』, 中華書局點校修訂本, 2016年北京版, p. 1123.
4) 劉鳳翥,『契丹文字研究類編』, 中華書局2014年北京版, p. 731.
5) 劉鳳翥,『契丹文字研究類編』, 中華書局2014年北京版, p. 545.
6) 劉鳳翥,『契丹文字研究類編』, 中華書局2014年北京版, p. 178.

아보기(耶律阿保機)이다.

才岙火는 '형제의'라는 의미가 될 뿐만 아니라 고귀한 신분을 나타내기도 한다. 즉실(卽實)(바투, 巴圖)선생은 최초로 신분을 나타내는 **才岙火**를 '척은사(惕隱司)'로 해석하였다.[7] 나는 **才岙火**를 '횡장의'로 해석하였는데,[8] 나의 이 견해는 거란문자 학계의 인정을 받았다. 예를 들면, 오영철(吳英喆) 선생은 『소분물니(蕭奮勿膩)・도고사묘지명(圖古辭墓誌銘)』 7번째 줄에 있는 **才岙火 尺分 丰犮**를 "횡장의 중부방의"로 해석하였다.[9] 즉실선생의 **才岙火**에 대한 인식도 계속 변화하고 있는데, 그는 최근 새롭게 **才岙火**를 "횡장이나 대횡장으로 번역할 수 있다"고 간주하였다.[10]

최근 몇 년 동안 일부 거란소자로 기록된 묘지명의 위조품에서 **力耒 出灻 刭伩 杂朩 才岙火**라는 잘못된 글이 여러 차례 나왔다. 같은 사람의 신분에 대해, '국구(國舅)' 가족이고 성이 소(蕭)씨라고 말하기도 하고, 또한 '횡장' 가족이고 성이 야율씨라고 말하기도 한다. 나는 그것의 부당함을 지적하였고, 그 후 오영철(吳英喆) 선생은 **才岙火**를 '횡장의'라고 해석한 본인의 관점을 포기하고, "**才岙火**는 '형제의'를 나타내는 것이며, 이전에 유(劉) 선생이 후자를 '횡장'이라고 한 것은 반드시 맞는 것이 아니다"고 말하였다.[11]

---

7) 卽實, 『謎林問徑－契丹小字解讀新程』, 遼寧民族出版社 1996年, 瀋陽版, p. 505.

8) 劉鳳翥, 唐彩蘭, 高娃, 『遼代蕭烏盧本等三人墓誌銘考釋』, 中華書局, 『文史』, 2004年 第2輯, p. 110.

9) 吳英喆, 『契丹語靜詞語法範疇硏究』, 內蒙古大學出版社, 2007年, 呼和浩特版, p. 43.

10) 卽實, 『謎田耕耘－契丹小字解讀續』, 遼寧民族出版社, 2012年, 瀋陽版, p. 139.

11) 吳英喆, 『契丹小字「蕭敵魯墓誌銘」及「耶律詳穩墓誌」絶非贗品――與劉鳳翥先生商榷』, 載2011年, 12月8日, 『中國社會科學報』 第5版 게재.

2. 거란 소자 및 거란 대자의 예 분석

다음에는 거란문자 자료 중 신분을 나타내는 거란소자의 **才 克** 또는 **才 克 火** 및 거란대자의 **兄 弟** 또는 **兄 弟 舁**에 대하여 하나하나 나열시켜 분석하여 이들을 '횡장'으로 해석하는 것이 적합한지를 살펴보고자 한다.

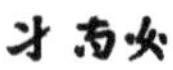

1) 거란소자 『양국왕묘지명(梁國王墓誌銘)』 19번째 줄에 있는 **母夾 芀 公火 几芬 尔火 力坴艾 才克火 �火 丞 火矢 �55** 는 각각 '소자(小者)', '추(醜)', '여(女)', '형(哥)', '낭자(娘子)', '구(舅)', '횡장의', '주사(珠思)', '태(太)', '위어(尉於)', '가(嫁)'의 의미를 나타낸다. 이는 양국왕(梁國王)과 양국태비(梁國太妃)의 작은 딸이 추녀형(醜女哥) 낭자이고, 외삼촌인 횡장의 주사 태위에게 시집갔음을 나타낸다.[12] 양국왕의 아내인 양국태비 열목곤(涅睦袞)은 야율인선(耶律仁先)의 네 번째 여동생이다. 야율인선에게는 네 명의 남동생 즉 의선(義先), 예선(禮先), 지선(智先)과 신선(信先)이 있었다. 거란소자 『야율인선묘지명』 7번째 줄에 따르면, 주사는 5형제 중 넷째로, 즉 야율지선(耶律智先)이다. 한자 『야율지선묘지명(耶律智先墓誌銘)』에는 "또 출리자(尤里者) 재상의 딸 추녀형에게 장가갔다"라고 하였는데, 출리자는 바로 양국왕이다. 거란소자 『야율지선묘지명』 15번째 줄에 있는

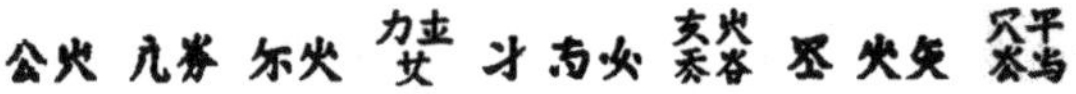

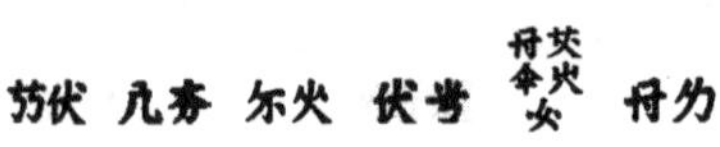

芀伏 几芬 尔火 伏丗 丹夾命火火 丹为 는 각각 '추녀(醜女)', '형', '낭자', '저저(姐姐)', '별서(別胥)의', '여아(女兒)'를 의미한다. 이는 야율지선

---

12) 劉鳳翥, 『契丹文字研究類編』, 中華書局, 2014年北京版, p. 248.

의 넷째 아내인 추녀형 낭자는 누나 별서의 딸임을 나타냈다. '누나 별서'는 즉 양국태비 열목곤이다. 별서는 거란어로 된 봉호이다. 야율지선은 추녀형의 넷째 외삼촌이다. 『양국왕묘지명』 19번째 줄에 있는 **茭灷** (주사) 앞에 관형어인 **才南火**를 그저 '횡장의' 즉 황족 성씨인 야율로 해석해야 자연스럽다. 만일 '횡장의'가 아닌 '형제의'로 해석한다면 오히려 자연스럽지 못하다. 인명 앞에 '형제의'를 추가하면, 이 '형제의'는 무슨 의미라는 것인가?

2) 거란소자 『야율(한)고십묘지명(耶律(韓)高十墓誌銘)』 첫째 줄에 있는

又 今芬 北刹 哭火 几夾 才南火 卅欠 半冇 仐甬 朿求 曲苂 几交 马灬 戈火 小用 乂半 几火 几太 朿伏冇 公车 圥几는 "대중앙(大中央)요 거란국 횡장의 계부방 진왕(秦王)의 족계인 겸중서령인 개국공(開國公) 왕녕(王寧)의 묘지"를 의미한다.[13] 진왕은 한광사(韓匡嗣)를 지칭한다. '계부방' 앞의 수식어로 '횡장의'를 사용하면 가장 자연스럽다. 만약 **才南火**를 '형제의'로 해석한다면 "거란국의 형제인 계부방 진왕"이 된다. 거란국의 '형'은 누구이고, 거란국의 '제'는 또한 누구인가? 이는 아주 자연스럽지 않고 이해하기 어렵다.

3) 거란대자 『야율(한)적렬묘지명(耶律(韓)迪烈墓誌銘)』 첫째 줄에 있는

才南火 仐甬 朿求 曲苂 几太 今用 丞舟 公车 圥几는 "횡장의 진왕 족계인 공녕(空寧)·적렬(迪烈) 태보의 묘지"의 의미이다.[14] 묘지명 맨 처음에 **才南火 仐甬 朿求**가 나타나는데, 이를 '횡장의 진왕'으로 해석한다면 매우 자연스럽다. 만약 이를 '형제의 진왕'으로 해

13) 劉鳳翥, 『契丹文字硏究類編』, 中華書局, 2014年北京版, p. 740.
14) 劉鳳翥, 『契丹文字硏究類編』, 中華書局, 2014年北京版, p. 860.

석한다면, 어느 집안의 형이고 어느 집안의 아우인지를 알 수 없다. 마찬가지로 이 묘지명의 2번째 줄에 있는 **才 甬火 卅久 半利**는 '횡장의 계부방'으로만 해석이 되었다. 야율(한)적렬의 아내인 소오로본(蕭烏蘆本) 낭자의 한자 묘지명은 "대횡장(大橫帳) 소옹장(小翁帳) 진왕"으로 한광사의 신분을 서술하고 있다.15) '소옹장'은 '계부방'의 동의어이다. 그 앞의 수식어는 '대횡장'이지 '형제의'가 아니다. 여기서 아무도 부인할 수 없는 한자로 기록된 증거로 여기의 **才 甬火**는 '횡장의'로만 해석이 가능하다는 것을 증명해 주고 있다.

4) 거란소자 『소분묠니·도고사묘지명』 4번째 줄에 있는 **수秂 才 甬利 卅余 半利 仐甬 杢 岄茶利 仐平 甬 血夹 弟 毛火 丹勿**는 "(마□ 낭군(廮□郎君)의) 부인(夫人) 횡장지계부방진왕지족계보니(橫帳之季父 房秦王之族系普你)·대한초토지녀(大漢招討之女)."를 의미한다.16) 이는 (마□낭군의) 부인이 횡장의 계부방 진왕의 족계인 보니(普你)·대한(大漢) 초토(招討)의 딸임을 나타낸다. 진왕은 한광사이고 보니·대한은 한덕위(韓德威)의 거란어 전체 이름이다. '계부방' 앞의 수식어로 '횡장의'는 매우 자연스럽지만, '형제의'는 매우 부자연스럽다.

5) 거란소자 『소분묠니·도고사묘지명』 7번째 줄에 있는 **扎化 几秂 才 甬火 尺分 半利 厸利 仐金 惡 兆矢 尺平茶弓**는 "제이(녀)곽락횡장지중부방임녕(第二(女)郭落橫帳之仲父房任寧)·특말리태사어가(特末里太師於嫁)"

---

15) 劉鳳翥, 『契丹文字硏究類編』, 中華書局, 2014年北京版, p. 872.
16) 劉鳳翥, 『契丹文字硏究類編』, 中華書局, 2014年北京版, p. 687.

를 의미한다.17) 이는 소도고사(蕭圖古辭)의 둘째 딸은 곽락이라 부
르는데, 횡장의 중부방인 임녕(任寧)·특말리(特末里) 태사에게 시
집갔음을 나타내고 있다. '중부방' 앞의 수식어로 '횡장의'는 매우
자연스럽지만 '형제의'는 매우 부자연스럽다.

6) 거란소자『소태산화영청공주묘지명(蕭太山和永淸公主墓誌銘)』6번째
줄에 있는 [거란소자]는 "조부류녕
(祖父留寧)·안가태사(安哥太師), 여인한국선가부인(女人韓國善哥夫人),
횡장지맹부방□□□태사지녀(橫帳之孟父房□□□太師之女)"의 의미이
다.18) 이는 소태산의 조부가 류녕(留寧)·안가(安哥) 태사이며 그
의 아내는 한국(韓國) 선가(善哥) 부인인데, 그녀는 횡장의 맹부방
인 모 태사의 딸이다. 맹부방 앞의 수식어를 '횡장의'로 한다면 매
우 자연스럽지만, 만약 '형제의 맹부방'으로 한다면 부자연스러워
통하지 않는다.

7) 거란소자『소태산화영청공주묘지명』10번째 줄에 있는 [거란소자]는 "달부야
낭자(撻不也娘子), 횡장지중부방□선태사□부인이인지녀(橫帳之仲父房
□善太師□夫人二人之女)"를 의미한다.19) 이는 "달부야 낭자는 횡장의
중부방의 □선(□善) 태사와 모 부인 두 사람의 딸"임을 나타낸다.
'중부방' 앞에 수식어로 '횡장'을 추가한다면 매우 자연스럽지만, 만

---

17) 劉鳳翥,『契丹文字硏究類編』, 中華書局, 2014年北京版, p. 688.
18) 劉鳳翥,『契丹文字硏究類編』, 中華書局, 2014年北京版, p. 813.
19) 劉鳳翥,『契丹文字硏究類編』, 中華書局, 2014年北京版, p. 815.

약 '형제의 맹부방'으로 한다면 부자연스러워 통하지 않는다.

8) 거란소자『소대산과 영청공주묘지명』11번째와 12번째 줄에 있는

[거란소자] 는 "여해자육개(女孩子六個), 제일개현성가낭자(第一個賢聖哥娘子), 횡장지계부방구율리알태위어가(橫帳之季父房舅律里幹太尉於嫁)"를 의미한다.[20] 이는 소태산(蕭太山)은 딸이 여섯 있는데, 장녀인 현성가(賢聖哥) 낭자는 횡장 계부방의 외삼촌 율리알(律里幹) 태위에게 시집갔음을 나타낸다. 여기서 '현성가'는 바로 한자『영청공주(永淸公主)묘지』중의 '현성노'이다. 한자『영청공주묘지』에는 현성노(賢聖奴)를 "대횡장 위왕(魏王) 종희(宗熙)의 아들인 등주(鄧州) 관찰사 홍례(弘禮)에게 시집갔다."라고 하였다.[21] '율리알'은 거란어 이름이고 '홍례'는 중국어 이름이다. 홍례는 현성노의 외삼촌이다. 한자『영청공주묘지』에 의하면 영청공주의 조부는 료성종(遼聖宗)의 셋째 동생인 제국왕(齊國王) 야율릉유(耶律隆裕)(『요사』에서는 릉우(隆祐)로 잘못 표기)이고 부친은 야율종희(耶律宗熙)이다. 영청공주에게는 홍인(弘仁), 홍의(弘義), 홍례(弘禮), 홍지(弘智)와 홍신(弘信) 등 남동생 5명이 있다. 한자『영청공주묘지』에서 홍례를 언급할 때, '대횡장'이라는 문구가 있기 때문에 거란소자로 기록된 묘지 중, [거란소자]는 반드시 '횡장의 중부방'으로 번역해야한다. '중부방' 앞에 수식어인 '횡장의'를 추가하면 매우 부드럽지만, 만약 '형제의'를 추가한다면 오히려 부자연스러워 통하지 않

---

20) 劉鳳翥,『契丹文字硏究類編』, 中華書局, 2014年北京版, p. 815.
21) 劉鳳翥,『契丹文字硏究類編』, 中華書局, 2014年北京版, p. 825.

는다.

9) 거란소자『소태산화영청공주묘지명』12번째 줄에 있는 [거란문자] [거란문자] [거란문자] [거란문자] [거란문자] [거란문자] [거란문자] [거란문자] [거란문자]의 의미는 "제삼개귀가낭자(第三個貴哥娘子), 횡장지달부야장군어가(橫帳之撻不也將軍於嫁)"이다.[22] 이는 소태산의 셋째 딸이 귀가(貴哥) 낭자이며, 그녀는 횡장의 달부야(撻不也) 장군에게 시집갔음을 나타낸다. 한자『영청공주묘지』에서 "아래 동생은 귀가(貴哥)라고 하는데, 대횡장 우월(于越)의 왕손인 열가(涅哥)에게 시집갔다."라고 전한다.[23] '열가'는 바로 '달부야'이다. 한자『영청공주묘지』에서 '대횡장'이라는 문구가 있어서 거란소자로 기록된 묘지 중에 있는 [거란문자]는 마땅히 '횡장의'로 번역해야 한다. "횡장의 달부야 장군"으로 번역한다면 매우 부드럽고, 또한 달부야 장군의 성이 소씨라는 것도 알 수 있지만 "형제의 달부야 장군"으로 한다면 매우 자연스럽지 않다.

10) 거란소자『소태산화영청공주묘지명』12번째 줄에 있는 [거란문자] [거란문자] [거란문자] [거란문자] [거란문자] [거란문자] [거란문자] [거란문자] [거란문자]의 의미는 "제오개사고낭자횡장지계부방포속리낭군어가(第五個師姑娘子橫帳之季父房蒲速里郎君於嫁)"이다.[24] 이는 소태산의 다섯째 딸은 사고(師姑) 낭자이며, 그녀는 횡장의 계부방인 포속리 낭군에게 시집갔음을 나타낸다. 한자『영청공주묘지명』에서 "아래 동생은 사고라고 하는데 자태와 용모가 출중하여 말이 청아하고 수려하다. 마침 봄꽃

---

22) 劉鳳翥,『契丹文字硏究類編』, 中華書局, 2014年北京版, p. 815.

23) 劉鳳翥,『契丹文字硏究類編』, 中華書局, 2014年北京版, p. 825.

24) 劉鳳翥,『契丹文字硏究類編』, 中華書局, 2014年北京版, p. 816.

이 비를 만났듯이 소박하게 정확함과 현명함을 이어받았다. 대
장부의 절개를 갖추고, 이성적이므로 『금강원각경(金剛圓覺經)』을
귀중하게 여긴다. 그녀는 대횡장 사랄부추(思剌副樞)의 친동생인
포속리(蒲速里)에게 시집갔다."라고 하였다.25) 한자 묘지에 포속
리를 언급했을 때 '대횡장'이라는 문구를 사용하였기 때문에 거
란소자 묘지에서는 포속리 앞의 수식어인 **才 右火** 역시 '횡장의'
로 번역해야 한다. '계부방' 앞에 수식어인 '횡장의'를 추가한다면
매우 부드럽지만 '형제의'를 추가한다면 오히려 타당하지 않게
된다.

11) 거란소자『소특매(蕭特每)・활가부마제이부인한씨묘지명(闊哥駙馬第
   二夫人韓氏墓誌銘)』5번째 줄과 6번째 줄에 있는 **丙夲 禹勽 죠 又**
   夲利 尒火 才 右火 又及 牢利 伏丈 业丙 □ 吞 乩利 丹勺 九辰
   夲丹 几夵 紊禹의 의미는 "여해자이개(女孩子二個), 대자의신낭자
   (大者意辛娘子), 횡장지맹부방□□녕(橫帳之孟父房□□寧)・류□태사
   지자□장군어가(留□太師之子□將軍於嫁)"이다.26) 이는 소특매(蕭特
   每)・활가(闊哥) 부마의 본처가 낳은 두 딸 중, 장녀는 의신(意辛)
   낭자로, 횡장의 맹부방인 □□닝・유□(□□寧・留□) 태사의 아
   들에게 시집갔음을 나타낸다. 소특매・활가의 딸이면 마땅히 성
   씨가 야율인 사람에게 시집가야 한다. 시집간 모 태사의 아들이
   그의 가문을 야율씨였으면 '횡장의 맹부방'으로 나타내는 것은
   아주 적절한 표현이다. 만약 '맹부방' 앞에 한정어로 '횡장의'가

---

25) 劉鳳翥, 『契丹文字硏究類編』, 中華書局, 2014年北京版, p. 825.
26) 劉鳳翥, 『契丹文字硏究類編』, 中華書局, 2014年北京版, p. 748.

아닌 '형제의'를 사용한다면 매우 부자연스럽게 된다.

12) 거란소자 『소특매·활가부마제이부인한씨묘지명』 6번째 줄에

있는 [거란소자] 의 의미는 "제이개오가부인횡장지맹부방지가태보지자분□태위어가(第二個吳家夫人橫帳之孟父房只哥太保之子奔□太尉於嫁)."이다.27) 이는 소특매·활가 부마의 본처가 낳은 둘째 딸은 오가(吳家) 부인이며, 그녀는 횡장의 맹부방인 지가(只哥) 태보의 아들 분□(奔□) 태위에게 시집갔음을 나타낸다. '맹부방' 앞의 수식어나 관형어로 '횡장의'는 매우 부드럽지만 '형제의'는 매우 부자연스러워 통하지 않는다.

13) 거란소자 『소특매·활가부마제이부인한씨묘지명』 10번째 줄과

11번째 줄에 있는 [거란소자] 의 의미는 "대자합녕(大者哈寧)·□아상온(□阿詳穩), 국구상온배(國舅詳穩拜)。여인니리부인횡장지맹부방아목아가□지녀(女人尼里夫人橫帳之孟父房阿穆阿哥□之女)."이다.28) 이는 묘지 주인의 남편의 큰 형은 합녕(哈寧)·□아상온(□阿詳穩)이고, 직위가 국구상온(國舅詳穩)에 이르렀음을 나타낸다. 아내인 이리(尼里) 부인은 횡장의 맹부방인 아목아가□(阿穆阿哥□)의 딸이다. '맹부방' 앞에 한정어인 '횡장의'를 추가하는 것은 매우 타당하다. 만약 '맹부방' 앞에 한정어로 '형제의'를 추가한다면 아주 부적당하다.

---

27) 劉鳳翥, 『契丹文字研究類編』, 中華書局, 2014年北京版, p. 748.
28) 劉鳳翥, 『契丹文字研究類編』, 中華書局, 2014年北京版, p. 750.

14) 거란소자『소특매·활가부마제이부인한씨묘지명』11째 줄에 있
는 北 乂叐 尒災 扌古災 弓峝 丞 丹矢 夅馬는 "사고낭자횡장지□
태보어가(師古娘子橫帳之□太保於嫁)"를 의미한다.29) 이는 사고 낭자
가 횡장의 모 태보에게 시집갔음을 나타낸다. 弓峝는 태보의 이
름인데 아직까지는 정확히 해독할 수가 없다. '횡장'으로 그는 성
씨가 야율임을 나타냈다. 만약 '형제의'를 사용하면 말한 바를 이
해할 수 없다.

15) 거란소자『소특매·활가부마제이부인한씨묘지명』13째 줄에 있
는 弔 几芬 尒災 扌古災 卅欠 卡尙 仐日 求 꿔仏 九 丹功의 의
미는 "□가낭자횡장지계부방□소재상지손자(□哥娘子橫帳之季父房□
蘇宰相之孫子)"이다.30) 이 단락 전후에는 글자가 탈루되어 있어,
내용이 이어지지 않는다. 모 낭자와 횡장 계부방인 □소(□蘇) 재
상의 손자와의 관계를 언급한 내용인데, 계부방 앞에 놓인 관형
어 '횡장의'는 적절하게 사용한 것이다.

16) 거란소자『소특매·활가부마제이부인한씨묘지명』13번째 줄과
14번째 줄에 있는 꿔匁 几丙 丞 災 丙 几 仐 仐万 公災 仐奉伏
古災 尺分 卡尙 仐用 丞臭 丹功의 의미는 "장구태위여인(章九太尉女
人), 복덕녀부인(福德女夫人), 횡장지중부방적렬낭군지녀(橫帳之仲父
房迪烈郎君之女)。"이다.31) 이는 장구(章九) 태위의 아내가 횡장의
중부방인 적렬(迪烈) 낭군의 딸임을 나타낸다. 횡장의 중부방은

---

29) 劉鳳翥, 『契丹文字硏究類編』, 中華書局, 2014年北京版, p. 750.
30) 劉鳳翥, 『契丹文字硏究類編』, 中華書局, 2014年北京版, p. 751.
31) 劉鳳翥, 『契丹文字硏究類編』, 中華書局, 2014年北京版, p. 751.

일종의 신분 표시로, 그는 황족이고 성이 야율씨임을 나타내고
있다. 중부방 앞에 관형어로 쓰인 '횡장의'는 아주 적절한 표현이다.

17) 거란소자『소특매·활가부마제이부인한씨묘지명』의 14번째 줄
과 15번째 줄에 있는 伺太 几岁 东火 才 右火 尺分 丰乃 龘耒 芙癸
尺平 芬岛의 의미는 "동가낭자(董哥娘子), 횡장지중부방사파리낭군어가
(橫帳之仲父房思巴里郎君於嫁)。"이다.32) 이는 동가(董哥) 낭자가 횡장
지(橫帳之) 중부방인 사파리(思巴里) 낭군에게 시집갔음을 나타내
고 있다.

18) 거란소자『소특매·활가부마제이부인한씨묘지명』의 15번째 줄
에 있는 义灻 东火 才 右火 尺分 丰乃 六丰 付 公灻 芙癸 芬岛의
의미는 "혹낭자(酷娘子), 횡장지중부방대비노낭군어가(橫帳之仲父房
大比奴郎君於嫁)。"이다.33) 이는 혹(酷) 낭자가 횡장의 중부방인 대
비노(大比奴) 낭군에게 시집갔음을 나타낸다. '중부방' 앞에 관형
어로 '횡장의'를 사용한 것은 매우 적절하지만 '형제의'는 오히려
부드럽지도 않으며 적절하지 않다.

19) 거란소자『야율올리본(耶律兀里本)·자특묘지명(慈特墓誌銘)』4번째
줄에 있는 包 丰芬乃 才 右 玍火 夾 灻化 丞 伏廾奀의 의미는 "삼부방
지횡장(三父房之橫帳), 오(五), 육원이부(六院二部)"이다.34) '삼부방의
횡장'으로 번역하면 아주 적절한 표현이 된다. 만약 '삼부방의 형
제'로 해석한다면 어느 형제인지를 모르므로, 말하는 바를 이해

32) 劉鳳翥,『契丹文字研究類編』, 中華書局, 2014年北京版, p. 751.
33) 劉鳳翥,『契丹文字研究類編』, 中華書局, 2014年北京版, p. 751.
34) 劉鳳翥,『契丹文字研究類編』, 中華書局, 2014年北京版, p. 762.

할 수 없게 된다.

20) 거란소자 『야율올리본·자특묘지명』 12번째 줄에 있는 (거란소자) 의 의미는 "고녕(高寧)·부류태사여절부인이인지제이녀(富留太師麗節夫人二人之第二女). 부인(夫人), 횡장중부방사랄니괴인재상지녀(橫帳仲父房査剌柅瑰引宰相之女)."이다.[35] 이는 야율올리본(耶律兀里本)·자특(慈特)의 아내가 소고녕(蕭高寧)·부류(富留) 태사와 여절(麗節) 부인 두 사람의 둘째 딸임을 나타낸다. 여절 부인은 횡장 중부방인 사랄니(査剌柅)·괴인(瑰引) 재상의 딸이다. 한자 『양국태비묘지명(梁國太妃墓誌銘)』에 의하면, 사랄니·괴인은 야율인선의 아버지이고, 여절 부인은 야율인선의 둘째 여동생이다. '횡장 중부방'으로 사랄니·괴인의 신분을 제한하면, 이는 또한 그의 성씨가 야율인 것을 표명하게 된다. 소고녕·부류가 야율씨 사람을 아내로 맞이하는 것보다 더 적절한 것은 없다. 앞서 서술한 바와 같이 한자 『야율인선묘지명』에서 '제2 횡장'이라고 한 것은 바로횡장 중부방임을 의미하는 것이다.

21) 거란소자 『야율귀안(耶律貴安)·적리고묘지명(迪里姑墓誌銘)』첫 줄에 있는 (거란소자) 의 의미는 "횡장지맹부방촉국왕지족계적야율귀안태보지묘지(橫帳之孟父房蜀國王之族系的耶律貴安太保之墓誌)."이다.[36] 『요사』권 64 황자표(皇子表)에 "현조의 아들 네 명……암목자적련(嚴

---

35) 劉鳳翥, 『契丹文字研究類編』, 中華書局, 2014年北京版, pp. 765~766.
36) 劉鳳翥, 『契丹文字研究類編』, 中華書局, 2014年北京版, p. 917.

木字敵輦), 둘째 아들은 중희(重熙) 연간에 촉왕(蜀王)으로 추서되었
다……그의 후손이 바로 삼부방의 맹부이다."라고 기록하였
다.37) '맹부방' 앞에 관형어로 '횡장의'의 사용은 매우 적절하고
『요사』의 기록에도 부합한다. 만약 **才 呑女 又及 キ利 モ尺 几火
杰禾**를 "형제의맹부방 촉국왕(蜀國王)의"로 해석한다면 오히려
사서의 근거를 찾을 수 없게 된다. 거란문자를 해석하는데 만
약 『요사』의 기록을 참고하지 않는다면, 마치 장님이 코끼리를
만지는 것과 같아 그 결과는 가히 짐작할 만하다.

22) 거란소자 『양국왕묘지명』 3번째 줄에 있는 **丙 几 乂火 夗 ᵘᵗ禾ᵗ 才
呑女 州欠 キ利 ᵗᵗ契 几꺅 丹勿**는 "처제세부인(妻齊世夫人), 횡장계
부방날한공지녀(橫帳季父房剌罕公之女)。"를 의미한다.38) 이는 소고
구(蕭高九)의 아내가 제세(齊世) 부인이고, 그녀는 횡장 계부방인
날한공(剌罕公)의 딸임을 나타낸다. '계부방'을 수식하는 관형어로
'횡장의'는 아주 매끄럽다. 이는 또한 **才 呑女**가 야율씨를 가진 사
람에게만 사용할 수 있음을 설명해 주었다.

23) 거란소자 『양국왕묘지명』 15번째 줄에 있는 **ᵘᵗ꠵ 几火 죠 业火
火化 欠伏 才 呑女 尺分 キ利 ᵘᵗ勾 甬 欠禾 ᵗᵗ化 丹勿**의 의미는 "양국
태비휘열목곤(梁國太妃諱涅睦袞), 횡장지중부방사랄니(橫帳之仲父房査
剌柅)·괴인재상녀(瑰引宰相女)"이다.39) 이는 양국왕의 아내인 양
국태비의 이름은 열목곤이고, 그녀는 횡장의 중부방인 사랄니·
괴인 재상의 딸임을 나타낸다. 앞서 서술한 바와 같이 사랄니·

37) [元]脫脫等撰, 『遼史』 卷66, 『皇族表』, 中華書局點校修訂本, 2016年北京版, p. 1065.
38) 劉鳳翥, 『契丹文字硏究類編』, 中華書局, 2014年北京版, p. 947.
39) 劉鳳翥, 『契丹文字硏究類編』, 中華書局, 2014年北京版, p. 952.

괴인은 야율인선의 아버지이고, 양국태비인 열목곤은 야율인선의 넷째 여동생이다. '중부방'을 수식하는 한정어로 '횡장의'만 가능하며 '형제의'는 불가능하다.

24) 거란소자 『야율부부서묘지명(耶律副部署墓誌銘)』 25번째 줄과 26번째 줄에 있는 𘱂 𘴂 𘲽 𘴭 𘵓 𘵑 𘱜 𘳍 𘲿 𘲪 𘴭 𘲡 𘳋 𘲻의 의미는 "제삼개여인특면부인(第三個女人特勉夫人), 을실기국구대옹장도녕(乙室己國舅大翁帳陶寧)・이덕고상온횡장지호독고부인이인지녀(伊德古詳穩橫帳之胡獨古夫人二人之女)"이다.[40] 이는 묘지 주인의 세 번째 부인이 특면(特勉) 부인이고, 그녀는 을실기(乙室己) 국구 대옹장(大翁帳) 도녕(陶寧)・이덕고(伊德古) 상온(詳穩)과 횡장의 호독고(胡獨古) 부인 두 사람의 딸임을 나타낸다. 거란소자의 𘳍는 '부방'과 '옹장(翁帳)' 두 가지 의미를 갖고 있다. 국구 가족 구성원에 사용하면 '옹장'으로 번역하고, '횡장' 가족 구성원에 사용하면 '부방'으로 번역한다. 여기서 𘱜(국구)와 𘲪(횡장)은 따로 사용하여 각각 야율부부서(耶律副部署)의 장인과 장모로 사용되었다. 이런 표현들을 같은 사람에 사용하면 근본적으로 말이 되지 않는다.

25) 거란소자 『야율홍용묘지명(耶律弘用墓誌銘)』 12번째 줄과 13번째 줄에 있는 𘴂 𘱜 𘲽 𘲪 𘴭 𘲻 𘵑 𘱜 𘲿 𘴭 𘲪 𘲻 𘲡 𘳋 𘳍 𘲪 𘲻 𘱜 𘲪 𘴭 𘲻 𘵑 𘲽 𘳋 𘲡의 의미는 "아모합낭자(阿姆哈

40) 劉鳳翥, 『契丹文字硏究類編』, 中華書局, 2014年北京版, p. 911.

娘子), □국구소옹장의천황태후지제삼제육온(□國舅小翁帳儀天皇太后之第三弟六溫)・고구대왕지소자시시리(高九大王之少子時時里)・적렬태사(迪烈太師)、횡장지초가부인이인지녀(橫帳之楚哥夫人二人之女)."이다.41) 이는 야율홍용(耶律弘用)의 아내가 아모합낭자임을 나타낸다. 그녀는 국구 소옹장 사람이고, 그녀의 조부는 의천(儀天) 황태후의 세 째 남동생인 육온(六溫)・고구(高九) 대왕이며, 그녀의 아버지는 육온・고구대왕의 막내 아들인 시시리(時時里)・적렬(迪烈) 태사이고, 그녀의 어머니는 횡장의 초가(楚哥) 부인이다. 야율홍용의 아내이니 당연히 소씨 성을 가질 것이며, '국구 소옹장'으로 그녀의 신분과 소씨 성을 나타내고 있다. 야율홍용의 장모 초가(楚哥) 부인의 친정은 당연히 야율씨이니 '횡장'으로 표현한 것이다. 여기서 **力主** (국구)와 **才も火**는 각각 야율홍용의 장인과 장모에게 따로 사용되었다. 이러한 표현들은 같은 사람에 쓰이면 근본적으로 말이 되지 않는다.

26) 거란소자 『야율홍용묘지명』 17번째 줄에 있는 **夬 乇 쑤쑛 九芬 尔火 才も火 尺分 丰л 甯 九朿 公爻 岙夋 灾平**의 의미는 "저 일개수가낭자(姐一個隋哥娘子), 횡장지중부방정광노낭군어가(橫帳之仲父房定光奴郎君於嫁)."이다.42) 이는 야율홍용의 아내 아모합에게는 수가(隋哥)라는 언니 한 명이 있었고, 그녀는 횡장의 중부방인 정광노(定光奴)에게 시집갔음을 나타낸다 수가 낭자는 야율홍용의 처형이기 때문에 당연히 소씨 성을 가지게 되며 시집간 정광노

---

41) 劉鳳翥, 『契丹文字硏究類編』, 中華書局, 2014年北京版, p. 846.
42) 劉鳳翥, 『契丹文字硏究類編』, 中華書局, 2014年北京版, p. 848.

는 당연히 야율씨가 되는 것이다. 횡장의 중부방으로 그는 야율
씨임을 나타내고 있다.

27) 거란소자『야율홍용묘지명』18번째 줄에 있는 [契丹小字] 의 의미는 "특미낭자(特美娘子), 횡장지낙리낭군어가(横
帳之諸里郎君於嫁)"이다.43) 이는 야율홍용의 처제인 소특미(蕭特美)가
횡장의 낙리(諸里) 낭군에게 시집갔음을 나타냈다. '횡장의'로 낙리
낭군의 성씨가 야율이고 황족이라는 것을 나타내고 있다.

28) 거란소자로 기록된『야율홍용묘지명』18번째 줄에 있는 [契丹小字] 의 의미는 "오특란비
횡장지중부방궁사도감어가(烏特闌妃橫帳之仲父房宮使都監於嫁)"이
다.44) 이는 야율홍용의 다른 처제 오특란(烏特闌)이 횡장의 중부
방인 궁사(宮使) 도감에게 시집갔음을 나타내고 있다.

29) 거란소자『소거사묘지명(蕭居士墓誌銘)』7번째 줄에 있는 [契丹小字] 의 의미는 "처
왕가부인(妻王哥夫人), 횡장지중부방도돌절사지녀(橫帳之仲父房度突節
使之女)"이다.45) 이는 소거사(蕭居士)의 아내는 왕가(王哥) 부인이
고, 그녀는 횡장의 중부방 도돌리(度突里) 절도사의 딸임을 나타
낸다. 소거사의 장인인 도돌리는 야율씨이고 '횡장의 중부방'은
그가 황족이며 야율씨임을 분명히 나타내고 있다.

---

43) 劉鳳翥, 『契丹文字硏究類編』, 中華書局, 2014年北京版, p. 848.
44) 劉鳳翥, 『契丹文字硏究類編』, 中華書局, 2014年北京版, p. 848.
45) 劉鳳翥, 『契丹文字硏究類編』, 中華書局, 2014年北京版, p. 1031. 원문에서는 '節使'를
'結實'로 잘못 표기하였다.

30) 거란소자『야율인선묘지명』첫째 줄에 있는 **才 古火 尺分 丰利 □夾 枭 曲 今金 冈力 本**의 의미는 "횡장중부방□왕지족계특매찬(橫帳仲父房□王之族系特毎撰)"이다.46) 이는 거란소자『야율인선묘지명』이 횡장 중부방의 모 왕의 족계인 야율특매(耶律特毎)가 저술한 것임을 나타내고 있다. '횡장 중부방'으로 그의 성씨가 야율인 것을 충분히 나타내고 있다.

다음에는 거란대자의 상황을 살펴보고자 한다. 거란대자 속의 '형제'는 兄弟로 되어 있다. 弟를 '형제'로 해석하는 경향은 거란대자의 자료 속에 흔히 볼 수 있다. 예를 들면, 거란대자『야율기묘지명(耶律祺墓誌銘)』29번째 줄에 있는 **太卑 兄弟 奉交 夬之 弟来**는 "태보형제래사지동(太保兄弟勅使知同)"이다.47) 이는 태보의 형제가 동지래사(同知勅使)의 직을 맡고 있음을 나타낸다. 또 다른 예를 들자면, 거란대자로 기록된『야율습열묘지명(耶律習涅墓誌銘)』18번째 줄에 있는 **兄弟 子 兄 夊之 太景**는 "형제유형부질리태사(兄弟有兄不迭里太師)"이다.48) 이는 묘지 주인인 야율습열(耶律習涅)은 형제가 있으며, 그의 형은 부질리(不迭里) 태사임을 나타내고 있다. 거란대자 속의 **兄弟** 역시 '횡장'으로 해석하는 경우도 있다. 다음에는 **兄弟**를 '횡장'으로 해석해야 하는 몇 가지 예를 살펴보도록 한다.

1) 거란대자『소효충묘지명(蕭孝忠墓誌銘)』2번째 줄에 있는 **兄弟者**

---

46) 劉鳳翥, 『契丹文字研究類編』, 中華書局, 2014年北京版, p. 693.
47) 劉鳳翥, 『契丹文字研究類編』, 中華書局, 2014年北京版, p. 564.
48) 劉鳳翥, 『契丹文字研究類編』, 中華書局, 2014年北京版, p. 574.

天狱咨 会 杏 王는 "횡장지맹부방초국왕(橫帳之孟父房楚國王)"의 의미이다.[49] 이는 소효충(蕭孝忠)의 조모가 횡장의 중부방인 초국왕의 후손임을 나타내는 것으로, 소효충의 조모가 횡장 중부방의 후손이니 성씨가 야율임을 나타내고 있다. '중부방' 앞에 관형어로 '횡장'을 사용한 것은 매우 적절하다. 여기서 만약 兄弟咨를 '형제의'로 해석한다면 매우 어색하게 된다.

2) 거란대자『야율습열묘지명』첫 줄에 있는 天 무구 屼지 国咨 兄弟舁 吴구 狱咨 序咨扑 夾夫 乒寺 送扑의 의미는 "대중앙계단국지횡장지중부방습열부사묘어지(大中央契丹國之橫帳之仲父房習涅副使墓於誌)"이다.[50] '묘어지(墓於誌)'는 묘에 있는 지(誌)를 가리키는 것으로, 즉 묘지가 된다. 야율습열의 한자 묘지개(墓誌蓋)에는 "대횡장절도부사묘지(大橫帳節度副使墓誌)"라 칭하고, 한자 묘지에는 "이름은 습열(習涅)이고 소자(小字)는 파팔(杷八)이며, 대횡장(大橫帳) 을신직로고(乙信直魯古)의 아들이다."라고 기록되어 있다.[51] 야율습열의 한자 묘지개와 묘지명, 그리고 거란대자 묘지명에서는 모두 그의 성이 무엇인지 언급하지 않지만, 한자 지개(誌蓋)와 묘지명 그리고 거란대자 묘지명에서 모두 횡장이나 횡장 중부방을 언급하였으니, 성씨가 야율임을 분명히 살필 수 있다. 이것은 그의 묘지명을『야율습열묘지명』으로 명명한 이유가 된다. 이 명명은 학계의 전적인 인정을 받고 있다.

---

49) 劉鳳翥,『契丹文字研究類編』, 中華書局, 2014年北京版, p. 537.
50) 劉鳳翥,『契丹文字研究類編』, 中華書局, 2014年北京版, p. 570.
51) 劉鳳翥,『契丹文字研究類編』, 中華書局, 2014年北京版, p. 580.

3. 결론

앞서 거란소자와 거란대자 자료 속의 **才ㅎ火**나 **兄弟旮**가 '횡장의'라는 의미를 지닌다는 것을 하나하나 예를 들어가며 확인하였다. 이는 한 가지에 정통하면 백 가지를 알 수 있기 때문이다. 이 말을 뒤집어 말하면, 한 가지에 정통하지 않으면 백 가지를 알지 못하게 된다는 의미이다. 거란소자의 **才ㅎ火**와 거란대자의 **兄弟旮**가 신분을 나타낼 때 '횡장의'로 번역할 수 있는 것은 이미 정해져 바꿀 수가 없으며, 크게 반대할 수 없는 것이다.

어떤 사람은 거란소자의 **才ㅎ火**와 거란대자의 **兄弟旮**는 신분을 나타낼 때 '횡장의'로 번역이 가능하다는 것에 대하여 강하게 반대하고 있다. 그 이유는 **力表 쥐化 糸示 才ㅎ火**라는 잘못된 글이 일련의 위조품에서 끊임없이 나타나기 때문이다. 거란소자의 **才ㅎ火**와 거란대자의 **兄弟旮**가 신분을 나타낼 때 '횡장의'로 번역이 가능하다는 점을 인정하기만 하면, 모든 위조 묘지명이 가지고 있는 위조품의 본질은 모두 남김없이 드러나게 될 것이다.

지금까지 전하는 모든 거란문자 문헌 자료 중, **力表**와 **才ㅎ火**를 동일한 사람에게 사용하는 예는 한 번도 보이지 않는다.

최근 몇 년 사이에 나타나는 일련의 출처 불분명한 묘지명에서 **力表 쥐化 糸示 才ㅎ火**(국구재상적횡장적, 國舅宰相的橫帳的)와 같은 잘못된 글이 끊임없이 발견되고 있다. 예를 들면, 북경과거편액박물관(北京科擧區額博物館)이 2007년 구매한 거란소자 『소휘리련(蕭徽哩輦)·한덕묘지명(汗德墓誌銘)』지개(誌蓋)와 지문(誌文)에서는 모두 **力表 쥐化 糸示 才ㅎ火**로 기록되어 있다.52) 䍤은 䍤자의 오자이고 才는 才자의 오자이다.

또한 다른 예로, 내몽고대학교가 소장한 거란소자 『야율렴녕묘지명(耶律廉寧墓誌銘)』 16번째 줄에 있는 [거란소자] 의 의미는 53) "제이개여인올리본낭자(第二個女人兀里本娘子), 국구재상지횡장지수가룡호지녀(國舅宰相之橫帳之秀哥龍虎之女)"이다. 거란어에서는 '여인(女人)'은 '처자(妻子)'를 나타내고, '국구'를 사용하여 성씨가 소인 것을 나타내며, '횡장의'는 황족 야율씨인 것을 나타낸다. '용호(龍虎)'는 '용호위(龍虎衛) 장군'의 약칭이다. 이는 『염지(廉誌)』 주인의 넷째 아들인 적리녕(敵里寧)의 둘째 아내가 올리본(兀里本)임을 말하고 있는 것이다. 그녀는 국구 재상인 횡장의 용호위 장군 수가(秀哥)의 딸이다. 이것은 사실과 너무 차이가 나는 것이다. 올리본과 그녀의 아버지 수가는 성씨가 소이기도 하고 야율이기도 하다는 것으로, 사람을 더욱 더 혼란스럽게 한다.

소위 거란소자 『야율결묘지(耶律玦墓誌)』 10번째 줄에는 [거란소자]가 있는데, 오영철(吳英喆) 선생은 이를 "별부국구지재상지형제지해리(別部國舅之宰相之兄弟之解里)"로 해석하였다. [거란소자]는 [거란소자]자의 오자이다. 『야율결묘지』 31번째 줄과 32번째 줄에도 역시 [거란소자]가 있는데, 오영철(吳英喆) 선생은 이를 "별부국구지재상지형제지호도근(別部國舅之宰相之兄弟之胡睹董)"로 해석하였다.54)

52) 劉鳳翥, 「契丹小字「蕭徽哩輦・汗德墓誌銘」爲贗品說」, 遼寧省遼金契丹女眞史研究會編, 『遼金歷史與考古』 國際學術研討會論文集 瀋陽版, 遼寧教育出版社, 2012.05, pp. 509-511.
53) 吳英喆、楊虎嫩, 『契丹小字的新資料－蕭敵魯和耶律詳穩墓誌考釋』(영문판), 英國環球遠東出版社, 2010.12, p. 174.

일련의 위조 묘지에서 力未 知化 才 古火 가 끊임없이 나타내고 있지만, 반대로 지금까지 전하는 문헌 자료 중에는 이와 같은 잘못된 글이 지금까지 한 번도 나타나지 않았다. 게다가 力未(국구)는 역시 종종 잘못 표기되기도 하는데, 力未로 잘못 쓰기도 하고, 然로 잘못 쓰기도 하였다. 才 역시 才로 자주 잘못 쓰기도 하는데, 필순도 맞지 않다. 오영철 선생은 2011년 12월 8일『중국사회과학보(中國社會科學報)』에 게재한 글에서 그저 力未가 '구(舅)'의 의미라고만 인정하고, '국구'의 의미는 인정하지 않았다. 2012년에 출판된 책에서는 그가 이전에 '국구'의 의미가 있음을 인정하는 쪽으로 되돌렸다.

지금까지 전하는 문헌 자료 중에는 力未 知化 才 古火 라는 잘못된 글이 전혀 나타나지 않는다. 이에 어떤 사람은 거란소자의『소분물니·도고사묘지명』을 근거로 해명하곤 한다.『소분물니·도고사묘지명』은 요녕성 고고연구소의 양진정(梁振晶) 선생이 발굴해 낸 것이다. 양진정 선생이 처음 출토했을 때 떠낸 정밀한 탁본에 근거하면 묘지의 첫 줄은 力未 万兔 知化 立木 古火 全杢 으로 시작하는데, 네 번째 글자는 분명히 立木 이었다. 묘지는 운반 과정에서 약간 마모되었다. 지금 어떤 사람이 마모된 묘지의 탁본을 찍은 사진에 근거하여, 立木 를 才인 것처럼 보아 力未 万兔 知化 才 古火 全杢 이란 문장이 생기게 된 것이지만, 실제는 그렇지가 않다. 만약 그렇다면, 才 古火는 또한 '형제의'로 해석이 가능하니 力未 万兔 知化 才 古火 全杢 는 "국구 양녕(楊寧) 재상의 형

54) 吳英喆,『契丹小字新發現資料釋讀問題』, 日本東京外國語大學亞非言語文化硏究室, 2012, p. 266, p. 253.

제인 분물니(奮勿膩)"의 의미가 된다. 양녕 재상은 분물니의 선배이지 분물니의 형제가 아니었다. 이로써 위조품을 진품으로 간주하는 사람은 하나만 알고 둘은 모르는 것과 같은 것이다.

본인은 많은 사람들이 지금까지 전해지는 진본 거란문자 문헌 자료 속에 力幸 刭化 才 书火라는 잘못된 글이 왜 한 번도 나타내지 않았는지, 반대로 출처가 불분명한 자료 중에 力幸 刭化 才 书火가 왜 빈번히 나타나는지를 꼼꼼하게 연구하여 사고하기를 바란다. 지금까지 전해지는 거란문자 문헌 자료 중에, '맹부방', '중부방'과 '계부방' 앞에 빈번히 나타나는 才 书火는 도대체 '횡장의'인가 아니면 '형제의'인가? 이 문제는 반드시 확실하게 논의해야 하며, 회피하면 안 된다. 나는 일찍이 力幸 刭化 才 书火라는 잘못된 글이 위조품의 흔적이자 위조품을 감별하는 잣대라고 말한 적이 있다.

본인은 거란문자의 연구자들에게 위조품을 연구하여 반박하고, 밝히는 자리에 적극적으로 참가하길 진심으로 바란다. 이와 같이 원칙과 직결되는 문제를 분명히 밝혀야, 비로소 거란문자 연구 작업이 정확한 방향을 따라 앞으로 한 걸음 더 나아갈 수 있을 것이다.

▣ 참고문헌

劉鳳翥,「契丹小字<蕭敵魯墓誌銘>和<耶律廉寧墓誌銘>均爲贋品說」, 載『中國社會科學報』第5版, 2011.05.19.

_____,「再論<蕭敵魯墓誌銘>爲贋品說」, 載『中國社會科學報』第5版, 2011.06.16.

_____,「再論<耶律廉寧墓誌銘>爲贋品說」, 載『中國社會科學報』第5版, 2011.11.10.

_____,「蕭徽哩輦・汗德墓誌銘》爲贋品說」, 載遼寧省遼金契丹女眞史研究會編『遼金歷史與考古－－國際學術研討會論文集』, 遼寧教育出版社, 2012年瀋陽版.

_____,「所謂<蕭德里輦・胡覩菫墓誌銘>爲贋品說」, 載北京遼金城垣博物館編『大遼遺珍－－遼代文物展』, 學苑出版社, 2012年北京版.

_____,「<蕭旼墓誌銘>爲贋品說」, 載『赤峰學院學報』, 2016年第1期.

_____,「解讀契丹文字不能顧此失彼, 要做到一通百通－－與吳英哲先生商榷」, 載劉寧主編『遼金史論集』第13輯, 中國社會科學文獻出版社, 2013年北京版。

_____,『契丹文字研究類編』, 中華書局, 2014年北京版.

Wu Yingzhe and Juha Janhunen, *New Materials on the Khitan Small Script:A Critical Edition of Xiao Dilu and Yelü Xiandwen*, UK: Global Oriental Press, 2010.

康鵬,「契丹小字<蕭敵魯墓誌銘>考釋」, 載遼寧省遼金契丹女眞史研究會編『遼金歷史與考古』第4輯, 遼寧教育出版社, 2013年瀋陽版。

吳英喆,「契丹小字<蕭敵魯墓誌銘>及<耶律廉寧墓誌>絶非贋品」, 載『中國社會科學報』第5版, 2011.12.08.

_____,『契丹小字新發見資料釋讀問題』, 日本東京外國語大學亞非言語文化研究所, 2012.

契丹文字中的"橫帳"

劉鳳翥・張少珊

中國社會科學院民族學與人類學研究所 研究員/
赤峰學院歷史文化學院 副教授

Ⅰ. 緒論

"橫帳"是《遼史》中表示皇族的專有名詞。對於橫帳的範圍,《遼史》記載並不一致。有時說德祖的子孫爲橫帳季父房。如"玄祖伯子麻魯無後, 次子巖木之後曰孟父房, 叔子釋魯曰仲父房, 季子爲德祖。德祖之元子是爲太祖天皇帝, 謂之橫帳; 次曰剌葛, 曰迭剌, 曰寅底石, 曰安端, 曰蘇, 皆曰季父房。"[1]有時又說德祖的族屬不僅僅有季父房, 而是有三個父房。例如"德祖族屬號三父房, 稱橫帳, 宗室之尤貴者。"[2]還有的地方說橫帳不僅僅是德祖的子孫, 巖木之後的孟父房也屬橫帳。例如"橫帳孟父房巖木楚國王。"[3]漢字和契丹文字墓誌都說明不僅僅是德祖子孫季父房稱橫帳。孟父房和仲父房的人也稱橫帳。漢字《耶律仁先墓誌銘》說:"遠祖曰仲父述剌・實魯, 于越。卽第二橫帳。太祖皇帝之諸父也。"[4]述剌・實魯卽《遼史・皇子表》中的的釋魯。釋魯字述瀾。釋魯卽實魯, 述瀾卽述剌, 均爲同名異

---

1) [元]脫脫等撰,『遼史』卷45,『百官志一』, 中華書局點校修訂本, 2016年北京版, pp. 795-796.
2) [元]脫脫等撰,『遼史』卷116,『國語解』, 中華書局點校修訂本, 2016年北京版, p. 1695.
3) [元]脫脫等撰,『遼史』卷66,『皇族表』, 中華書局點校修訂本, 2016年北京版, p. 1123.
4) 劉鳳翥,『契丹文字研究類編』, 中華書局2014年北京版, p. 731.

譯。述剌・實魯是契丹語名字的全名。"第二横帳"卽"横帳仲父房"之意。漢字
《蕭袍魯墓誌銘》提到蕭袍魯的妻子時說："夫人耶律氏，横帳故前節度使
曷盧不之女。"[5]用"横帳"表示曷盧不的身份，也表示他姓耶律。

　　契丹小字 才 ㄢ 的本義爲"兄弟"。例如契丹小字《耶律奴墓誌銘》第5行的

〔契丹小字〕 於義分別爲"第四"、"代之"、
"祖"、"父"、"老袞"、"燕"、"王"、"天"、"皇"、"帝之"、"兄"、"弟"。是說耶律奴
的曾祖父是老袞燕王，他是天皇帝之兄弟行的人。[6]天皇帝卽遼太祖耶律阿
保機。

　　才 ㄢ火 於義不僅是"兄弟之"，他還表示一種高貴的身份。卽實(巴圖)先生
首先把表示身份的 才 ㄢ火 釋爲"惕隱司"。[7]我把 才 ㄢ火 釋爲"横帳之"。[8]我
的見解得到了契丹文字學界的認同。例如吳英喆先生把《蕭奮勿膩・圖古辭
墓誌銘》第7行的 才 ㄢ火 尺分 ㄈ和 釋爲"横帳之仲父房之"。[9]卽實先生
對 才 ㄢ火 的認識也在不斷發展。他新近認爲 才 ㄢ火 "也可譯爲横帳或大横
帳。"[10]

　　近年在一些贗品所謂契丹小字墓誌銘中屢屢出現 〔契丹小字〕 才 ㄢ火 的病句。
把同一個人的身份，旣說是"國舅"家族，卽姓蕭；又說是"横帳"家族，卽姓耶
律。當我指出這一不合理性之後，吳英喆先生又放弃了他釋 才 ㄢ火 爲"横帳
之"的觀點。他說"才 ㄢ火 表示'兄弟之'。此前劉先生說後者爲'横帳'，未
必。"[11]結論要靠事實說話，要擺事實，講道理，以理服人。不能用武斷的

5) 劉鳳翥, 『契丹文字研究類編』, 中華書局2014年北京版, p. 545.
6) 劉鳳翥, 『契丹文字研究類編』, 中華書局2014年北京版, p. 178.
7) 卽實, 『謎林問徑－契丹小字解讀新程』, 遼寧民族出版社1996年, 瀋陽版, p. 505.
8) 劉鳳翥、唐彩蘭、高娃, 『遼代蕭鳥盧本等三人墓誌銘考釋』, 中華書局, 『文史』, 2004年第2輯, p. 110.
9) 吳英喆, 『契丹語靜詞語法範疇研究』, 內蒙古大學出版社, 2007年, 呼和浩特版, p. 43.
10) 卽實, 『謎田耕耘－契丹小字解讀續』, 遼寧民族出版社, 2012年, 瀋陽版, p. 139.

"未必"兩個字來搪塞。

二. 契丹小字及契丹大字的示例分析

我們現在把契丹文字資料中表出現的示身份的契丹小字中**才 ㄎ** 或**才 ㄎ 火**以及契丹大字中的**兄 弟**或**兄 弟 昇**逐一列出來做一些分析，看看把它們釋爲"橫帳"是否"未必"。

1. 契丹小字《梁國王墓誌銘》第19行有**夅ㄆ 芀 公火 几苓 尔火 ㄌ夬 才ㄎ火 秦容 丒 火矢 褧瑀**於義分別爲"小者"、"醜"、"女"、"哥"、"娘子"、"舅"、"橫帳之"、"珠思"、"太"、"尉於"、"嫁"。是說梁國王和梁國太妃的小女兒是醜女哥娘子，她嫁於舅父橫帳之珠思太尉。[12] 梁國王的妻子梁國太妃涅睦袞是耶律仁先的四妹。耶律仁先有四個弟弟：義先、禮先、智先、信先。據契丹小字《耶律仁先墓誌銘》第7行，珠思是五兄弟中的老四，卽耶律智先。漢字《耶律智先墓誌銘》說："又娶尤里者宰相女醜女哥"。尤里者卽梁國王。契丹小字《耶律智先墓誌銘》第15行的**芀伏 几苓 尔火 伏咢 丹英含火女 丹为**於義分別爲"醜女"、"哥"、"娘子"、"姐姐"、"別胥之"、"女兒"，是說耶律智先的第四個妻子醜女哥娘子是姐姐別胥之女兒。"姐姐別胥"卽梁國太妃涅睦袞。別胥是契丹語封號。耶律智先是醜女哥四舅。《梁國王墓

11) 吳英喆, 『契丹小字「蕭敵魯墓誌銘」 及 「耶律詳穩墓誌」 絶非贋品－－與劉鳳翥先生商榷』, 載2011年, 12月8日, 『中國社會科學報』第5版.

12) 劉鳳翥, 『契丹文字研究類編』, 中華書局, 2014年北京版, p. 248.

志銘》第19行的 □□ (珠思)前的定語 □ □ □ 只有釋爲"橫帳之"卽皇族的姓耶律才通順, 如果不釋爲"橫帳之", 而釋爲"兄弟的"則不通順。人名前加"兄弟的", 這個"兄弟的"是什麼意思?

2. 契丹小字《耶律(韓)高十墓誌銘》第1行的 □ 於義爲"大中央遼契丹國之橫帳之季父房秦王族系的兼中書令開國公王寧之墓誌"。[13]秦王指韓匡嗣。"季父房"前的修飾語用"橫帳之"再通順不過了。如果把 □ □ □ 釋爲"兄弟的"則成了"契丹國的兄弟之季父房秦王"。契丹國的"兄"是誰?契丹國的 "弟"又是誰?很不通順, 讓人無法理解。

3. 契丹小字《耶律(韓)迪烈墓誌銘》第1行的 □ □ □ □ □ □ □ □ □ □ □ □ 於義爲"橫帳之秦王族系的空寧·迪烈太保之墓誌"。[14]墓誌銘一開頭就是 □ □ □ □ □ □, 把它釋爲"橫帳之秦王"很通順。如把它釋爲"兄弟之秦王"則讓人不知道哪家之兄, 哪家之弟。同樣道理, 該墓誌銘第2行的 □ □ □ □ □ □ 於義只能爲"橫帳之季父房"。耶律(韓)迪烈之妻蕭烏蘆本娘子的漢字墓誌銘用"大橫帳小翁帳秦王"來敘述韓匡嗣的身份。[15]"小翁帳"卽"季父房"的同義語。其修飾語是"大橫帳"而不是"兄弟的"。這裏用鐵一般的漢字證據證明了此處 □ □ □ 只能釋爲"橫帳之"。

4. 契丹小字《蕭奮勿膩·圖古辭墓志銘》第4行的 □ □ □ □ □ □ □ □ □ □ □ □ □ 於義爲"(麼□郎君的)夫人橫帳

13) 劉鳳翥, 『契丹文字研究類編』, 中華書局, 2014年北京版, p. 740.
14) 劉鳳翥, 『契丹文字研究類編』, 中華書局, 2014年北京版, p. 860.
15) 劉鳳翥, 『契丹文字研究類編』, 中華書局, 2014年北京版, p. 872.

之季父房秦王之族系普你・大漢招討之女"。16) 是說(□郎君的)的夫人
是橫帳之季父房秦王之族系普你・大漢招討之女。秦王指韓匡嗣，普
你・大漢是韓德威的契丹語全名。"季父房"前用"橫帳之"作定語極爲通
順，用"兄弟的"則極不通順。

5. 契丹小字《蕭奮勿膩・圖古辭墓誌銘》第7行的 於義爲"第二(女)郭落橫帳之仲父房任寧・特
末里太師於嫁"。17) 是說蕭圖古辭的第二個女兒叫郭落，嫁於橫帳之
仲父房的任寧・特末里太師。"仲父房"前面的定語用"橫帳之"非常通
順，用"兄弟的"則極不通順。

6. 契丹小字《蕭太山和永淸公主墓誌銘》第6行的 於義爲"祖父留寧・安哥太師，女人韓國善哥夫人，橫帳
之孟父房□□□太師之女"。18) 是說蕭太山的祖父是留寧・安哥太師，
他的妻子是韓國善哥夫人，她是橫帳之孟父房某太師之女。孟父房之
前的定語作"橫帳之"極爲恰當。如果作"兄弟的孟父房"則極不通順。

7. 契丹小字《蕭太山和永淸公主墓誌銘》第10行的 於義爲"撻不也娘子，
橫帳之仲父房□善太師□夫人二人之女"。19) 是說"撻不也娘子是橫帳
之仲父房某善太師和某夫人二人之女"。"仲父房"之前加定語"橫帳"很通
順。如果作"兄弟的仲父房"則極不通順。

---

16) 劉鳳翥，『契丹文字研究類編』，中華書局，2014年北京版，p. 687.
17) 劉鳳翥，『契丹文字研究類編』，中華書局，2014年北京版，p. 688.
18) 劉鳳翥，『契丹文字研究類編』，中華書局，2014年北京版，p. 813.
19) 劉鳳翥，『契丹文字研究類編』，中華書局，2014年北京版，p. 815.

8. 契丹小字《蕭太山和永清公主墓誌銘》第11和12行的**丙仐 卅刋 灰 ꭗ仐**

父文　ꭗ炎 九秀 尒火 才古火 卅欠 卆刋 仂丈 在出 盈 火刋 桼禹

於義爲"女孩子六個，第一個賢聖哥娘子，橫帳之季父房舅律里幹太尉
於嫁"。[20]是說蕭太山有六個女兒，第一個是賢聖哥娘子，她嫁給了橫
帳季父房的舅舅律里幹太尉。此處的"賢聖哥"卽漢字《永清公主墓誌》
中的"賢聖奴"。漢字《永清公主墓誌》稱賢聖奴"適大橫帳　魏王宗熙男
鄧州觀察使弘禮"。[21]"律里幹"是契丹語的名字，"弘禮"是漢語名。弘禮
是賢聖奴的親娘舅。據漢字《永清公主墓誌》，永清公主的祖父是遼
聖宗的三弟齊國王耶律隆裕(《遼史》誤作隆祐)，父親是耶律宗熙。
永清公主有弟五人：弘仁、弘義、弘禮、弘智、弘信。漢字《永清公
主墓誌》提到弘禮時有"大橫帳"字樣，契丹小字墓誌中的**才古火 卅欠
卆刋**必然翻譯"橫帳之仲父房"。"仲父房"前加定語"橫帳之"很通順，如
果加定語"兄弟的"則很不通順。

9. 契丹小字《蕭太山和永清公主墓誌銘》第12行的**ꭗ㘦 九火 九秀 尒火
才古火 仐柔 卆廾 九亦 爻乎**於義爲"第三個貴哥娘子，橫帳之撻不也將
軍於嫁"。[22]是說蕭太山的第三個女兒是貴哥娘子，她嫁於橫帳之撻不
也將軍。漢字《永清公主墓誌》稱"次曰貴哥，適大橫帳于越王孫涅
哥。"[23]"涅哥"卽"撻不也"。漢字《永清公主墓誌》中有"大橫帳"字樣，
契丹小字墓志中的**才古火**　理應譯爲"橫帳之"，"橫帳之撻不也將軍"很
通順。表示撻不也將軍姓蕭。"兄弟的撻不也將軍"則很不通順。

---

20) 劉鳳翥，『契丹文字研究類編』，中華書局，2014年北京版，p. 815.
21) 劉鳳翥，『契丹文字研究類編』，中華書局，2014年北京版，p. 825.
22) 劉鳳翥，『契丹文字研究類編』，中華書局，2014年北京版，p. 815.
23) 劉鳳翥，『契丹文字研究類編』，中華書局，2014年北京版，p. 825.

10. 契丹小字《蕭太山和永淸公主墓誌銘》第12行的【契丹小字】“第五個師姑娘子橫帳之季父房蒲速里郎君於嫁”。[24]是說蕭太山的第五個女兒是師姑娘子，她嫁於橫帳之季父房蒲速里郎君。漢字《永淸公主墓誌》稱“次曰師姑，體貌嬋娟，語態輕麗。若春花之弄雨，素稟眞賢。有大丈夫器節，加以好習理性，多以《金剛圓覺經》屬于貴念。適大橫帳思剌副樞親弟蒲速里。”[25]漢字墓誌中提到蒲速里時有“大橫帳”字樣，契丹小字墓誌中蒲速里前面的定語【契丹小字】也應是“橫帳之”。“季父房”前加定語“橫帳之”很通順，加“兄弟之”則不通順。

11. 契丹小字《蕭特每‧闊哥第駙馬二夫人韓氏墓誌銘》第5行和第6行的【契丹小字】於義爲“女孩子二個，大者意辛娘子，橫帳之孟父房□□寧‧留□太師之子□將軍於嫁”。[26]是說蕭特每‧闊哥駙馬的原配夫人所生的女孩子二個，大者是意辛娘子，她嫁給了橫帳之孟父房□□寧‧留□太師之子。蕭特每‧闊哥的女兒當然要嫁給姓耶律的。所嫁的某太師之子旣然姓耶律，就用“橫帳之孟父房”來表示他們家的門第，這樣的表達非常確切。如果在“孟父房”之前不用定語“橫帳之”，而用定語“兄弟的”則極不通順。

12. 契丹小字《蕭特每‧闊哥駙馬第二夫人韓氏墓誌銘》第6行的【契丹小字】於義爲“第二個吳家夫人橫帳之孟父房只哥太保之子奔□太

---

24) 劉鳳翥，『契丹文字硏究類編』，中華書局，2014年北京版，p. 816.

25) 劉鳳翥，『契丹文字硏究類編』，中華書局，2014年北京版，p. 825.

26) 劉鳳翥，『契丹文字硏究類編』，中華書局，2014年北京版，p. 748.

尉於嫁。"[27)]是說蕭特每·闊哥駙馬的原配夫人所生的第二個女孩子是吳家夫人，她嫁於橫帳之孟父房只哥太保之子奔□太尉。"孟父房"之前的修飾語或者說定語用"橫帳之"非常通順，用"兄弟之"很不通順。

13. 《蕭特每·闊哥駙馬第二夫人韓氏墓誌銘》契丹小字第10行至第11行的 及及 查为 爱□ 令各 力壶 令各 女 当及 丙几 伏木 个秀 才吉火 及及 半禸 乃为 九芥 九□ 丹力 於義爲"大者哈寧·□阿詳穩，國舅詳穩拜。女人尼里夫人橫帳之孟父房阿穆阿哥□之女。"[28)]是說墓志主人的丈夫的大哥是哈寧·□阿詳穩，官拜國舅詳穩。妻子尼里夫人是橫帳之孟父房阿穆阿哥□之女。"孟父房"前加定語"橫帳之"非常合適。如果"孟父房"前加定語"兄弟的"則極不合適。

14. 契丹小字《蕭特每·闊哥駙馬第二夫人韓氏墓誌銘》第11行的 兆火及 尔火 才吉火 马尚 圣 厥夭 綕 於義爲"師古娘子橫帳之□太保於嫁。[29)]是說師古娘子嫁於橫帳之某太保。马尚字是太保的名字，目前我們還不能解讀。用"橫帳"表示他姓耶律。倘若用"兄弟的"則不知其所云。

15. 契丹小字《蕭特每·闊哥駙馬第二夫人韓氏墓誌銘》第13行的 马刊 九芥 尔火 才吉火 用欠 半禸 孕日 求 剡尔 九 丹力 於義爲"□哥娘子橫帳之季父房□蘇宰相之孫子"。[30)]這段契丹小字的前後有缺文，不連貫。無非說某娘子與橫帳季父房□蘇宰相的孫子的關係。季父房前用定語"橫帳之"是確切的。

---

27) 劉鳳翥，『契丹文字研究類編』，中華書局，2014年北京版，p. 748.
28) 劉鳳翥，『契丹文字研究類編』，中華書局，2014年北京版，p. 750.
29) 劉鳳翥，『契丹文字研究類編』，中華書局，2014年北京版，p. 750.
30) 劉鳳翥，『契丹文字研究類編』，中華書局，2014年北京版，p. 751.

16. 契丹小字《蕭特每·闊哥駙馬第二夫人韓氏墓誌銘》第13至14行的
    [契丹文字] 於義爲"章九太尉女人，福德女夫人，横帳之仲父房迪烈郎
    君之女。"[31]是說章九太尉的妻子是横帳之仲父房迪烈郎君之女。横
    帳之仲父房是一種身份，表明他是皇族，姓耶律。仲父房之前用定語
    "横帳之"非常恰當。

17. 契丹小字《蕭特每·闊哥駙馬第二夫人韓氏墓誌銘》第14和第15行的
    [契丹文字] 於義爲"董哥娘子，
    横帳之仲父房思巴里郎君於嫁。"[32]是說董哥娘子嫁於横帳之仲父房的
    思巴里郎君。

18. 契丹小字《蕭特每·闊哥駙馬第二夫人韓氏墓誌銘》第15行的[契丹文字]
    [契丹文字]於義爲"酷娘子，横帳之仲
    父房大比奴郎君於嫁。"[33]是說酷娘子嫁給了横帳之仲父房的大比奴
    郎君。"仲父房"之前用"横帳之"作定語非常恰當。用"兄弟的"則不通
    順，不合適。

19. 契丹小字《耶律兀里本·慈特墓誌銘》第4行的[契丹文字]
    [契丹文字]於義爲"三父房之横帳，五、六院二部"。[34]"三父房之
    横帳"非常通順。此處如果釋爲"三父房之兄弟"則不知是哪個兄弟，令
    人不知其所云。

20. 契丹小字《耶律兀里本·慈特墓誌銘》第12行的[契丹文字]

31) 劉鳳翥，『契丹文字研究類編』，中華書局，2014年北京版，p. 751.
32) 劉鳳翥，『契丹文字研究類編』，中華書局，2014年北京版，p. 751.
33) 劉鳳翥，『契丹文字研究類編』，中華書局，2014年北京版，p. 751.
34) 劉鳳翥，『契丹文字研究類編』，中華書局，2014年北京版，p. 762.

〔契丹小字〕於義爲"高寧・富留太師麗節夫人二人之第二女。夫人，橫帳仲父房查剌梶瑰引宰相之女。"[35]是說耶律兀里本・慈特的妻子是蕭高寧・富留太師和麗節夫人二人之第二女。麗節夫人是橫帳仲父房查剌梶・瑰引宰相之女。據漢字《梁國太妃墓誌銘》查剌梶・瑰引是耶律仁先的父親。麗節夫人是耶律仁先的二妹。用"橫帳仲父房"來限定查剌梶・瑰引的身份，也表明其姓耶律。蕭高寧・富留娶姓耶律的人爲妻再恰當不過了。如前所述，漢字《耶律仁先墓誌銘》稱"第二橫帳"，卽橫帳仲父房。

21. 契丹小字《耶律貴安・迪里姑墓誌銘》第1行的〔契丹小字〕於義爲"橫帳之孟父房蜀國王之族系的耶律貴安太保之墓誌。"[36]《遼史》卷六十四皇子表"玄祖四子……巖木字敵輦，第二，重熙中，追封蜀國王……其後卽三父房之孟父。"[37]"孟父房"前面定語"橫帳之"非常恰當，非常符合《遼史》的記載。如果把〔契丹小字〕釋爲"兄弟的孟父房蜀國王之"則沒有史書依據。解讀契丹文字如果置《遼史》記載於不顧，如同盲人摸象，其結果可想而知。

22. 契丹小字《梁國王墓誌銘》第3行的〔契丹小字〕於義爲"妻齊世夫人，橫帳季父房刺罕公之女。"[38]是說蕭高九的妻子是齊世夫人，她是橫帳季父房刺罕公之女。"季父

---

35) 劉鳳翥，『契丹文字研究類編』，中華書局，2014年北京版，pp. 765～766.

36) 劉鳳翥，『契丹文字研究類編』，中華書局，2014年北京版，p. 917.

37) 〔元〕脫脫等撰，『遼史』卷66，『皇族表』，中華書局點校修訂本，2016年北京版，p. 1065.

38) 劉鳳翥，『契丹文字研究類編』，中華書局，2014年北京版，p. 947

房"之上的定語用"橫帳之"非常通順。也說明 才 古火 只能用在姓耶律的
人身上。

23. 契丹小字《梁國王墓誌銘》第15行的 屮井 九火 圣 业火 犬仉 伏行欠伏
才 古火 尺分 屮利 爲力 又甫 欠示 丹力 於義爲"梁國太妃諱涅睦衮,
橫帳之仲父房查剌梶‧瑰引宰相女"。39) 是說梁國王的妻子梁國太妃
名叫涅睦衮, 她是橫帳之仲父房查剌梶‧瑰引宰相女。如前所述,
查剌梶‧瑰引是耶律仁先的父親, 梁國太妃涅睦衮是耶律仁先的四
妹。"仲父房"之上的定語只能用"橫帳之", 不能用"兄弟的"。

24. 契丹小字《耶律副部署墓誌銘》第25和26行的 刋而 丙 几 今金 今秀伏 秀九金
力击出本 又反 屮利 毛伏 丙而条 今妾 才 古火 才祭 今秀伏 圣利 丹力 於義爲"第三
個女人特勉夫人, 乙室己國舅大翁帳陶寧‧伊德古詳穩橫帳之胡獨古
夫人二人之女"40) 是說墓誌主人的第三個妻子是特勉夫人, 她是乙室
己國舅大翁帳陶寧‧伊德古詳穩和橫帳之胡獨古夫人二人之女。契丹
小字 屮利 有"父房"和"翁帳"兩種意思。用在國舅家族人身上翻譯成"翁
帳", 用在"橫帳"家族的人身上, 翻譯爲"父房"。在這裏, 力击出本 (國舅)和 才
古火 (橫帳)分開使用, 分別用在耶律副部署的岳父和岳母身上。根本
不把它們用在同一個人身上。

25. 契丹小字《耶律弘用墓誌銘》第12和第13行的 丙 几 乃列舍 尔火 列仝
力击出本 用欠 艾利 安犬 今文房 主 圣 介火 卅化本 古 卅丙伏 九火 九丙 圣
杰示 用欠 丹力 乃羔号用 今用本 圣 九 才 古火 劳 九芳 今秀伏 圣利 丹力 於
義爲"阿姆哈娘子, □國舅小翁帳儀天皇太后之第三弟六溫‧高九大

---

39) 劉鳳翥, 『契丹文字研究類編』, 中華書局, 2014年北京版, p. 952.
40) 劉鳳翥, 『契丹文字研究類編』, 中華書局, 2014年北京版, p. 911.

王之少子時時里・迪烈太師、橫帳之楚哥夫人二人之女。"[41]是說耶律弘用的妻子是阿姆哈娘子。她是國舅小翁帳的人。她的祖父是儀天皇太后之第三弟六溫・高九大王。她的父親是六溫・高九大王之少子時時里・迪烈太師，她的母親是橫帳之楚哥夫人。耶律弘用的妻子理所當然地姓蕭。用"國舅小翁帳"表明其身份和姓蕭。耶律弘用的岳母楚哥夫人的娘家當然姓耶律，所以用"橫帳"表達。此處 **力杰**(國舅)和 **才方火** 分開使用，分別用在耶律弘用的岳父和岳母身上。根本不把它們用在同一個人身上。

26. 契丹小字《耶律弘用墓誌銘》第17行的 **夾 毛 夲炎 九芳 尒火 才 方火 尺分 半禸 含芾 九杰 公㒼 㷷 㸚** 於義爲"姐一個隋哥娘子，橫帳之仲父房定光奴郎君於嫁。"[42]是說耶律弘用的妻子阿姆哈娘子有一個姐姐是隋哥娘子，她嫁給了橫帳之仲父房定光奴郎君。隋哥娘子是耶律弘用的大姨子。她當然姓蕭，所嫁給的定光奴郎當然姓耶律。用橫帳之仲父房表明他姓耶律。

27. 契丹小字《耶律弘用墓誌銘》第18行的 **㝵 尒火 才方火 㸚 㷷 㸚** 於義爲"特美娘子，橫帳之諾里郎君於嫁"。[43]是說耶律弘用的小姨子蕭特美娘子嫁給了橫帳之諾里郎君。用"橫帳之"表示諾里郎君姓耶律，是皇族。

28. 契丹小字《耶律弘用墓誌銘》第18行的 **夲分夲査 丙 才方火 尺分 半禸 九太 又火 仃 � 㸚** 於義爲"烏特闌妃橫帳之仲父房宮使都監於嫁"。[44]是說耶律弘用的另一位小姨子烏特闌嫁給了橫帳之仲父房宮

---

41) 劉鳳翥, 『契丹文字研究類編』, 中華書局, 2014年北京版, p. 846.
42) 劉鳳翥, 『契丹文字研究類編』, 中華書局, 2014年北京版, p. 848.
43) 劉鳳翥, 『契丹文字研究類編』, 中華書局, 2014年北京版, p. 848.

使都監。

29. 契丹小字《蕭居士墓誌銘》第7行⬚⬚⬚⬚⬚⬚⬚⬚⬚⬚⬚⬚⬚⬚⬚⬚⬚於義爲"妻王哥夫人，橫帳之仲父房度突節使之女"。[45] 是說蕭居士的妻子是王哥夫人，她是橫帳之仲父房度突里節度使之女。蕭居士的岳父度突里姓耶律，"橫帳之仲父房"既表明他是皇族，又表明他姓耶律。

30. 契丹小字《耶律仁先墓誌銘》第1行的⬚⬚⬚⬚⬚⬚⬚⬚⬚⬚⬚⬚⬚⬚⬚⬚於義爲"橫帳仲父房□王之族系特每撰"。[46]這是說契丹小字《耶律仁先墓誌銘》是由橫帳仲父房某王家族的耶律特每撰寫的。舉出"橫帳仲父房"就足以表明他姓耶律了。

　　下面我們再說一說契丹大字的情況。契丹大字中的"兄弟"作⬚⬚。⬚⬚作"兄弟"解的情況在契丹大字資料中不乏其例，例如契丹大字《耶律祺墓誌銘》第29行的⬚⬚ ⬚⬚ ⬚⬚ ⬚⬚ ⬚⬚於義爲"太保兄弟勑使知同"。[47]是說太保的兄弟擔任同知勑使的職務。又如契丹大字《耶律習涅墓誌銘》第18行的⬚⬚ ⬚ ⬚ ⬚⬚ ⬚⬚于義爲"兄弟有兄不迭里太師"。[48]是說墓誌主人耶律習涅有兄弟，其兄是不迭里太師。

　　契丹大字中的的⬚⬚也有作"橫帳"解的情況。下面列舉幾個⬚⬚作"橫帳"解的例證。

———————————————

44) 劉鳳翥，『契丹文字研究類編』，中華書局，2014年北京版，p. 848.

45) 劉鳳翥，『契丹文字研究類編』，中華書局，2014年北京版，p. 1031. 原釋文把"節使"誤作"結實"。

46) 劉鳳翥，『契丹文字研究類編』，中華書局，2014年北京版，p. 693.

47) 劉鳳翥，『契丹文字研究類編』，中華書局，2014年北京版，p. 564.

48) 劉鳳翥，『契丹文字研究類編』，中華書局，2014年北京版，p. 574.

1. 契丹大字《蕭孝忠墓誌銘》第2行的兄弟呑 天渊呑 会 杏 王於
   義爲"橫帳之孟父房楚國王"。[49]是說蕭孝忠的祖母是橫帳之仲父房楚國
   王的後人。表明蕭孝忠的祖母出於橫帳仲父房，姓耶律。"仲父房"之前
   用定語"橫帳"非常恰當。此處的兄弟呑如果譯爲"兄弟的"則極不通順。

2. 契丹大字《耶律習涅墓誌銘》第1行的天 呌予 冊刁 国呑 兄弟
   昇 吳予 渊呑 序呑卋 亥夫 匂寺 呑卋 於義爲"大中央契丹國之
   橫帳之仲父房習涅副使墓於誌"。[50]"墓於誌"是說在墓裏的誌，卽墓
   誌。耶律習涅的漢字墓誌蓋稱"大橫帳節度副使墓誌"，漢字墓誌稱"諱習
   涅，小字杷八，卽大橫帳乙信直魯古郎君之子也。"[51]耶律習涅的漢字
   墓誌蓋、墓誌銘和契丹大字墓誌銘均沒有說他姓什麼，但漢字誌蓋、
   漢字墓誌銘以及契丹大字墓誌銘均提到橫帳或橫帳仲父房，其姓耶律
   也就昭然若揭。這是把他的墓誌銘命名爲《耶律習涅墓志銘》的原
   因。這一命名得到學界的一致認同。

三. 結束語

我們之所以這樣不厭其煩的舉出這麼多的契丹小字和契丹大字資料中的才
古火或兄弟呑於義爲"橫帳之"的例證。就是要做到一通百通。反之，一不通
就百不通。契丹小字才 古火和契丹大字兄弟呑在表示身份時可以翻譯爲"橫
帳之"可以說是鐵板釘釘，無可厚非。

---

49) 劉鳳翥，『契丹文字研究類編』，中華書局，2014年北京版，p. 537.
50) 劉鳳翥，『契丹文字研究類編』，中華書局，2014年北京版，p. 570.
51) 劉鳳翥，『契丹文字研究類編』，中華書局，2014年北京版，p. 580.

之所以有人咬緊牙死不承認契丹小字 才 �火 和契丹大字 兄弟昚 在表示身份時可以翻譯爲"橫帳之"，是因爲病句 嵒表 紮宗 才 �火 反復出現在一系列的贗品中。只要承認了契丹小字 才 �火 和契丹大字 兄弟昚 在表示身份時可以翻譯爲"橫帳之"，則全部贗品墓誌銘的贗品本質就暴露無遺。

在所有的全部傳世契丹文字資料中，沒有一例把 嵒表 和 才 �火 用在同一個人身上的情況。

近年出現的一系列來歷不明墓誌銘中屢屢出現病句 嵒表 紮宗 才 ㄮ火 （國舅宰相的橫帳的）。例如北京科學區額博物館2007年買來的契丹小字《蕭徽哩輦・汗德墓誌銘》誌蓋和誌文中均有 嵒表 紮宗 才 ㄮ火。[52] 嵒表 是 嵒表 字之誤，才 是 才 字之誤。

又如內蒙古大學收藏的契丹小字《耶律廉寧墓誌銘》第16行的 杈化丂 丙 几 뮤伏 尒火 嵒表 紮宗 才 ㄮ火 乂丙 九券 屮凩 圠冇 丹劝[53] 於義爲"第二個女人兀里本娘子，國舅宰相之橫帳之秀哥龍虎之女"。契丹語用"女人"表示"妻子"，用"國舅"表示姓蕭，"橫帳之"卽皇族耶律氏。"龍虎"是"龍虎衛將軍"的簡稱。此處是說《廉誌》主人第四個兒子敵里寧的第二個妻子是兀里本娘子，她是國舅宰相的橫帳的龍虎衛將軍秀哥之女。這就太離譜了。兀里本娘子和她的父親秀哥被說成旣姓蕭又姓耶律，令人墜入五里霧中。

所謂契丹小字《耶律玦墓誌》第10行有 刘岺 紮菊 紮宗 才 ㄮ火 坓用，吳英喆先生把它釋爲"別部國舅之宰相之兄弟之解里"。紮菊 是 嵒表 字之誤。《耶

---

52) 劉鳳翥，『契丹小字「蕭徽哩輦・汗德墓誌銘」爲贗品說』，遼寧省遼金契丹女眞史研究會編，『遼金歷史與考古』國際學術研討會論文集，遼寧教育出版社，2012年5月 潘陽版，pp. 509-511.

53) 吳英喆、楊虎嫩，『契丹小字的新資料－蕭敵魯和耶律詳穩墓誌考釋』(영문판)，英國環球遠東出版社，2010年12月出版，p. 174.

律珗墓誌》第31行和32行又有【契丹字】，吳英喆先生把它釋爲“別部國舅之宰相之兄弟之胡睹堇”。[54]

一系列贋品墓志中屢屢出現【契丹字】，但在傳世資料中從不出現的這一病句，而且【契丹字】(國舅)還經常書寫錯誤，或錯爲【契丹字】，或誤爲【契丹字】。【契丹字】也屢次被誤爲【契丹字】，筆順不對。吳英喆先生在2011年12月8日《中國社會科學報》發表的文章中僅僅認爲【契丹字】於義爲“舅”，不承認其有“國舅”的意思。到了2012年出的書中又恢復了他以前承認的有“國舅”的意思。

我們說在傳世資料中從不出現【契丹字】的病句。有人擧出契丹小字《蕭奮勿膩·圖古辭墓誌銘》來辯解。《蕭奮勿膩·圖古辭墓誌銘》是遼寧省考古研究所的梁振晶先生發掘出來的。根據梁先生在初出土時拓制的精拓本拓片，墓誌第1行一開始作【契丹字】，第4字清楚作【契丹字】。墓誌在搬運過程中有些磨損。現在有人根據磨損的墓誌拓本所拍的照片，覺得【契丹字】字似是而非的像【契丹字】，遂有【契丹字】的錄文。如果那樣，而【契丹字】又釋爲“兄弟的”，則【契丹字】釋爲“國舅楊寧宰相之兄弟之奮勿膩”。楊寧宰相是奮勿膩的前輩，並不是奮勿膩的兄弟行。足見拿着贋品當眞品者顧此失彼之窘狀。

我希望廣大讀者認眞研究、思考傳世的眞正契丹文字資料中爲什麼從來不出現【契丹字】的病句，而一批來歷不明的資料中爲什麼屢屢出現【契丹字】。在傳世的契丹文字資料中屢屢出現在“孟父房”、“仲父房”、“季父房”前面的【契丹字】究竟是“橫帳之”還是“兄弟的”？這個問題必須辯論清楚，不能回避。我曾說病句【契丹字】是贋品的死穴。也是鑒別贋品的一把

---

54) 吳英喆，『契丹小字新發現資料釋讀問題』，日本東京外國語大學亞非言語文化研究室，2012年出版，p. 266, p. 253.

尺子。因爲批量生産的贋品屢屢出現 𖿣𖿣 𖿣𖿣 𖿣 𖿣𖿣 病句，只要把一件確鑿地論證其爲贋品，則一假皆假。

眞誠希望契丹文字研究者積極參加到研究贋品、批駁贋品、揭露贋品的行列中來。只有辯明了這個大是大非，才能使契丹文字的研究工作沿著正確的方向前進一大步。

서돌궐과 소그드어 그리고 소그드문자

요시다 유타카

교토대학 문학연구과 교수

1. 머리말 : 돌궐과 소그드인

소그드인은 이란계 민족으로 현재 우
즈베키스탄, 타지키스탄, 키르기스스탄의
일부에 해당하는 옛 소그디아나에 살고
있었고 중심은 사마르칸드였다. 실크로드
교역의 백성으로 유명하며 중국에도 많
은 소그드인이 와 있었다.

돌궐은 튀르크계 유목민족으로 552년
에 유연(柔然)을 멸망시키고 몽골 고원의
패자(覇者)가 되었다. 그 후 582년에 동서
로 분열했고 동돌궐은 630년, 서돌궐은
657년에 멸망했다. 682년에 동돌궐의 가

<그림 1> 낙타를 타고 있는
소그드 상인(당나라 명기)

<그림 2> 부구토 비문
(몽골 고원, 6세기 말)

한(可汗, 칸) 가문의 자손이 다시 독립하여 돌궐 제2의 가한국(可汗國)을 건설했지만, 742년에 다시 멸망했다. 그 후, 초원 지대의 패자가 된 것은 위구르(744-840)였다.

소그드인과 고대 튀르크족과의 접촉이 언제부터 시작되었는지 확실하지 않다. 일반적으로 역사서에서 튀르크계 민족과 소그드인 사이의 관계를 나타내는 최초의 확실한 사료는 『주서(周書)』 50권 「돌궐전(突厥伝)」에 기록된 주천(酒泉)의 안락반타(安諾槃陀)에 대한 기사로 알려져 있으며 종종 인용된다. 545년에 서위(西魏)가 안락반타를 돌궐로 파견하였다. 소그드인과 6세기 후반 돌궐과의 밀접한 관계는 타발(他鉢, 재위 572-581) 가한의 사후에 만들어진 소위 부구트(Bugut) 비문이 소그드어로 적혀 있기 때문에 분명하다.

소그드어에 대한 언어학적 연구의 관점에서는 이러한 인적 교류가 어떤 형태로 언어에 반영되었는지가 흥미로운 부분이다. 북주(北周)의 대상(大象) 원년(579년)에 죽은 소그드인 안가(安伽)의 석관상위병(石棺床囲屏)의 부조(浮彫)에는 소그드인과 돌궐인이 대화하는 장면을 묘사 한 부분이 흥미롭다.

이 부조에는 유르트(게르) 안에서 장발의 돌궐인과 특유의 모자를 쓴 소그드 상인(薩宝)이 술잔을 나누고 있다. 무언가 상담을 하고 있는 것

图版五七　正面屛风第5幅·野宴离席图

<그림 3> 유르트에서 돌궐인과
대화하는 소그드인(안가묘 석관위병
1점, 서안 출토, 6세기 말)

으로 보인다. 손가락을 세우는 자세는 해당 인물이 말하고 있는 것
을 나타내는 걸까. 이처럼 소그드인과 돌궐인은 교역만을 위한 관계
가 아니었다. 소그드인은 돌궐의 지배층과 결탁하여 고문으로도 활
약했다. 또한 소그드인은 돌궐인을 일종의 보디가드와 같은 존재로
생각했다.

　이 시대의 돌궐과 관련 있는 소그드어 자료는 얼마 되지 않으며 정리
된 것으로는 현재까지 부구트 비문과 신장 위구르 자치구의 소소현(昭蘇

〈그림 4〉 돌궐인을 따르는
소그드 상인(미호미술관이 소장
중인 석관위병, 출토지 불명,
6세기 말)

〈그림 5〉 소소의 석인과
소그드어 명문(7세기 초)

縣)에서 발견된 석인의 명문(銘文) 2점으로 알려
져 있다. 부구트 비문은 동돌궐의 타발(他鉢,
572-581) 가한 사후, 소소(昭蘇) 비문은 니리(泥
利, 595-604?) 가한 사후에 세워졌다.

이 두 비문에 대한 내용은 아래에서 다룬다.

2. 소그드인과 소그드 문자

소그드는 기원전 6세기 고대 페르시아어 비
문에 Sug(u)da로 표기했다.

아케메네스 왕조의 영토가 된 소그드에는 아
케메네스 왕조의 공용어로서 아람어가 도입되
어 징세 등의 문서 행정은 아람어로 표기되었
다. 아람 문자는 오른쪽에서 왼쪽으로 가로쓰
기를 한다.

<그림 6> 아케메네스 왕조 페르시아의 영토와 지역

<그림 7> 아람어문서(전5세기, 이집트 출토)

그 후 아람어와 소그드어를 사용할 수 있는 서기들은 아람 문자를 사용하여 소그드어를 표기하기 시작했다. 고유 명사의 표기가 처음이었을 것이다. 또한 아케메네스 왕조의 파르티아를 참고하면 기원전 2세기에는 소그드어 표기가 사용되기 시작했다고 생각한다. 그 후 서체는 서서히 변해 갔다. 최근 카자흐스탄의 쿨토베(Kultobe)에서 기원후 1-2세기의 비문이 발견되어 이 시대의 서체가 알려졌다.

〈그림 8〉 쿨토베 비문(카자흐스탄 출토, 후1~2세기?)

다음으로 오래된 것은 고대 서간(書簡)이라고 불리는 4세기 초 편지 문서로 둔황(敦煌)에서 발견되었다.

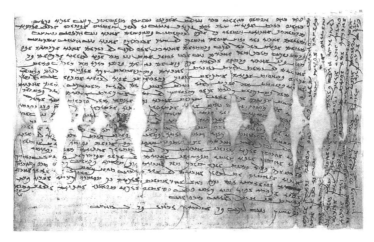

<그림 9> 고대 서간(둔황 출토, 4세기 초)

이 시대에는 초서(草書)화가 상당히 진전되고 있었다. 다음으로 오래
된 자료는 인더스강 상류의 명문들이다.

<그림 10> 인더스강 상류의 암벽 명문(5세기 후반)

이것들은 5세기 후반의 명문으로 생각되며 가로쓰기와 세로쓰기가 혼합되어 쓰인 것으로 보아 이 시기부터 소그드 문자의 세로쓰기가 시작된 것으로 보인다. 그 후에도 초서화가 진행되어 7세기에는 초서체와 해서체(楷書体)라는 두 가지 서체를 확립한다.

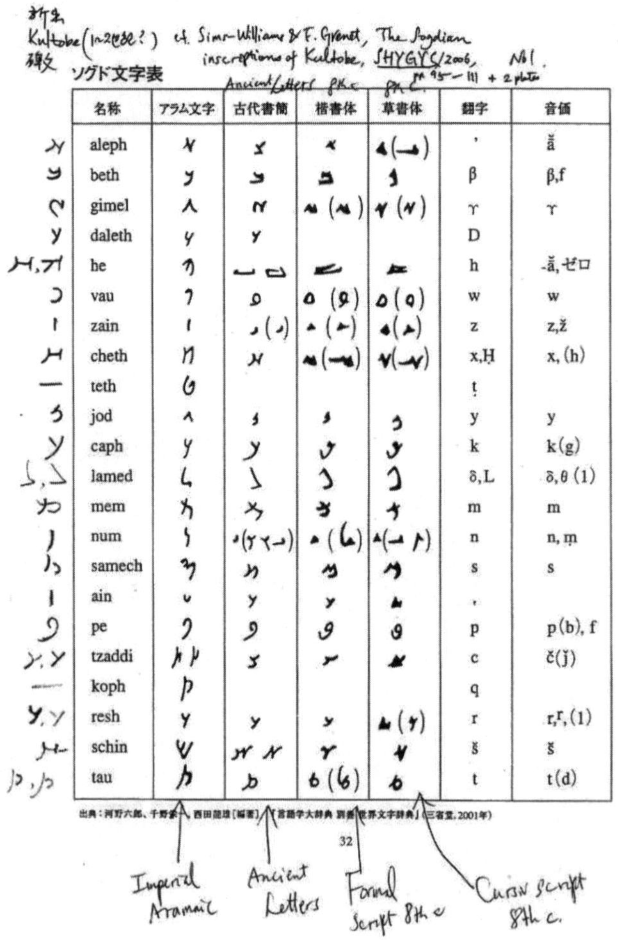

名称	アラム文字	古代書簡	楷書体	草書体	翻字	音価
aleph					'	ā̆
beth					β	β,f
gimel					ϒ	ϒ
daleth					D	
he					h	-ā̆, ゼロ
vau					w	w
zain					z	z,ž
cheth					x,Ḥ	x, (h)
teth					ṭ	
jod					y	y
caph					k	k(g)
lamed					δ,L	δ,θ (l)
mem					m	m
num					n	n, ṃ
samech					s	s
ain					'	
pe					p	p(b), f
tzaddi					c	č(ǰ)
koph					q	
resh					r	r,ʳ,(l)
schin					š	š
tau					t	t(d)

出典：河野六郎、千野栄一、西田龍雄［編著］『言語学大辞典 別巻 世界文字辞典』（三省堂, 2001年）

32

<그림 11> 소그드 문자표

초서체는 그 후에도 변해갔다. 소그드어는 11세기에 사어가 되어 소
그드 문자도 존재하지 않게 되었다.

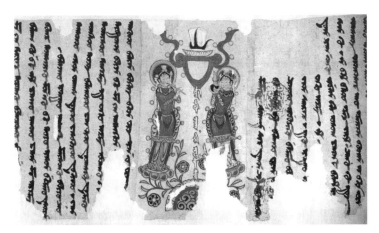

<그림 12> 투루판에서 출토된 마니 교도의 편지(11세기 초)

3. 소그드 문자와 알타이계 언어·문자

소그드인이 정착한 지역은 유목민들이 사는 초원 지대에 접하고 있
었기 때문에 예로부터 유목민과 접촉이 있었다. 쿨토베(Kultobe) 비문에
는 wδ'n n'p '천막의 백성'이라는 표현이 보인다. 튀르크계 유목민인 돌
궐과의 접촉에 관하여는 위에서 소개했다. 즉 소그드인은 문자가 없는
튀르크계 유목민의 기록원, 교역 및 외교 고문이 되었다. 돌궐 제2의
가한국시대에 터키·룬 문자가 창제되었으며, 이는 알타이계 민족이 자
신의 문자를 가지기 시작한 것이었다. 이 문자는 돌궐을 멸망시킨 위구

르도 계승하여 사용하고 있었지만, 위구르는 840년에 멸망하자 남서부
오아시스 지역에 이주하여 정착했다. 투루판에 본거를 두고 9세기 후반
이후 서위구르 국가로서 14세기까지 존속했다. 위구르인의 경우도 처음
부터 소그드인이 기록원, 교역 및 외교 고문으로 지배층 내부에 있었다.
그 후, 위구르어도 구사하는 이중 언어 사용자들이 소그드 문자를 사용
하여 위구르어를 표기하기 시작했다. 이 경우에도 고유 명사의 표기가
계기가 되었을 것이다. 10 세기의 둔황문헌에는 위구르어 문헌이 존재
하는 것으로 보아 그 이전에 위구르 문자는 성립했을 것이다. 이중 언
어 사용자가 쓴 흥미로운 문서도 남아있다.

PLATE 1

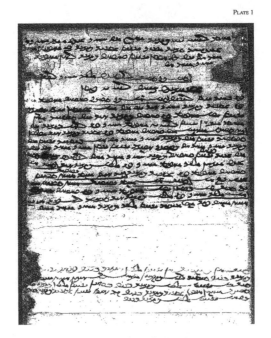

<그림 13> 둔황 천불동에서 출토,
소그드어와 튀르크어로 표기된 문서(10세기)

위구르인은 몽골인 사이에서 소그드인이 위구르인에게 했던 것과 같은 역할을 했다. 그 결과 13세기에는 위구르 문자를 사용하여 몽골어를 표기하게 되었다. 그 몽골 문자로 후에 만주어를 표기하게 된 것은 잘 알려져 있다. 몽골인은 티베트 문자를 개량한 파스파 문자로 몽골어를 표기한 것도 있었다.

4. 소그드어 · 소그드 문자와 서돌궐

서돌궐시대, 돌궐인은 독자적인 문자를 가지고 있지 않았다. 위에서도 언급했듯이, 소그드인은 서돌궐 사람들의 기록원, 교역 및 외교 고문이었다. 당연히 통역도 했다.

4.1. 비문

소그드인이 돌궐 제1의 가한국시대에 돌궐인을 위한 기록원이 되었던 것은 이 시대의 부구토비문과 소소비문에 분명하게 나타난다. 이 두 비문은 모두 가한 계승의 정당성을 주장하는 일종의 정치적 선전이지만, 소그드어로 기록되어있다. 교역과 외교는 어떨까.

서돌궐의 가한인 이스테미(-576)가 비단을 팔기 위해 소그드인인 마니아크(Maniaoch)를 동로마제국에 파견 한 것은 유명하다. 돌궐의 국서(國書)는 소그드어로 쓰였다고 생각하며 그것을 논증한다. 중국 신장 위구르 자치구, 이리 근처의 소소현에 돌궐의 석인(石人)이 발견되고 있다. 이 석인에는 소그드어의 명문이 있다. 그 6-7번째 줄은 다음과 같이 읽을 수 있다.

6   mwx'n x'γ'n npyšn βγy ('yr)-p'y nry x'γ'n
7   pr xrγwšk srδy mz'yx x'γ'n n'(ys)ty rtšy(?) xwty
「무한 (木＝(木＋干)) 가한의 후손인 이비닐리(乙毘泥利) 가한이
묘년(卯年)에 가한으로 즉위했다. 그리고 스스로 자신의…」

비문의 이 다음 부분에서는 닐리(泥利)가한이 자년(子年, 604년)에 죽은 것처럼 쓰여 있기 때문에, 이 비문은 그 직후 만들어졌을 것이다. 최근 이 비문을 연구한 바이씨에레(E. de la Vaissière)는 비문에 기록된 그의 즉위년인 묘년은 595년에 해당하고 그 해에 즉위를 보고하는 사자(使者)를 동로마제국의 마우리티우스 황제(Mauritius, 582-602)에게 보낸 돌궐의 가한이 닐리라고 논증했다. 그리고 그의 국서는 소그드어로 작성된 것으로 추정 할 수 있다. 그것은 사자가 전한 다음과 같은 내용의 메시지로 판명한다. 바이씨에레의 논문에서 그리스어 원문와 프랑스어 번역을 인용한다.

τω βασιλει των Ρωμαιων ο Χαγανος ο μεγας δεσποτενς επτα γενεων και κυριος κλι ματων της οικουμενης επτα "au roi des Romains, le Qaghan, le grand seigneur des sept races et le maître des sept régions du monde."(로마인들의 왕에게. 가한, 일곱 민족의 위대한 지배자, 일곱 지역으로 이루어진 세계의 주인으로부터)

여기에 인용된 편지의 한 구절에 대해 이전에 epi lexewV outwV '자의(字義)대로'라는 단서가 있어서 이 문장이 원문에 충실한 뜻이었음을 시사한다. 그 점에서 인용한 부분에 보이는 '일곱 민족'과 '일곱 지역'이라는 표현이 큰 힌트가 된다. 거의 동시대 몽골 고원에 세워진 부구토 비문의 넓은 면 (B2면)의 4-5행에는 다음과 같은 구절이 있다. 필자의

텍스트를 인용하자.

> B2, 4: ['β](t)kšpw '(xšy-)'t δ'(r)[t ZY n'βc](y)'h šy-r'k p'rtw
> δ'rt rty ms 'kδry tγw βγγ mγ'
> B2, 5: t('t)[p'](r) x['γ'n]++δ++[ ]+ ty[   ]+ ('β)tkšpw 'nγwncy-δ
> xšy-' ZY n'βcy-h p'r rty nw[kr]
> 「(무한 가한은) 백성과 [...] 일곱 지역 (=전 세계)를 지배하고 백
> 성을 잘 보살폈다. 그리고 이제 신과 같은 타발 가한은 일곱 지역을
> 그것과 동일하게 지배하고 국민을 보살펴라. 그리고...」

　여기에서 필자가 '일곱 지역'이라고 번역한 것은 소그드어의 'βtkšpw
(마니문자표기로는 'βtkyšp)에서 아베스타어의 hapt.karšvar/n-에 대응한다. 원
뜻은 '일곱 지역'이지만, 이란 민족의 세계관을 반영하고 실제로는 이
세계 전체를 가리킨다. 본래 'βt '일곱'이고 k(y)šp로 이루어진 합성어이지
만, 후자는 하나의 단어로 사용 된 예가 없다. 소그드인은 거의 한 단어
처럼 생각했던 것이지만, 다른 한편으로 그 어원도 잘 알고 있었을 것
이다. 이와 같이, 돌궐을 섬기는 소그드 사람들은 가한이 초원 세계의
패자가 될 것임을 '일곱 지역을 지배하고 백성을 보살핀다'고 표현한 것
을 알 수 있다. 따라서 위에서 언급한 비잔틴 사료의 표현은 소그드어
의 표현을 번역했다고 생각되며 원문이 소그드어였음을 보여주고 있는
것이다.

4.2. 동전

　서돌궐은 실크로드 지역을 영향하에 두었다. 『구당서(旧唐書)』에 의하

면, 통엽호 가한(統葉護,-628) 시대에는 영향하에 있는 국가의 통치자를 힐리발(頡利發)에 임명함과 동시에 그 나라에 토둔(吐屯)을 파견하여 감시하고 조공 징수를 관리하게 했다(其西域諸國王悉授頡利發, 并遣吐屯一人監統之, 督其征賦)고 한다. 실제로 서역의 왕들을 힐리발이라고 칭하고 있던 것은 일찍이 내가 해독했으며 부씨고창국(麴氏高昌國)의 연수(延壽) 16년(서기 639)에 소그드어로 쓰인 계약 문서에서 확인되었다. 그 서두의 기년 부분을 인용한다 :

srδ'w 'my cyn'ncknδ'y y'(n)cyw βγw RBkw 'yrtp'yr w''n 10-wxwšw srδ''z
「그 해는 Chinanchkanth(= 고창국) 연수의 신, 위대한 힐리발 왕 16년이었다.」

이 시대에 소그드 지역에서 발행된 동전에서도 토착 왕이 힐리발이라고 칭송되는 예를 볼 수 있다. 내가 파악하고 있는 것은 타슈켄트와 우스루샤나의 경우이다. 내가 알고 있는 동전의 명문을 인용한다.

2.4g

<그림 14> 우스루샤나의 동전(7세기 전반?)

4.5g

<그림 15> 타슈켄트의 동전(7세기 전반?)

우스루샤나 : ['str](w)šny-kw MR'Y 'yrtp'(y)[r] "Lord (and) *ilteber* of
Ustrushana"

타슈켄트 : c'cynk xwβw 'yrt-pyr 'krty "Produced by *ilteber*, the lord
of Tashkent" or "The lord of Tashkent has become
ilteber".

　물론 가한 자신도 서면(西面) 가한시대와 서돌궐 시대에 동전을 발행
했다. 내가 알고 있는 예를 소개한다. 서돌궐 통엽호 가한이 발행한 동
전은 비잔틴 동전을 모방해서 부부의 초상을 내세우고 있다. 명문은 다
음과 같이 읽힌다.

Тип 5   Type 5

Вариант 1   Version 1

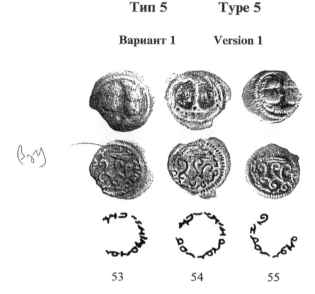

53   54   55

Л.ст. Погрудное изображение двух персонажей, мужчины и женщины. Лица их переданы в три четверти оборота друг к другу. Слева изображен правитель, у него широкое скуластое лицо, длинные прямые, ниспадающие за плечи волосы. Правительница изображена справа, у неё широкое лицо, на голове своеобразный, высокий, конической формы, трёхконечный головной убор, в ушах массивные серьги. Ободок точечный. За исключением мелких деталей, элементы сюжетной составляющей, иконография и стилистика изображения правителей на монетах этого типа аналогична монетам четвёртого типа.

Об.ст. Тамга (рис. 2 № 6) в окружении согдийской легенды. Ободок точечный.

84

<그림 16> 서돌궐 통엽호 가한의 동전(7세기 전반)

βγγ twn cpγw x'γ'n "Lord Ton Jabghu"

서면 가한의 달두(達頭) 가한 동전에는 그냥 trδw라고만 적혀있다.

1. Монеты Тарду кагана (576-603)

No. 1   No. 2

No. 1-2. *Av.* В центре якореобразная тамга ⊢Ə , над ней согдийская леген-да[1] в один ряд: *trδw* – «Тарду», под ней нет никаких остатков легенды. *Rv.* В центре надпись согдийским курсивом *γʾγ'n* – «каган»[2] . **Д**: 15–16 мм; 14,8 мм. **В**: 1,5–1,6 г.; 1,7 г. **М.Н**: Канка (Ташкентский оазис). **М.Х**: Частная коллекция – А-1, Г-1. **Пос. четв. VI – нач. VII в**. Бронза [*см.* Бабаяр, Кубатин, 2005, с. 98; http://www.zeno.ru –20688; 34619].

– раннее чтение *xwβw* – «правитель» [Ртвеладзе, 1982, с. 37; Ртвеладзе, 2002, с. 253; Ртвеладзе, 2006, с. 86-87]. В свое время Л.С. Баратова на основе некоторых находок монет данного типа, отметила, что на одной из сторон сохранилась согдийская надпись, на которой различимы *γʾ* (?) [Баратова, 1998, с. 57].

2. Монеты Тун ябгу-кагана (618-630)

Тип I. *Монета с изображением сидящего правителя*

Вариант 1.

No.3   No.4

---

[1] Все прорисовки легенд даны по А. Кузнецову и частично по автору настоящей работы.
[2] Легенда прочтена совместно с А. Кубатиным.
9

<그림 17> 서돌궐 달두 가한의 동전(7세기 전반)

또 다른 서면 가한 동전의 명문은 βγγ twr'yk xʾγ'n "Lord, Turik Qaghan"과 같이 읽을 수 있다. 이것은 달두의 돌륙(咄陸, 돌루)설 또는 달두의 후계자, 두륙(頭六)의 동전인 것이다.

<그림 18> 서돌궐의 돌륙설 또는 두륙의 동전?
(6세기 말~ 7세기 초)

4.3. 인장

나에게 배우고 있는 우즈베키스탄 학생 Alisher Begmatov는 재작년
여름, 사마르칸드 남쪽 Kafir Kala 유적 발굴 팀에 합류했을 때 보존

<그림 19> 사마르칸드의 남쪽
Kafir Kala 유적에서 출토된 인장,
가돈의 이름을 새겼다.(7세기 전반)

<그림 20> 사마르칸드의 남쪽
Kafir Kala 유적에서 출토된 사마르칸드의
왕 굴목지의 동전(7세기 전반)

상태가 좋은 봉니(封泥)을 발견했다.

같은 장소에서 많은 동전도 출토되어서 그 동전과 같은 시대의 것으로 생각된다.

인장에는 3개의 첨단(尖端)을 가진 한자 '산(山)' 모양을 한 모자를 쓴 인물(신격?)의 좌상 외에 그 좌상을 끼고 왼쪽에 2행, 오른쪽에 1행의 소그드어 명문이 있다. 각 행에는 한 단어, 전체는 불과 세 단어로 구성되어있는 명문이다. 이 학생은 좌상이 불상이라 생각하고 여래 또는 보살의 이름이 쓰여 있는 것은 아닐까 생각했지만, 결국 읽을 수 없어서 나를 찾아왔다. 좌상의 오른쪽 한 단어는 x'ttuwnh '가돈(可敦)'이라고 읽을 수 있다. 가돈은 가한의 아내를 의미하는 칭호이다. 따라서, 이 좌상은 가돈의 좌상이다. 확실히 통엽호 동전에 새겨진 그의 아내는 이 특징적인 모자를 쓰고 있다. 이 모자는 가돈을 상징하는 모자였던 것 같다. 그럼 나머지 두 단어는 어떻게 읽을 수 있을까. 좌상의 바로 왼쪽 다음 행은 'wn'ynh로 읽을 수 있고, 여성 명사를 나타내는 어미–h로 끝나고 있지만, 이전 행은 'yr-ty-'p'와 같이 읽을 수 있다. 전체는 가돈의 이름과 apa로 끝나는 그 아버지의 이름으로 'yr-ty-'p'wn'ynh x'ttwnh "Queen Unin, Irti-Apa's (daughter)"로 해석해야 할 것이다.

Kafir Kala는 옛날에는 Rīwdad로 불리고 사마르칸드 왕의 별궁 인 것으로 알려져 있다. 함께 출토된 동전은 몇 가지 예외를 제외하고 모두 'wkkwrt cm'wk MLK' 「Ukurt Chamuk 왕」이라는 명문으로 이해할 수 있다. 『구당서』 등에 의하면 현장(玄奘)이 사마르칸드를 통과한 서기 630년 당시의 사마르칸드 왕은 굴목지(屈木支)라는 이름이었다. 이름의 유사성에서 판단하여 양자는 동일한 인물로, 한문의 '굴목지'는 '굴지목(屈支木)'의 와전일 것이다. 이 왕의 아내는 당시 서돌궐 가한의 딸로도 알려져 있다. 시대를 생각해서 통엽호 가한의 딸이었음에 틀림없다. 이 봉니로 서돌궐의 왕족이 편지를 쓸 때 소그드어를 사용했다는 것이 재차 확인된다. 또한 가돈 즉 가한의 아내는 사마르칸드 왕비의 어머니였던 것이 되기 때문에 이 봉니에서 봉인된 소그드어의 편지는 어머니가 딸에게 보낸 편지였을지도 모른다. 돌궐 사람끼리의 편지도 소그드어로 주고받았던 것이다.

5. 맺음말

소그드인과 초원의 유목 민족과의 교류는 오래전부터 있었다. 정착하지 않는 유목민과 정착하는 문자 문화를 가진 소그드 사람들은 서로 공생 관계에 있었다. 소그드인은 강력한 무력을 가진 유목민 기록원, 교역 및 외교 고문, 통역관이 되어 스스로의 상업 활동을 유리하게 전개했다. 특히 튀르크 계의 돌궐과 위구르의 관계는 계속 깊었다. 이 발표에서는 소그드 본토를 지배하에 두었던 서돌궐과 소그드와의 관계를 반영하는 비문, 화폐의 명문, 봉니라고 하는 세 가지 문자 자료에 대해 설명했다.

西突厥とソグド語およびソグド文字

吉田豊

京都大学文学研究科　教授

1. はじめに：突厥とソグド人

ソグド人はイラン系の民族で，現在のウズベク共和国，タジク共和国，キルギス共和国の一部に当たる，かつてのソグディアナに住んでいた．中心はサマルカンドであった．シルクロードの交易の民として有名で，中国にも多くのソグド人が来ていた．

突厥は，チュルク系の遊牧民族で，552年に柔然を滅ぼしモンゴル高原の覇者になった．その後 582 年に東西に分裂した．東突厥は 630 年，西突厥は 657 年に滅亡した．682　年に東突厥の可汗の一族の子孫

[図 1] ラクダに騎乗したソグド商人
（唐代の明器）

[図 2] ブグト碑文(モンゴル高原, 6世紀末)

が再び独立して，突厥第二可汗国を建設したが，742 年に再び滅亡した．その後，草原地帯の覇者になったのはウイグル(744-840)であった．

ソグド人と古代のチュルク族との接触が何時から始まったか明らかではない．一般に歴史書の中で，チュルク系の民族とソグド人の間の関係を示す最初の確実な史料は，『周書』巻 50「突厥伝」に記録された酒泉の安諾槃陀の記事だとされしばしば引用される．彼は 545 年に西魏から突厥に派遣された．ソグド人と 6 世紀後半の突厥との密接な関係は，他鉢可汗(在位 572-581)の死後に作られた所謂ブグト碑文がソグド語で書かれていることから明らかである．

ソグド語の言語学的研究の見地からは，このような人的な交流が，どのような形で言語に反映されたかが興味深い問題である．北周の大象元年(579)年に死んだソグド人安伽の石棺床囲屏のレリーフには，ソグド人と突厥人が会話しているシーンを描いたレリーフがあり興味深い．

このレリーフでは，ユルトの中で長髪の突厥人と，特有の帽子をかぶったソグド人の薩宝が酒を酌み交わしている．何かの商談をしているように見える．指を立てるポーズは，当該の人物が話していることを示してい

図版五七　正面屏風第5幅・野菜商旅図

[図 3] ユルトの中で突厥人と会話するソ
グド人(安伽墓の石棺囲屏の1枚.　西安出土.
6世紀末)

るのだろう. ソグド人と突厥人の関係は, このような交易の相手としてだ
けではなかった. ソグド人は, 突厥人の支配層に取り入り, アドバイザー
としても活躍した. さらにソグド人は, 突厥人を一種のボディーガードの
ような従者ともしていた.

　この時代の突厥と関連するソグド語資料はわずかで, まとまったものと
しては, 現在までのところブグト碑文と新疆ウイグル自治区の昭蘇県で発

[図 4] 突厥人を伴うソグド商人
(MIHO MUSEUM所蔵の石棺囲屛,
出土地不明, 6世紀末)

見された石人の銘文の2点が知られている. ブ
グト碑文は東突厥の他鉢可汗(572-581)の死後,
昭蘇の碑文は泥利可汗(595-604?)の死後に建て
られている.

この二つの碑文については下で論じる.

2. ソグド人とソグド文字

ソグドは紀元前 6 世紀の古代ペルシア語の碑
文にSug(u)daとして現れている.

アケメネス朝の領土になったソグドには, ア
ケメネス朝の公用語としてアラム語が導入され,
徴税などの文書行政はアラム語で行われた. アラ
ム文字は右から左に横書きする.

[図 5] 昭蘇の石人とソグド
語銘文(7世紀初め)

[図 6] アケメネス朝ペルシアの領土と州

[図 7] アラム語文書(前5世紀，エジプト出土)

　その後アラム語とソグド語を使うバイリンガルの書記たちは，アラム文字を使ってソグド語を表記し始めた．固有名詞の表記が最初であったろう．同じくアケメネス朝のパルティアの場合を参考にすれば紀元前 2 世紀には，ソグド語表記は始まっていたと考えられる．その後書体は徐々に変化していった．近年，カザフスタンの Kultobe で紀元後 1−2 世紀の碑文が発見され，この時代の書体が知られる．

[図 8] クルトベ碑文(カザフスタン出土，後 1 〜 2 世紀?)

　次に古いのは古代書簡と呼ばれる 4 世紀初めの手紙文書で，敦煌で発見されている．

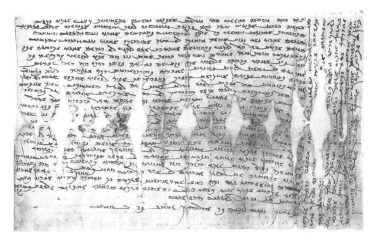

[図 9] 古代書簡(敦煌出土，4世紀初め)

　この時代になると草書化が相当進んでいる．次に古い資料はインダス川
上流の銘文群である．

[図 10] インダス川上流の岩壁銘文(5世紀後半)

　これらは 5 世紀後半の銘文と考えられ，横書きと縦書きが混在しているので，この時期からソグド文字の縦書きが始まったようだ．その後も草書化の変化は進む．7 世紀には草書体と楷書体という二つの書体が確立する．

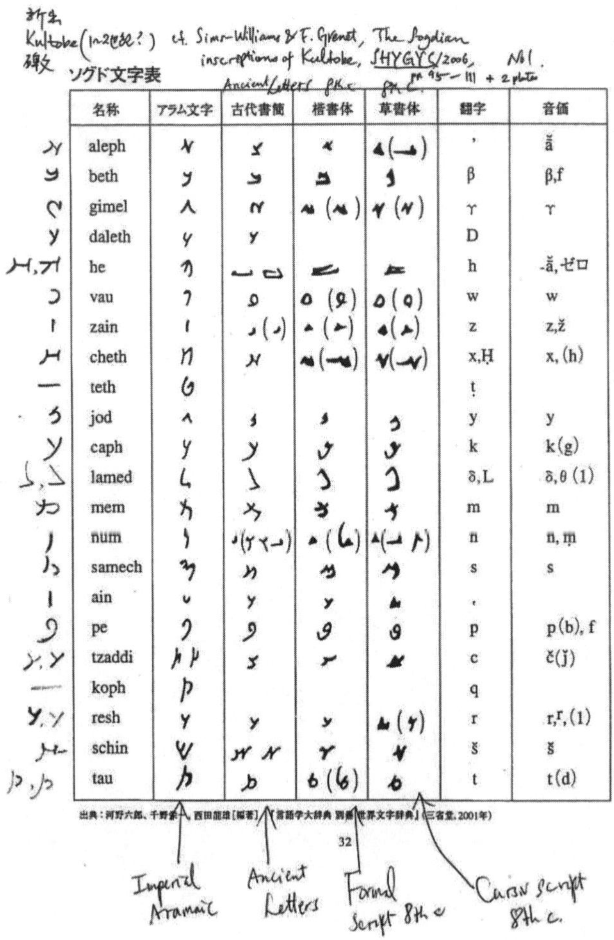

ソグド文字表

名称	アラム文字	古代書簡	楷書体	草書体	翻字	音価
aleph					'	ā̆
beth					β	β,f
gimel					γ	γ
daleth					D	
he					h	-ā̆,ゼロ
vau					w	w
zain					z	z,ž
cheth					x,Ḥ	x,(h)
teth					ṭ	
jod					y	y
caph					k	k(g)
lamed					δ,L	δ,θ(1)
mem					m	m
num					ñ	n,ṃ
samech					s	s
ain					·	·
pe					p	p(b),f
tzaddi					c	č(j)
koph					q	
resh					r	r,r̄,(1)
schin					š	š
tau					t	t(d)

出典：河野六郎、千野榮一・西田龍雄［編著］『言語学大辞典 別巻 世界文字辞典』（三省堂、2001年）

[図 11] ソグド文字表

　草書体はその後も変化していった．ソグド語は 11 世紀には死語となり，ソグド文字も存在しなくなった．

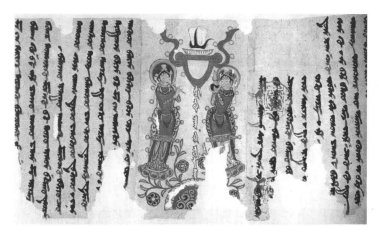

[図 12] トルファン出土のマニ教徒の手紙(11世紀初め)

3. ソグド文字とアルタイ系の言語・文字

　ソグド人が定住する地域は，遊牧民が住む草原地帯に接していたため，古くから遊牧民と接触があった．クルトベ(Kultobe)碑文には　wδ'n n'p「テントの民」という表現が見える．チュルク系の遊牧民である突厥との接触については上で紹介した．要するにソグド人は文字を持たないチュルク系の遊牧民の記録係，交易や外交の相談役になっていた．突厥第二可汗国時代にトルコ・ルーン文字が創製されたが，これはアルタイ系の民族が独自の文字を持ったはじめであった．この文字は突厥を滅ぼしたウイグ

ルも受け継ぎ使用していたが，そのウイグル派 840 年に滅亡すると，南西のオアシス地域に移住し定住した．その主要部をトルファンに本拠を置き，9 世紀後半以降西ウイグル国として 14 世紀まで存続した．ウイグル人の場合も，当初からソグド人が記録係，交易・外交の相談役として支配層の内部に入っていた．その後，ウイグル語を使うバイリンガルの者たちが，ソグド文字を使ってウイグル語を表記し始めた．この場合も固有名詞の表記が契機になったであろう．10 世紀の敦煌文献にはウイグル語文献が存在するから，それ以前にウイグル文字は成立していた．バイリンガルの話者が書いた興味深い文書も残されている．

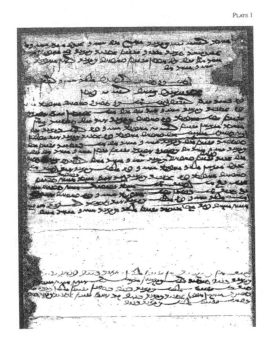

PLATE 1

[図 13] 敦煌千仏洞出土のソグド語・
トルコ語バイリンガル文書(10世紀)

　ウイグル人は，モンゴル人の間でソグド人がウイグル人に対して果たしたのと同じ役割を果たした．その結果 13 世紀にはウイグル文字を使ってモンゴル語を表記することになった．そのモンゴル文字は後に満洲語を表記することになったことは良く知られている．モンゴル人は，チベット文字を改良したパスパ文字でモンゴル語を表記することもあった．

4. ソグド語・ソグド文字と西突厥

　西突厥の時代，突厥人は独自の文字を持っていなかった．上でも述べたように，ソグド人は西突厥の人たちの記録係，交易や外交の相談役になっていた．　当然通訳にもなっていた．

4.1. 碑文

　ソグド人が突厥第一可汗国時代，突厥人のために記録係になっていたことは，　この時代のブグト碑文と昭蘇碑文から明らかである．この二つの碑文は，どちらも可汗位継承の正当性を主張する一種の政治的なプロパガンダであるが，ソグド語で記録されている．交易や外交はどうであろうか．
　突厥の西面可汗であるイステミ(-576)は，絹を売るためにソグド人のマニアクを東ローマ帝国に派遣したことは有名である．突厥からの国書はソグド語で書いてあったと考えられる．そのことを論証する．中国の新疆ウイグル自治区，イリの近くの昭蘇県に突厥の石人が見つかっている．この石人にはソグド語の銘文がある．その 6−7 行目は次のように読むことができる．

6　mwx'n x'γ'n npyšn βγγ ('yr)-p'y nry x'γ'n

7　pr xrγwšk srδy mz'yx x'γ'n n'(ys)ty rtšy(?) xwty

「ムカン(木＝(木＋干))可汗の孫である乙毘泥利可汗がウサギの
年に可汗として即位した．そして自ら彼の…」

　碑文のこれに続く箇所では泥利可汗がネズミの年(604年)に死んだよう
に書いてあるので，その直後にこの碑文は作られたのであろう．最近に
なってこの碑文を研究したE. de la Vaissière は，碑文に記された彼の即
位の年である卯年は595 年に当たり，その年に即位を告げる使者を東ロー
マ帝国の Mauritius 帝(582-602) に送った突厥の可汗こそが泥利である
と論証した．そして彼の国書はソグド語で書かれていたと推定することが
できる．それは使者が伝えた次のような内容のメッセージから判明する．
de la Vaissière の論文からギリシア語原文とフランス語訳を引用する．

　　τω βασιλει των Ρωμαιων ο Χαγανος ο μεγας δεσποτεης επτ
α γενεων και κυριος κλι ματων της οικουμενης επτα "au roi
des Romains, le Qaghan, le grand seigneur des sept races et le
maître des sept régions du monde."(ローマ人たちの王へ．可汗，七
つの民族の偉大なる支配者，七つの地域から成る世界の主から)

　ここに引用された手紙の一節に関して，直前に epi lexewV outwV「字
義通りには」という但し書きがあり，この文が原文に忠実な訳であったこ
とを示唆する．そのことから，引用した部分に見える「七つの民族」と
「七つの地域」という表現が大きなヒントになる．ほぼ同時代のモンゴル
高原に建てられたブグト碑文の広い面(Ｂ２面)の4-5行には次のような
パッセージがある．筆者のテキストを引用しよう．

B2, 4: [　　　　　　　　’β](t)kšpw ’(xšy-)’t δ’(r)[t ZY n’βc](y)’h šy-r’k p’rtw
δ’rt rty ms ’kδry tγw βγγ mγ’

B2, 5: t(’t)[p’](r) x[’γ’n]++δ++[ ]+ ty[　　　　　　　]+ (’β)tkšpw ’nγwncy-δ
xšy-’ ZY n’βcy-h p’r rty nw[kr]

「(ムカン可汗は)人民と［…］七州(＝全世界)を支配し，国民を良
く養った．そしてまた今，あなた様，神のごときマガ・タトパル可
汗は，七州をそれと同じように支配し，国民を養え．さて…」

　ここで筆者が「七州」と訳したのはソグド語の’βtkšpw(マニ文字表記で
は ’βtkyšp) で，アヴェスタ語の hapt.karšvar/n‑ に対応する．その原義は
「七つの州」であるが，イラン民族の世界観を反映し実際にはこの世界全
体を指す．本来’βt「七」と k(y)šp からなる複合語だが，後者は単独の語
として使われた例がない．ソグド人にはほとんど一語のように思われてい
ただろうが，一方でその語源もよく知っていただろう．このように，突厥
に仕えたソグド人たちは可汗が草原世界の覇者になることを「七州を支配
し，国民を養う」と表現していたことがわかる．したがって上記のビザン
ツ史料の表現は，このソグド語の表現の翻訳であったと考えられ，原文が
ソグド語であったことを示しているだろう．

4.2. コイン

　西突厥はシルクロードの地域を影響下においた．『旧唐書』によれば，
統葉護可汗(‑628)の時代，影響下の国の支配者を頡利発(イルテベル)に任
命するとともに，その国に吐屯(トドン)を派遣して監視させそこからの貢
ぎ物の取り立てを管理させた(其西域諸國王悉授頡利發，并遣吐屯一人監

統之，督其征賦)という．実際に西域之王たちがイルテベルと称していた
ことは，かつて私が解読した，麴氏高昌国の延寿 16 年(西暦 639)の紀
年をもつソグド語の契約文書で確認された．その冒頭の紀年の部分を引
用する：

srδ'w 'my cyn'ncknδ'y y'(n)cyw βγw RBkw 'yrtp'yr w''n 10-wxwšw srδ''
「その年は　Chinanchkanth(＝高昌国)の延寿の神，偉大なイルテベル
王の 16 年であった．」

　この時代のソグド地方で発行されたコインでも，土着の王がイルテベ
ルを称している例を見ることができる．私が把握しているのは，タシケ
ントとウスルーシャナの場合である．私が把握しているコインの銘文を引
用する．

2.4g

[図 14] ウスルーシャナのコイン(7世紀前半？)

4.5g

[図 15] タシケントのコイン(7世紀前半？)

ウスルーシャナ：['str](w)šny-kw MR'Y 'yrtp'(y)[r] "Lord(and) *ilteber*
　　　　　　　of Ustrushana"

タシケント：c'cynk xwβw 'yrt-pyr 'krty "Produced by ilteber, the
　　　　　　　lord of Tashkent" or "The lord of Tashkent has
　　　　　　　become *ilteber*".

　もちろん可汗自身も西面可汗時代や西突厥時代にコインを発行してい
た．私が把握している例を紹介する．西突厥統葉護可汗の発行したコイン
は，ビザンツのコインを模倣して夫婦の肖像を打ち出してある．銘文は以
下のように読まれている

Группа 2 Тип 5 Вариант 1   *Group 2 Type 5 Version 1*

Тип 5   Type 5

Вариант 1   Version 1

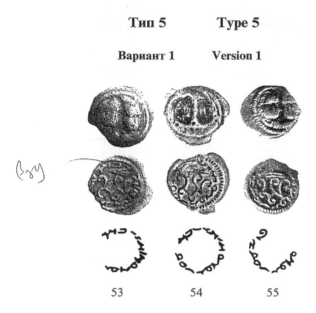

53   54   55

Л.ст. Погрудное изображение двух персонажей, мужчины и женщины. Лица их переданы в три четверти оборота друг к другу. Слева изображен правитель, у него широкое скуластое лицо, длинные прямые, ниспадающие за плечи волосы. Правительница изображена справа, у неё широкое лицо, на голове своеобразный, высокий, конической формы, трёхконечный головной убор, в ушах массивные серьги. Ободок точечный. За исключением мелких деталей, элементы сюжетной составляющей, иконография и стилистика изображения правителей на монетах этого типа аналогична монетам четвёртого типа.

Об.ст. Тамга (рис. 2 № 6) в окружении согдийской легенды. Ободок точечный.

84

[図 16] 西突厥統葉護可汗のコイン(7世紀前半)：

βγy twn cpγw x'γ'n "Lord Ton Jabghu"

西面可汗の達頭可汗のコインにはただ trδwとだけ書いてある.

1. Монеты Тарду кагана (576-603)

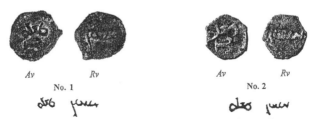

Av	*Rv*	*Av*	*Rv*
No. 1		No. 2	

No. 1-2. *Av.* В центре якореобразная тамга ⊢Э , над ней согдийская леген-да[1] в один ряд: *trδw* – «Тарду», под ней нет никаких остатков легенды. ***Rv.*** В центре надпись согдийским курсивом *γ'γ'n* – «каган»[2]. **Д**: 15–16 мм; 14,8 мм. **В**: 1,5–1,6 г.; 1,7 г. **М.Н**: Канка (Ташкентский оазис). **М.Х**: Частная коллекция – А-1, Г-1. **Пос. четв. VI – нач. VII в.** Бронза [*см.* Бабаяр, Кубатин, 2005, с. 98; http://www.zeno.ru –20688; 34619].

– раннее чтение *xwβw* –«правитель» [Ртвеладзе, 1982, с. 37; Ртвеладзе, 2002, с. 253; Ртвеладзе, 2006, с. 86-87]. В свое время Л.С. Баратова на основе некоторых находок монет данного типа, отметила, что на одной из сторон сохранилась согдийская надпись, на которой различимы *γ'* (?) [Баратова, 1998, с. 57].

2. Монеты Тун ябгу-кагана (618-630)

Тип I. *Монета с изображением сидящего правителя*

Вариант 1.

Av	*Rv*	*Av*	*Rv*
No.3		No.4	

---

[1] Все прорисовки легенд даны по А. Кузнецову и частично по автору настоящей работы.
[2] Легенда прочтена совместно с А. Кубатиным.

9

[図 17] 西突厥達頭可汗のコイン(7世紀前半)

もう一つの西面可汗のコインの銘文は，βγγ twr'yk x'γ'n "Lord, Turik Qaghan"のように読むことができる．これは達頭の咄陸設あるいは，達頭

の後継者，頭六のコインであろう．

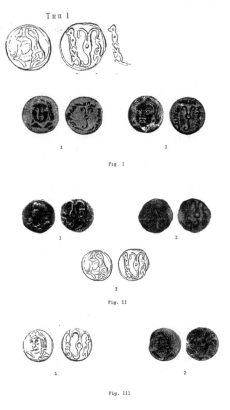

Тип 1

Fig. I

Fig. II

Fig. III

[図 18] 西突厥の咄陸設あるいは頭六のコイン？
(6世紀末～7世紀初め)

4.3. 印章

　私のところで学んでいるウズベク人の学生は一昨年の夏，サマルカンド
の南の Kafir Kala 遺跡の発掘チームに加わっていた Alisher Begmatov

君は，保存状態の良い封泥を発見した．

[図 19] サマルカンドの南
Kafir Kala遺跡出土の印章，
可敦の名前を記す(7世紀前半)

[図 20]サマルカンドの南
Kafir Kala遺跡出土のサマルカンド王屈木支の
コイン（7世紀前半）

　同じ場所からは多くのコインも出土し，そのコインと同時代のものと考えられる．

　印章には 3 つの尖端をもつ，漢字の「山」の形をした帽子を被る人物(神格?)の座像のほかに，その座像を挟んで，左に 2 行，右に 1 行のソグド語銘文がある．各行には 1 語，全体はわずか 3 語から成り立っている銘文である．この学生は，座像は仏像であると考え，如来あるいは菩薩の名前が書いてあるのではないかと考えたが，ついに読むことができず私に相談してきた．座像の右の 1 語は x'ttuwnh「可敦」と読むことができる．可敦とは可汗の妻を意味する称号である．従って，この座像は可敦の座像である．確かに統葉護のコインに刻まれた彼の妻はこの特徴的な帽子を被っている．この帽子は可敦を象徴する帽子だったようだ．それでは残り二つの語派どう読むことができるだろうか．座像のすぐ左隣の行は

’wn’ynh と読むことができ，女性名詞を表す語尾-h で終わっているが，その前の行は ’yr-ty-’p’ のように読むことができる．全体は，可敦の名前と，apa で終わるその父親の名前で ’yr-ty-’p’ ’wn’ynh x’ttwnh “Queen Unin, Irti-Apa’s (daughter)”と解釈すべきであろう．

　Kafir Kala は古くは Rīwdad と呼ばれ，サマルカンドの王の離宮であることが知られている．一緒に出土したコインは少数の例外を除いてすべて ’wkkwrt cm’wk MLK’ 「Ukurt Chamuk 王」という銘文が読み取れる．『旧唐書』などによれば，玄奘がサマルカンドを通過した西暦 630 年当時のサマルカンド王は，屈木支という名前であった．名前の類似姓から判断して，両者は同じ人物で，漢文の「屈木支」は「屈支木」の誤伝であろう．この王の妻は，当時の西突厥の可汗の娘であることも知られている．時代から考えて，統葉護可汗の娘であったに違いない．この封泥から，西突厥の王族が手紙を書く場合はソグド語を使ったことが改めて確認される．また，可敦すなわち可汗の妻は，サマルカンド王の妻の母親だったことになるから，この封泥で封印されたソグド語の手紙は，母が娘に当てた手紙であったかもしれない．突厥人どうしの手紙もソグド語で交わされていたらしいのである．

5. おわりに

　ソグド人と草原の遊牧民族との交流は古くからあった．定住しない遊牧民と定住し文字文化を持つソグド人たちは，互いに共生関係にあった．ソ

グド人は強大な武力を持つ遊牧民の記録係，交易や外交の相談役，通訳となって，自らの商業活動を有利に展開した．とりわけチュルク系の突厥とそれに続くウイグルとの関係は深かった．この発表では，ソグド本土を支配下に置いた西突厥とソグドとの関係を反映する碑文，貨幣の銘文，封泥という 3 種類の文字資料について解説した．

몽골의 흉노 유적 조사 성과

겔렉도르지 에렉젠

몽골과학아카데미 역사-고고학연구소

1. 흉노의 역사적 배경

기원전 3세기 말 무렵 유라시아 초원 동부지역에는 호(胡), 동호(東胡), 월지(月支) 등의 여러 부족연합이 지역을 분할하고 있는 것으로 중국문헌에 기록되어있다. 문헌 기록에 따르면 당시 胡의 세력은 두만을 선우로 삼고 있다. 그 때 호의 연합은 내부적으로 분열되었기 때문에 힘은 미약하였다. 두만선우가 장남인 모돈(묵특)을 월지의 볼모로 보낸 것이 이를 증명하는 중요한 사실이다.

모돈은 월지로 온 이후 자신의 아버지를 죽이고, 부족연합의 장군이 되었다. 이후 그 지역의 부족연합의 구조를 개편하여 스스로 왕을 칭하고 지역을 중심으로 동서로 세력을 확장하여, 모든 군대에 십장(什長)체계를 도입하여 흉노라는 이름하에 모두 통합하여 관장할 수 있게 되었다. 또한 장군들의 의사결정기구를 세워 문제를 스스로 해결하도록 하

였다. 이러한 구조변화를 살펴볼 때 흉노는 모돈선우 시기부터 국가단
계로의 발전하고 있음이 분명하고, 그렇게 구성된 행정체계는 뒤따른
유목사회 국가에게도 큰 영향을 주었다. 모돈선우가 국가를 정비하고
동호, 월지 등 인접한 유목민, 半유목사회의 지역을 차례로 복속하여
지역을 확대시켜가면서 그 영향력이 급속도로 성장했다. 모돈선우가 한
나라 왕에게 쓴 편지에는 "... 하늘의 축복을 받았고 우리 병사가 우수
하고 말이 강력하였기 때문에 월지를 섬멸함으로써 모두 죽이고 항복시
켰소. 누란(樓蘭), 오손(烏孫), 호걸(呼揭)과 그 주변의 26개 나라를 평정
해 모두 흉노와 한나라가 되었소..."라는 내용은 흉노가 기원전 2세기
초반(기원전 176년)에 이미 언어와 기원이 다른 수많은 부족을 통합한 하
나의 제국에 도달했음을 입증해준다.

모돈선우 아들 계육은 노상선우로 즉위하여 흉노의 남쪽을 공격하여
월지를 완전히 바깥으로 몰아내고 그 지역을 점령해 오늘날의 중앙아시
아, 실크로드 무역을 장악하였다. 노상선우를 뒤이어 즉위한 군신선우
는 한나라와 체결했던 평화소약을 파기했다. 선물을 대량 넘겨준 대가
로 한나라의 공주를 왕비로 맞았으며 이와 동시에 국경에서 장시를 열
게 된 것이 흉노제국을 강자로 만들게 된 것으로 보인다.

모돈선우가 체결한 조약으로 70년 동안 매년 흉노와 한 나라가 선물
이라는 이름하에 세금을 수취했다. 한편 한 무제 시기부터 한은 對흉노
정책을 펼쳐 그들의 강력한 힘을 꺾기 시작하였다. 군신선우가 죽자 그
의 동생 이치사는 힘을 모아 군신의 아들 어단을 축출하고 스스로 선우
가 되었다. 서자(庶子) 출신 유비가 한 나라를 배신하면서 내부적으로
음모를 꾸며, 힘을 분열시킨 사건과 직접적인 관련이 있다. 유비의 배
신은 민중을 이끌고, 좌현왕이 배신한 한나라의 경우 흉노의 무기를 주

요 기반으로 하여 중앙아시아 도시국가를 와해시킬 수 있었다.

이렇듯 왼쪽 날개가 꺾이게 되자 이치사선우를 완전히 격파하고 한나라는 대군을 일으켜 기원전 119년에 큰 승리를 거두었다. 이 시기 이후에는 고비 남쪽지역에 선우의 궁전이 위치하지 않게 되었다. 한나라와 기원전 1세기 초까지 크고 작은 전투들이 계속되었다. 한편 기원전 89년에는 대군을 이끌고 흉노를 공격한 이광리(李廣利) 장군의 군대가 항복하면서 흉노와 한나라의 관계는 40년 이상 종전상태가 지속되었다.

종전상태가 되었지만 흉노의 상황은 더욱 악화되었다. 다섯 명의 선우가 병립하는 등 귀족 계층 간의 다툼과 분열이 발생하고, 기원전 150년에는 동서 2개 진영으로 흉노의 분열이 지속되고, 동흉노는 호한야선우가 서흉노는 질지선우가 통치하게 된다. 분열로 모두 심각한 타격을 입은 상태에서 호한야는 한나라의 원조를 받아 질지선우가 관장했던 서쪽 땅을 관리하게 되었고, 이때 흉노제국의 모든 권력이 호한야선우에게 집중되어 내부적으로 평화로운 시기를 보냈다. 이것도 잠시 호한야선우는 한나라의 흉노의 관할이었던 대외관계가 고립되었다. 그 이후 중국에서 왕망의 반란이 일어나고, 이러한 혼란을 틈타 기회를 잡은 흉노인들이 한 부분을 담당해왔지만 서기 46년에 ㅎ두ㅇ사선우가 죽자, 그 아들 포노선우가 즉위하자 남쪽에 있던 우현왕 비(比)는 포노에게 반기를 들고 한나라에 투항했다. 서쪽의 좌현왕을 두어 여러 지역을 관장하였고 이들은 역사 속에 기록된 남흉노가 되었다. 한편 지금의 몽골지역을 중심으로 포노선우가 통치한 나라를 북흉노라고 부른다. 고비 이남에 정착했던 북흉노는 60여 년 동안 정비를 통해 나라를 운영했지만 북쪽의 강력한 제국으로서의 세력은 대부분 약화되었다. 서기 91년에는 선비족과 남흉노가 북흉노를 공격하여 큰 타격을 주었고, 이 같은 공격

이후 북흉노는 여러 갈래로 분열되어 인구 10만 명 정도가 선비에 흡수되고, 나머지는 남흉노에 편입되었다. 또한 적지 않은 수의 유이민이 동서로 흩어지게 되었고, 서쪽으로 이동한 집단은 이후 서기 5세기 무렵 아틸라를 필두로 하여 훈 제국을 건설하여 유럽의 역사에 큰 족적을 남겼다. 그 나머지 권역은 이후 몽골 지역에서 유연, 돌궐, 위구르, 몽골 제국의 영역이 구축되었다.

흉노의 영향은 북흉노의 붕괴로 곧바로 사라지진 않았고, 앞서 언급했던 것처럼 서쪽으로 이동하여 동유럽을 위협하였다. 남흉노는 중국의 5호 16국 시대에 여러 갈래로 나뉘어 각각 독립된 국가를 형성하여, 당시 가장 영향력 있는 세력으로서 자리 잡게 되었다.

흉노는 남북으로 만리장성에서 바이칼 호수까지, 동서로 만주에서부터 텡게르 올(Tenger uul)에 이르는 넓은 지역을 수백 년 동안 장악했기 때문에, 그들이 남긴 유적들은 몽골, 중국, 러시아, 카자흐스탄, 키르기스스탄 등 여러 국가에 걸쳐서 분포되어 있다.

2. 흉노 무덤 유적

유라시아의 폭 넓은 지역에서 1만 3천여 기의 흉노 무덤 유적이 확인되었는데, 그 중 약 1만 기 이상이 몽골에서 발견되었다. 나머지 무덤 유적은 러시아 부랴트공화국 남바이칼 지역, 중국의 내몽골 오르도스 지역에 집중 분포하고, 중국 청해성, 강쑤성, 신강성, 러시아의 투바, 산악 알타이, 카자흐스탄의 세미레치 등 일부 지역에서 소수의 무덤이 확인되었다.

흉노 무덤은 대부분이 지표면에 노출된 외부 적석 유구가 있다. 외부 적석 유구는 원형과 방형 두 형태가 있는데, 방형은 남벽에 붙여 만든 길쭉한 묘도 시설이 있는 것이 특징이다. 이런 형태의 무덤은 1924년에 처음으로 노용 올 유적에서 발굴조사가 실시되었고, 그 후 골모드, 골모드-II, 도르릭 나르스, 타힐팅 홋거르, 남바이칼의 일모와야 파띠, 차람 등 유적에서도 발굴조사가 이루어져 흉노의 최고 계층 엘리트의 무덤으로 해석되고 있다.

원형 무덤은 외부 적석 유구 중앙에 돌이 없기 때문에 고리형으로 보이는 것이 특징이다. 이런 형태의 무덤은 방형 무덤에 비해 규모가 작고, 출토 유물도 많지 않기 때문에 인반 계층의 무덤으로 해석하는 견해가 보편적이다. 그러나 최근 발굴조사가 많아짐에 따라 고리형 무덤 중 방형 무덤과 비교될 정도의 대형이 있고, 출토 유물 성격도 일반인들이 사용하였다고 보기 어려운 것이 많기 때문에 흉노 사회에서 어느 정도 높은 계층에 속하는 사람들, 사서에서 확인되는 선우 씨족에 속하지 않은 지방의 부족장 등 지역 엘리트의 무덤으로 해석할 가능성이 높다고 생각된다.

2.1. 흉노 귀족계층 무덤

흉노 최고 계층에 속하는 귀족인의 무덤이 분포하는 유적은 몽골과 러시아에서만 발견되었다. 몽골에서 노용 올, 골모드, 골모드-II, 도르릭 나르스, 버르 볼라깅 암, 타힐팅 홋거르, 벨르흐, 오보노 하르, 햘간트 등 9곳에서, 러시아에서는 부랴트공화국 남바이칼 일대 일모와야 파띠, 차람, 오르고이텅-II, 투바공화국 지역 바이탁-II 등 4곳에서 흉노 귀족인 무덤이 확인되었다.

이상 13개 유적에 있는 무덤 수가 각각 다르며, 골모드 유적에 492 기, 골모드-II 유적에 452기, 도르릭 나르스 유적에 299기, 노용 올 유적에 235기, 햘간트 유적에 215기, 타힐팅 홋거르 유적에 130기, 버르 볼라깅 암 유적에 136기, 오보노 하르 유적에 57기, 벨르호 유적에 10 기, 일모와야 파띠 유적에 300기, 차람 유적에 20기, 바이탁-II 유적에 16기, 오르고이텅-II 유적에 18기 무덤이 분포하고 있다.

지난 90년 동안 노용 올 유적에서 15기, 골모드와 골모드-II, 도르릭 나르스, 그리고 타힐팅 홋거르 유적에서 각각 3기, 바이탁-II, 일모와야 파띠, 차람, 벨르호 등 유적에서 각각 1기 무덤을 발굴하여 조사한 무덤 수는 32기에 이르고 있다.

(1) **외부 유구.** 흉노 귀족인의 무덤 외부 유구는 묘광 위에 만들어진 방형 유구와 그 남벽에 붙어 설치한 묘도란 두유구로 구성되어 있다.

방형 유구는 평방형, 장방형, 그리고 북쪽 벽이 길고, 남북이 좁은 사다리꼴형 등 세 가지 형태가 있다. 방형 유구는 가장자리에 따라 만들어진 호석 기념의 석조 구조가 있다. 이런 호석의 높이는 봉토 높이에 따라 결정된다. 흉노 무덤의 묘광을 채우고 덮은 흙인 봉토는 높지 않으며, 대부분은 지표면에서 0.5-1m 높이로, 가장 높은 것은 3.7m 정도이다. 그리고 지표면과 비스듬히 위로 노출되지 않은 유구도 있다. 봉토가 높은 경우 호석은 벽돌을 쌓듯이 납작한 돌을 이용하여 쌓은 벽처럼 보이며, 이런 호석에 쌓은 돌의 계층 수는 3-20층이 있다. 즉, 도르릭 나르스 2호 무덤 봉토가 지표면 보다 약간 높은데, 호석은 돌을 3층으로 쌓여져 있었다. 골모드-II 유적 1호 무덤의 봉토 높이는 3m 이상으로 비교적 높은데, 호석에는 돌을 12층으로 쌓아올렸다. 대부분의 무덤이 경사진 곳에 위치하고 있기 때문에 봉토의 북쪽이 높고, 남쪽이 낮지만 평평한 곳의 경우 봉토 남북벽에 높이 차이가 없다. 봉토 중심부에 함몰된 깊은 구덩이가 모든 무덤에서 동일하게 보이는데 무덤이 만들어진 다음에 내부 나무 구조가 붕괴됨에 따른 함몰이나 도굴행위 때문에 생긴 것으로 추정된다.

방형 유구의 규모는 다양하며, 확인된 무덤 규모에 대한 통계를 기준으로 10m 이하의 소형, 10m 이상의 중형, 20m 이상의 대형, 40m 이상 최대형으로 구분이 가능하다. 지금까지 발굴조사한 무덤 중 타힐팅 홋거르 64호의 방형 유구가 8.1×8.7m로 가장 소형에 속하며, 골모드-II 유적 1호 무덤은 방형 유구 규모는 46×46m로 최대형이다. 대부분의 무덤은 중형이나 대형에 속한다.

묘도는 방형 유구 남쪽 벽에 붙어 있는 길쭉한 사다리꼴 형태로 넓은 면 이방형 유구쪽에 있고, 좁은 면이 반대편이다. 흉노 귀족인 무덤은 지표면에 노출되어 눈에 띄는 방형 유구와 그 남벽에 붙어 만든 묘도란 외부 유구가 있는데, 무덤 외형 평면은 "凸"자형으로 보인다.

일부 무덤의 봉토와 묘도의 중앙선을 따라 남북으로 향하여 1개, 그를 가로질러 여러 줄로 설치한 석제 시설이 확인되었다. 이와 비슷한 시설이 돌이 아니고 나무로 만든 것도 발견된 바 있다. 이 시설에 대해서 도굴을 막기 위해 만들어진 것, 매장 행위와 관련이 있는 것 등 여러 의견이 나오고 있지만 아직은 믿을 만한 증거를 찾지 못한 상태이다.

방형 무덤의 동서 양쪽에 배장묘로 추정되는 원형 무덤들이 나란히 배치되어 있다. 배장묘의 수량은 3기, 5기, 7기, 그리고 30기 등 여러 가지인 것으로 확인되었다. 골모드 II 유적의 조사 성과를 바탕으로 보면 묘도가 있는 방형 무덤인 1호의 동쪽에 보름달처럼 휘어져 배치된 27기의 배장묘가 있는데, 크기는 남쪽에서 북쪽으로 갈수록 커지고, 이에 따라 안에 매장한 피방자는 어린이부터 성인으로 변하는 것이 밝혀졌다. 그러나 이와 같은 양상은 다른 유적에서 확인된 바 없으며 배장묘란 개념도 최근에 나왔기 때문에 앞으로 주의하여 조사 연구할 필요가 있다.

(2) 내부 구조. 흉노의 귀족인의 대형 무덤은 지금까지 유라시아에서 발견된 가장 깊은 묘광을 가진 매장유구이다. 묘광은 위에서 아래로 단을 이루어 좁아져 내려가는 계단식 구조인 것이 특징이다. 따라서 묘광 형태는 뒤집어진 계단식 피라미드와 비슷하다고 해석하기도 한다. 묘광을 계단식으로 단을 만들어 판 것은 깊은 구덩이를 만들기 위한 기술이라고 설명할 수 있다. 흉노 귀족인의 무덤 유적은 주로 모래가 많은 곳에 자리를 잡고 있는데, 모래땅에서 구덩이를 깊게 팔 때 벽이 쉽게 무너진다. 그래서 벽이 무너지는 것을 막기 위해 일정 깊이까지 파고 0.5m 가량의 단을 남겨 다시 일정한 깊이에 파내려가 단을 남겼다. 발굴조사 과정에서 확인되는 바로는 모래땅은 1.5-2m 정도 팔 때 무너지지 않고 그 이상 깊이로 팔 경우 무너졌다. 흉노 무덤 묘광의 한 단위가 대부분이 2m 정도였는데, 이것은 모래 성격을 알고 그에 맞게 작업을 했음을 알려준다. 묘광은 항상 위의 방형 유구 바로 아래에 있으며, 평면 형태도 방형 유구 형태와 비슷하였다. 묘광 남쪽에 묘도 구덩이가 붙어 있는데, 묘도 구덩이를 팔 때도 계단 방식을 이용한 것이 확인된다. 묘도 구덩이는 남쪽에서 북쪽 묘광 쪽으로 갈수록 깊어지는데, 묘광 구덩이 바닥은 묘광의 매장부가 설치된 마지막 굴광 위까지 이어지

는 것이 대부분의 무덤에서 확인되었다. 묘도는 깊은 묘광을 파기 위해 설치된 기술적인 면이 강한 유구이지만 매장부로 시신이나 마차 등을 옮기기 위해 필요했던 길이기도 한다.

흉노 귀족인 대형 무덤의 묘광은 상당히 깊으며, 가장 얕은 구덩이가 5m 정도이고, 최고 깊은 것은 22m에 이르렀다. 대부분의 무덤 묘광 깊이가 10m 이상이었다. 지금까지 발굴조사한 무덤 중 타힐팅 홋거르 64호 묘광이 5.5m 깊이고, 골모드-II 유적 1호의 묘광이 22m이다. 타힐팅 홋거르 64호는 발굴조사한 무덤 중에서 가장 소형에 속하며, 골모드-II 유적 1호는 최대형 무덤이다. 따라서 묘광 깊이가 무덤 규모와 관계 있다고 볼 수 있다.

묘광을 채울 때 판 흙을 사용하지만 그냥 채운 것이 아니고 일정한 제도를 따라 만들었다. 즉, 매장부를 흙으로 채운 후 그 위에 나무껍질을 갈아놓고 불에 태워 행사를 한 흔적인 목탄층이 각 무덤에서 확인되었다. 행사 후 묘광을 흙으로 채우는데, 묘광의 각 계단과 비슷하게 채워질 때 돌을 갈아놓고 적석층을 만들었다. 이런 적석층은 도굴을 막기 위한 시설로 해석한다.

귀족인 대형 무덤의 깊은 묘광 바닥에 나무로 만든 목곽 시설이 설치되어 있다. 목곽은 통나무로 짜서 만든 것과 비교적 두꺼운 판자를 이용한 것이 있다. 목곽은 단곽과 이중곽 두 가지가 발견된다. 단곽은 주로 외부 방형 유구가 10m 이하의 소형 무덤에서 발견되며, 중형과 대형, 그리고 최대형 무덤 모두에서 이중 목곽 시설이 발견되었다. 따라서 단곽과 이중곽 시설의 차이는 무덤 규모와 관련이 있다고 볼 수 있다. 목곽의 규모도 다양한데, 길이를 수준으로 하면 3-8m이다. 길이가 3-4m 정도 소형 목곽은 주로 단곽이며, 4-6m 정도 길이의 중형과 8m에 이르는 대형 목곽은 이중으로 외곽 안에 내곽을 설치한 구조이다. 목곽의 규모도 무덤 외부 유구와 깊은 관련이 있는 것으로 추정된다.

목곽 내부에 시신은 목관에 안치되어 있다. 흉노 귀족인 무덤에서는 시신의 머리를 항상 북쪽으로 향하여 매장되었다. 이런 대형 무덤에서 발견된 목관은 금은으로 장식되어 있으며, 관 안에서 금은 장신구, 옥기 등 유물이 출토되는데, 무덤이 모두 옛날에 도굴되었기 때문에 목관 안에 있던 유물이 원위치로 발견된 바가 거의 없다. 단곽의 경우 목관의 북쪽에 부장 공간이 있고, 이중곽이 있는 무덤에서는 외곽과 내곽 사이 공간을 부장 공간으로 쓰는 것이 일반적이다. 부장 공간은 제사용 음식물과 그것이 담겨 있던 각종 용기를 주장한 제사 공간과 마구류를 주로 놓은 마구 부장 공간이 별도로 있다. 제사 공간은 시신의 머리 쪽에 있고, 마구 부장은 동쪽에 있다. 제사 공간에서 각종 토기를 비롯해서 칠기, 청동기, 철기, 목기 등 용기와 제사용 동물뼈 등이 출토된다. 마구 부장 공간에서 무덤 주인이 생전에 사용하던 마구로 추정된 말굴레 재갈, 멈추개, 마면, 굴레 장식과 안장의 일부로 보는 드리개 장식 등이 발견된다. 귀족인 무덤에서 출토된 굴레 장식과 드리개 장식은 금은으로 만들어졌고, 문양은 유니콘, 표범, 용, 산염소 등 주로 신화적인 동물 문양을 화려하게 표현하고 있다.

흉노 귀족인 무덤 매장부에 설시된 목곽 위에서 마차와 순장 동물뼈가 발견된다. 마차는 대부분 두 바퀴가 달렸고 양산을 세워 화려하다. 순장 동물뼈는 말과 양 여러 마리의 두개골과 다리가 매납되어 있는데, 이런 동물뼈는 무덤 주인이 사후생활에서 사용하라고 하늘세계로 함께 보낸 가축을 상징한 관습의 흔적이다.

2.2. 흉노 고리형 무덤

유라시아에서 발견된 흉노 무덤의 대부분이 지표 전에 노출된 적석 유구가 고리형으로 보이는 무덤이다. 몽골의 거의 모든 아이막과 솜 지역에서 흉노 고리형 무덤이 발견되었다. 흉노 고리형 무덤은 한 곳에 여러 개가 함께 군을 이루고 분포되어 있다. 한 군에 있는 무덤 수는 10기부터 수십 기, 그리고 수백 기가 함께 있다. 이런 고리형 무덤이 분포한 유적은 몽골에서 300개 이상이 발견되었는데, 무덤 수는 약 만 기가 넘는다. 그 중 발굴조사한 무덤 수를 500여 기로 보고 있다.

(1) **외부 유구.** 지표면에 노출된 적석 유구가 있으며, 적석의 중앙부에 돌이 없기 때문에 고리형으로 보이는 것이 특징이다. 적석의 중앙부에 돌이 없는 것을 도굴과 관련이 있다고 추정하지만 귀족인 무덤의 경우 봉토를 돌로 덮지 않고 가장자리에만 돌로 호석을 하였기 때문에 유사한 기념으로 처음부터 원형 호석을 만들었다고 보는 견해도 있다.

고리형 무덤의 적석 유구는 높지 않다. 대부분은 지표면과 비스듬하게 땅에 박혀져 있는 돌이 있는데, 규모가 대형 무덤의 경우 적석은 지표면보다 0.5-0.8m 정도 노출되어 멀리에서도 보인다. 적석 유구 중앙부의 돌이 없는 부분은 대부분이 평편하여 지표면과 비슷하지만 대형 무덤의 경우 약간 함몰되어 내려앉아 있다.

고리형 무덤의 적석 유구 규모가 다양한데, 직경에 대한 통계를 수준으로 3-5m 규모의 소형, 6-8m 가량의 중형, 9-14m에 이르는 대형으로 구분이 가능하다. 그리고 일부 유적에서 직경이 20m에 달한 최대형 무덤도 확인되었다. 이런 최대형 무덤은 호드긴 톨고이, 설비 올, 타미

링 올란 호씨오, 치헤르팅 저 등 수백 기의 무덤으로 구성된 대규모 고분군에서만 보인다.

(2) **내부 구조.** 고리형 무덤의 묘광은 귀족 계층의 묘도 달린 방형 무덤과 비교가 되지 않을 정도로 얕은 것이다. 묘광 깊이는 주로 2-3m 정도이며, 비교적 깊은 묘광은 5m에 이른다. 하지만 작년에 몽골과 한국이 공동으로 조사한 치헤르팅 저 유적의 1호 무덤 묘광 깊이는 9m에 이르러 가장 깊은 고리형 무덤으로 보고 있다. 묘광의 형태는 한 사람을 매장할 정도 규모의 장방형인 것이 대부분이며, 비교적 대형 무덤의 경우 평면형태가 방형에 가까운 묘광도 확인된 바 있다. 묘광을 위에서 아래로 좁아지게 판 것으로 생각되며, 일부 대형 무덤에서 귀족인 묘도 달린 방형 무덤처럼 단을 만들어 계단식으로 판 경우도 있다.

묘광 바닥에 시신을 안치하는 방식은 여러 가지이다. 별다른 시설을 만들지 않고 백화수피 껍질이나 양털 펠트를 깔고 매장한 아주 간단한 형식부터 돌이나 나무를 이용하여 곽과 관을 만들어 시신을 안치한 무덤까지 다양한 형식이 보인다. 묘광 내 특별한 시설을 설치하지 않고 시신을 안치한 무덤을 토광묘로 명하며, 납작한 돌을 이용하여 상자 같은 시설을 만든 것을 석관묘로, 나무판자를 사용한 관에 시신을 안치한 것을 목관묘로 구분하고 있다. 그리고 목관 바깥에 납작한 돌이나 나무 상자를 설치한 무덤이 있는데, 이런 것을 석곽묘와 목곽묘로 분류한다.

매장하는 사람을 이상과 같이 여러 가지로 시설에 안치한 것은 매장 당시 상황이나 이용하는 재료에 달려 있을 수 있지만 매장관습과 더욱 깊은 관련이 있다고 생각한다. 흉노 사회에서 무덤을 만들 때 피장자의 신분과 계급에 의해 매장 시설의 형태, 유구 규모, 부장한 유물의 양과

질이 변하는 변수가 귀족 계층 무덤에서 명확하게 보이며, 고리형 무덤
에서도 이런 관습, 또는 제도가 이용되고 있었다고 볼 수 있다. 고리형
무덤에서 출토된 유물은 매장 시설이 가장 복잡하고 화려한 목곽묘에서
양이 많고, 질도 비교적 좋았으며, 석곽묘, 목관묘, 석관묘, 토광묘 순
으로 출토 유물의 양과 질이 떨어지는 양상이 관찰된다. 즉, 토광묘와
석관묘 등 비교적 간단하고 규모도 작은 무덤에서 피장자가 생전에 사
용한 무기인 활, 도자 등 일부 부장품과 같이 토기 한두 점이 출토되었
다. 목관묘에서 장신구, 무기류, 제사용 용기, 순장 동물뼈 등 더 많은
유물이 발견된다. 그러나 목곽묘에서는 금은 장신구, 중국 칠기, 마구
와 무기 등 활씬 많은 유물이 출토되며, 목곽묘에서 발견된 유물은 어
떤 면에서 귀족 계층 무덤과 유사한 성격을 띠고 있다.

3. 흉노 토성과 주거 유적

흉노 고고 유적의 대부분이 무덤이지만 토성과 주거지, 또한 생산 유
적 등 그들의 생활방식을 엿볼 수 있는 유적도 적지 않게 발견되었다.
지금의 몽골과 러시아의 부랴트공화국, 하카스공화국, 중국의 내몽골자
치구, 산서성 등 지역에서 흉노 시대에 해당되는 토성과 주거지 20여
기가 발견되었다.

몽골 국경 이외의 생활 유적은 남바이칼 지역에 위치하는 이볼가, 도
레니, 도레니-II, 바양-운두르, 도드 만기르타이, 영허르, 하카스공화국
에 있는 아바칸, 중국 내몽골 지역에서 발견된 동완첸과 산성성에 있는
대보동 유적 등이다.

흉노의 대부분의 생활 유적은 몽골에서 발견되는데, 토성과 주거지를 포함하여 16개 유적이 확인되었다. 그 중에서 테렐징 둘불진, 후레트 도브, 운두르 도브, 부르힝 둘불진, 과아 도브, 쳉헤링 골잉 헤렘, 바론 투루깅 헤렘, 쏘보타잉 헤렘, 도브 데르스니 도이르, 바양볼라깅 도이르, 망가싱 후레, 사이링 발가스, 오보팅 바론 발가스, 탈링 고르완 헤렘 등은 토성과 회랑으로 둘러싸여진 유적이며, 버러깅 소이란과 바양골인 소이란 등은 여러 주거지로 형성된 마을 유형의 유적이다.

몽골에서 발견된 흉노 생활 유적은 분포한 지역에 따라 중앙부와 고비 지역으로 나누어지고, 구조적 특징에 의해 토성으로 둘러싼 건물지와 토성이 없는 건물지, 반지하 주거지 등으로 구분이 가능하다. 또한 성격에 의해 재사용 건물지와 방어용 성터, 귀족인이 살던 궁궐, 장인들이 모여 생활하는 마을 등으로 나누어볼 수 있다. 그러나 흉노 생활 유적에 대한 발굴조사가 잘 이루어지지 않아 이런 유적들의 경제적인 방면과 사회적인 영향 등 앞으로 밝혀야 할 부분들이 많이 남아 있다.

3.1. 헤르렝 강변의 5개 성터와 흉노 수도 위치 문제

몽골의 수도인 올란바타르에서 동쪽으로 약 150km 떨어져 동북에서 서남으로 흘러가는 헤르렝강 우변에 흉노 시대 5개 성터가 있다. 이들은 북쪽에서부터 테렐징 둘불진, 부르힝 둘불진, 후레트 도브, 운두르 도브, 고아 보드 등이다.

이상 5개 성터 유적은 1950년대 발견-발굴조사가 이루어졌으며, 건물지가 있지만 실생활 흔적을 나타내는 유물이 출토되지 않은 점과 벽돌로 만든 제사상자가 발견된 점, 그리고 유적의 이름들이 신화나 샤만

의 노래에 등장하는 점 등을 바탕으로 흉노 시대 제사 유적으로 해석하
였다. 그러나 최근에 들어와서 테렐징 둘불진과 고아 보드 유적에서 추
가 발굴조사가 실시되어 이전의 해석을 바꾸게 되었다. 즉, 고아 도브
유적에는 몽골과 한국 공동 조사단이 2013년부터 2016년까지 발굴조사
를 실시하였는데, 이전에 토성이라고 추정해온 방형 유구 남벽 중앙부
에 해당하는 구역에서 발굴조사를 하여 많은 양의 기와와 건축 관련 유
물을 발견하였다. 초석과 기와 출토 위치를 바탕으로 발굴 구역에 해당
되는 건축물이 2층으로 이루어진 대문지인 것을 밝혔다. 대문은 초석
위에 세운 16개 나무 기둥이 있고, 지붕은 기와로 덮어졌을 것으로 추
정된다. 대문 양쪽 끝에 소형 문이 있었을 것으로 보인다. 대문 양쪽으
로 이어 가는 유구가 있었는데, 이것을 이전에는 토성이라고 추정해왔
다. 새로운 발굴조사를 통해 대문 양쪽으로 이어 가는 유구가 토성이
아니고 두 열로 나무 기둥을 세우고, 지붕에 기와를 덮은 회랑과 유사
한 시설임을 발견하였다. 공동 조사단은 고고학 발굴조사 외에 물리 탐
사를 실시하여 대형 건물지를 둘러싸여 있어 이전에 토성으로 해석해온
방형 유구의 동서와 북벽 구조도 남벽에서 발굴조사한 회랑 유형 시설
과 유사함을 확인하였다. 따라서 고아 도브 유적은 200×180m 규모의
방형 회랑형 울타리로 둘러싸여 있는 대형 건물지로 방형 회랑의 네면
중앙부에 각각 대문이 있었을 것으로 추정된다.

회랑 내부에 중앙부에서 약간 서북쪽으로 치우쳐 위치한 대형 건물
지가 있고, 그 건물지 동쪽에 작고, 길쭉한 또 하나의 건물지가 있다.
대형 건물지는 50×40m이고, 소형 건물지는 길이가 30m, 폭은 약 4m
정도이다. 회랑 바깥에서도 몇 개의 건물지가 확인되며, 회랑 동남 모
서리 부분에 인공 연못 흔적이 있다. 구조적 특징과 인공 연못 등 시설

이 있는 것으로 보면 고아 도브 유적은 이전에 해석해왔듯이 제사 성터가 아니고 사회에서 비교적 높은 신분을 가진 귀족인이 살던 궁궐로 추정된다. 공동 발굴조사에서 이전에 제사 상자로 해석해온 방형 벽돌 모양 문양 토제판도 출토되었는데, 대문 양쪽 끝에 있던 소문지에서 붉은색 벽돌에 붙어진 채 발견되어 원래 용도가 건물 벽 아랫부분에 붙어져 장식한 것임이 밝혀졌다. 따라서 고아 도브 유적을 흉노 시대 제사 성터로 해석하는 데 중요한 증명이 되었던 방형 문양 토제판이 제사 상자가 아니고 건물 장식인 것으로 유적은 귀족인이 살던 궁궐일 가능성이 더 높아졌다.

고아 도브 유적은 헤르렝강 우변의 평편한 곳에 위치하며, 강의 작은 줄기가 유적 서쪽으로 흘려가기 때문에 이곳은 일종의 섬과 비슷한 성격이다. 지역민들에게 이런 특징으로 인해 고아 도브 유적이 위치한 곳은 자간 아랄 (하양 섬)이라고 불리고 있으며, 강변의 평편한 곳이라서 여름에는 서늘하고, 겨울에는 춥고, 바람이 강하기 때문에 이곳에 여름에만 거주한다. 지형과 기후적 특색을 바탕으로 도아 도브 유적을 흉노 시대 귀족인의 여름 궁전으로 해석할 수 있다.

테렐징 둘불진 유적에서 몽골-러시아 공동 조사단이 몇 년을 걸쳐 발굴조사를 실시하여 토성으로 돌려쌓은 크고 작은 4개 건물지가 있음을 확인하고, 대형 건물과 소형 건물은 고아 도브 유적에서 발견된 회랑과 유사한 시설에 의해 연결되는 구조임을 밝혔다. 또한 대형 기와 건물이 화제에 의해 파괴된 것을 발견하였다. 테렐징 둘불진 유적은 230×230m 규모의 토성으로 둘려져 있고, 대형 건물지가 50×40m, 소형 건물지가 30×20m 규모로 모두 기와 지붕 건물로 추정된다. 1950년대 테렐징 둘불진 유적에서 실시한 발굴조사 결과, 기와 건물지를 발견하였지만 생활 흔적을 보여주는 유물이 한 점도 출토되지 않았고, 건물지에서 고아 도브 유적에서 발견되어 제사 상자로 해석한 방형 문양 토제판이 출토되었기 때문에 제사 성터로 해석하였다. 그러나 최근에 이루어진 추가 발굴조사 결과 대형과 소형 건물이 회랑 시설로 연결되는 구조가 발견되어 테렐징 둘불진 유적도 흉노 시대 귀족인이 살던 궁전일 가능성이 높아 보인다.

테렐징 둘불진 유적이 위치한 곳은 헤르렝강으로 들어가는 테렐지란 작은 하천의 동변 지역으로 유적 북쪽부터 동남쪽까지 높은 산이 둘러싸여 있다. 높은 산으로 돌려 있어 이곳으로 지역민들이 가을이나 겨울을 보내기 위해 이동해 온다. 지형과 기후적 특색을 통해 보면 테렐징 둘불진 유적은 흉노 시대 귀족인의 겨울 궁전일 가능성이 높다.

고아 도브와 테렐징 둘불진 유적에서 발견된 기와, 막새 등은 유사하며, 막새 문양에서만 약간의 차이가 있다. 따라서 두 유적은 비슷한 시기에 해당한다고 추정할 수 있다.

이상 두 유적은 헤르렝강 우변을 따라 위치하는 흉노 시대 5개 성터 유적 중 가장 북쪽과 남쪽 끝에 위치한다. 이 두 유적 사이에 부르힝 둘불진, 후레트 도브, 운두르 도브 등 세 성터가 있다. 부르힝 둘불지과 후레트 도브 유적에서 이상 두 유적에서 발견된 기와와 유사한 기와 등 건물 관련 유물이 발견되어 흉노 시대에 해당하는 유적임이 틀림없다. 운두르 도브 유적에서는 아직 발굴조사가 이루어지지 않았으며, 지표면에서 기와 등 건물 자료가 수습되지 않았지만 토성의 규모, 토성 내부 건물지 배치 형태 등이 흉노 시대 성터와 비슷하여 같은 시대에 해당되는 것으로 추정하고 있다.

헤르렝강 우변에 따라 배치된 흉노 시대 5개 성터 유적 중 규모가 가장 큰 것은 바론 바이달락 하천(West Baidlag river) 동변에 위치한 후레트 도브 유적이며, 토성은 방형으로 420×420m이다. 토성 내부 중앙부에 내성 흔적이 보이며, 건물지 흔적이 많이 노출되어 있다. 이 유적은 발굴조사가 이루어지지 않았으며, 옛날 사회주의 시절에 러시아 군대 훈련소로 사용하였기 때문에 심하게 파괴되어 지표면에 흉노 시대 기와편이 많이 노출되어 있다. 헤레트 도브 유적에서 동북쪽으로 약 25 km 떨어진 바이달락 하천 (East Baidlag river)동변에서 흉노시대 제철 유적과 토제 가마터 (토기와 기와 가마터가 발견되었음) 등 생산 유적이 발견되었다. 발굴조사 결과 여기에서 발견된 제철 유적과 토제 가마터가 비교적 넓은 지역을 포함하여 분포하고, 사용된 시기는 기원전 2세기부터 기원후 1세기로 비교적 오랫동안 사용된 것으로 흉노 시대 생산 단지로 해석되었다.

헤르렝강 우변에 따라 배치된 흉노 시대 5개 성터 유적은 서로 20-30km 정도 사이를 두고 배치되어 있는 점이 주목된다. 같은 시기 성터가 일정한 거리로 이어저 배치되는 이런 양상은 몽골제국시대 카한의 게질 궁전과 수도 배치와 유사하다. 몽골제국시대에 하라호롬을 수도로 정하였지만 카한은 수도에 정착적으로 거주하지 않고 하라호롬에서 북쪽과 남쪽으로 일정한 거리에 만들어진 계절 궁전에서 생활하였다. 몽골제국의 카한의 계절 궁전터가 하라호롬에서 북과 남쪽에 약 30-70km 거리에 있다. 사서에서도 확인되듯이 몽골 카한은 수도 하라호롬에 대회를 열리거나 국가적으로 중요한 행사가 있을 때만 들리고, 나머지 기간에는 수도 주변에 있는 여름 궁전이나 겨울 궁전 등 계절 궁전에서 생활하였다. 유목민이 세운 제국에는 이런 전통이 있었기 때문에 헤르렝강 우변을 따라 일정한 거리에 배치된 흉노 시대 5개 유적을 유사한 용도로 만들어진 것으로 추정한다. 5개 유적 중 후레트 도브는 규모가 크고, 중간에 위치하며, 주변에서 생산 유적이 발견된 점 등을 고려하여 몽골 제국시대 하라호롬 같은 역할을 하였다고 볼 수 있다. 나머지 4개 유적 중 가장 남쪽에 위치한 고아 도브는 여름 궁전이며, 테렐징 둘불진은 겨울 궁전, 부르힝 둘불진과 운두르 도브가 봄과 가을 궁전으로 여겨진다.

사서에 따르면 흉노가 한무제 때부터 한과 지속적인 전쟁을 일으켜 이지사선우 때부터 선우정은 고비 이북 지역으로 옮겨졌다. 역사학자들은 흉노 선우정이 몽골 중앙부에 위치한 항가이 산맥 주변에 있었다고 추정해왔다. 이것은 흉노 이후에 제국을 세운 유연, 돌궐, 위구르, 그리고 몽골제국시대에도 국가 수도가 항가이 산맥 남면의 오르홍강 유역에 있었기 때문이다. 그러나 지금까지 항가이 산맥 주변에서 흉노 선우정으로 볼 수 있는 유적은 발견되지 않았다. 몽골에서 16개 성터와 주거지 등 생활 유적이 발견되었는데, 그 중에서 헤르렝강 우변에 따라 만들어진 이상의 5개 유적만 비교적 높은 신분을 가진 사람을 위해 만들어진 것으로 보인다. 테렐징 둘불진, 고아 도브, 헤레트 도브, 부르힝 둘불진 등에서 기와 건물지가 발견되었는데, 투바에 있는 아바칸 궁전을 제외하고 흉노 성터 유적에서 기와 건물지는 발견되지 않았다.

기와 건물지가 발견된 점, 일정한 거리를 두고 배치되어 계절 궁전으로 볼 수 있는 점, 대규모 생산을 하던 제철 유적과 토제 가마터가 주변에 위치하는 점 등을 고려하면 헤르렝강을 따라 만들어진 5개 유적은 사서에 기록된 흉노 선우정으로 명명하고 있는 수도 도시와 선우가 계절에 따라 이동해가던 계절 궁전일 가능성이 높다.

3.2. 흉노 변경 방어용 성터

(1) **바양볼락 성터**. 움누고비 아이막 넘건 솜 중심지에서 30km 정도 떨어져 보르존깅 고비 북부에 위치한다. 유적 주변에 깨끗한 시냇물이 있어 유적명이 바양볼락이라고 불리게 되었다. 판축하여 만든 토성으로 파괴와 마모가 심하여 정확한 형태나 규모를 알 수 없다. 1957년에 Kh. 페르레에 의해 발견되었는데, 그는 토성의 규모를 북벽길이 180m, 서벽길이 160-180m로 계측하고, 소규모 피트를 발굴하여 흉노시대 토기편, 철경 청동촉, 제철 슬래그 등을 발견하였다. 출토 유물에 의해 성터를 흉노시대에 해당시켰다. 그 후 1976년에 D. 나완이 토성 서북쪽에 피트를 발굴하여 오수전, 청동 도장, 토기편 등을 발견하여 유적 연대가 확실해졌다. 1990년에 몽골과학아카데미 역사연구소에서 보낸 흉노 유적 조사단에 의해 추가 발굴이 이루어져 벽돌 건물지, 토기편, 청동 화살촉, 여러 종류의 철기 등이 출토되었다. 최근 2009년에 몽골-러시아 공동조사단에 의해 토성 바깥 두 군데에서 발굴조사가 실시되어 많은 양의 토기편, 건물 관련 유물, 청동과 철제 화살촉, 철제 갑옷쇠, 청동 노기, 청동전, 철기 등 많은 유물이 출토되는데, 한 구덩이에 묻은 20여 명의 인골과 개 뼈 등을 발견하였다.

이상과 같이 여러 번에 걸쳐 이루어진 발굴조사를 통해 바양볼락 토성은 기원전 2세기에서 기원후 1세기에 해당되는 유적으로 편년되었다. 유적에서 출토된 유물 중 중국 한나라에서 사용하던 철경 청동 화살촉과 청동 노기, 그리고 오수전 등이 비교적 많고, 위치가 고비 사막 바로 북부에 있는 점을 들어 Z. 바트사이한은 사서에 등장하는 조신정이란 토성으로 해석하였다. 조신은 한나라 장군으로 기원전 123년에 흉노에

치고 들어왔다가 투항하였으며, 그는 원래 흉노인으로 선우가 가장 좋아하는 자문자가 되어 선우정을 고비 이북 지역으로 옮기려고 설득한 사람으로 유명하다. 흉노 선우가 조신을 위해 고비 이북 지역에 토성을 만들었으며, 그 성은 조신정으로 유명해졌다.

이상과 같이 조신정은 흉노 선우정이 고비 사막 이북 지역으로 옮겨진 후에 만들어졌으며, 한나라에서 쳐 들어올 군대를 방어하기 위해 세워진 방어용 성으로 보인다. 바양볼락 토성은 고비 사막 북부에 위치하기 때문에 사막을 건너오느라 힘이 들어 약해진 군대를 만나 부숴 버리기 적합한 곳에 위치하고 있다.

(2) **망가싱 후레 토성.** 최근 지표 조사를 통해 고비 사막 이북 지역에서 발견된 몇 개의 성터 유적 중 하나가 망가싱 후레 토성이다. 이 토성은 구조적으로 특이하여 주목을 받고 있다.

움누고비 아이막 한보그드 솜 지역 발빙 고비 서북부에 위치하고 있다. 이곳은 몽골 국경에서 북쪽으로 약 10km 떨어져 있다. 이 토성은 바양볼락 성터에서 동쪽으로 약 200km 거리에 떨어져 있으며, 두 유적은 위도 42도 선에 나란히 배치되어 있다.

중앙에 방형 토성이 있으며 규모는 130×130m이다. 토성 현존 높이가 1.6-1.7m 정도이고, 양쪽으로 무너져 있어 폭은 6-18m으로 보인다. 북벽과 남벽에 각각 대문지가 있는데, 문지 길이가 18-19m이다. 토성 내부에 건물지로 볼 수 있는 뚜렷한 부분이 확인되지 않았지만 토성 내부 공간을 나누기 위한 벽제로 볼 수 있는 동서 방향의 벽 흔적이 있다. 주목되는 부분은 방형 토성 바깥에 원형으로 만들어진 대규모 토성이 있다. 원형 토성 직경은 595m로 망가싱 후레 성은 평면 형태가 동전과 유사하다.

망가싱 후레 토성에 아직 발굴조사가 이루어지지 않았다. 토성 내부와 그 주변에서 지표면에 노출되어 수습된 유물이 적지 않은데, 철경 청동 화살촉, 철제 도끼, 토기편 등으로 바양볼락 유적 출토 유물과 유사점을 띠고 있다. 따라서 바양볼락 토성과 비슷하게 흉노 변경 지역에 설치된 방어용 성으로 추정한다.

3.3. 반지하 주거지로 형성된 마을 유형 유적

러시아 부랴트공화국 수도 울란우데 주변에 위치한 이볼가 유적은 1920년대 발견되어 1950년부터 약 20년 동안 지속적인 발굴조사가 이루어져 유명하다. 이볼가 유적은 바깥에 방어용 4열의 수로로 둘러싸여져 있는 흉노시대 장인과 농부가 살던 마을 유형 생활 유적이다. 이볼가 유적은 셀렝게강 옛 강변에 위치하기 때문에 마을 바깥 수로 일부가 강물에 의해 없어진 상태이다. 여기에서 보면 수로가 홍수나 강물이 범람하여 물이 들어오는 것을 막기 위한 방어용 시설로 볼 수 있다. 남아 있는 수로를 기준으로 하면 마을의 규모가 348×216m 구역으로 전체 면적의 20%에 해당하는 부분에 54기 반지하 주거지, 두 개의 높은 받침대에 세워진 대형 건물지가 발견되었다.

반지하 주거지의 길이는 6.6-6.8m이고, 폭은 2.8-3.2m이다. 현지표면에서 0.5-1m 깊이에 바닥이 있다. 주거지 벽의 하단부를 지표면보다 아래에 설치한 것은 바람과 추운 기후를 막기 위한 기술로 설명할 수 있다. 높은 받침대 위에 세워진 건물은 반지하 주거지보다 규모가 훨씬 크다. 이볼가 유적에서 발견된 반지하 주거지와 대형 건물지 도무에서 온돌 시설이 확인되었다. 이 유적에서 여러 종류의 토기와 장인 도구,

농업 도구인 철제 삽, 쟁깃날, 맷돌 등 유물이 출토되었다. 그리고 음식물 흔적으로 보이는 각종 동물뼈와 생선뼈도 수습되었다.

이볼가 유적에서 발굴조사가 지속적으로 이루어졌기 때문에 비교적 남은 자료가 쌓여져 있으며, 그만큼 흉노의 대표적인 생활 유적으로 유명해졌다. 이볼가 유적이 흉노 가장 북부 지역에 위치하며, 역사 기록에 투항한 자나 인질로 잡은 자를 북쪽 변경 지역에 보냈다는 내용이 있어 흉노에 투항하거나 인질로 잡은 외국인이 모여 살던 곳이며, 주로 수공업이나 농업에 집중하는 생산 단지라고 해석하고 있다.

이볼가와 유사한 반지하 주거지로 형성된 수공업과 농업 활동을 하는 정착민들이 살던 마을 유적은 부랴트공화국 지역에서 셀렝게강 줄기인 치코이강 강변에 위치한 도렝, 도렝-II, 지드강변에 있는 영허르, 힐러크 강변에 위치한 도드 망기르타이 등 유적이 있으며, 일부에서는 발굴조사가 이루어졌다. 몽골에서 발견된 반지하 주거지로 형성된 마을 유형 유적은 버러 유적이며, 비교적 넓은 면적에 대한 발굴조사가 실시되었다.

버러 유적. 몽골의 셀렝게 아이막 만달 솜 지역에 있는 버러는 하천 우변에 위치한다. 1966년에 발견되었지만 발굴조사는 1990년 이후에 이루어졌다. 처음에는 몽골-헝거리 공동 조사단에 의해 발굴되었는데, 피트 발굴을 하여 반지하 주거 1개와 저장용 구덩이 여러 개를 확인하고, 토기편과 뼈로 만든 도구 등을 수습하였다. 주목되는 점은 이 발굴에서 만드는 과정에서 파손되어 모양이 이상해졌지만 구운 토기 구연부와 토기를 만들 때 사용한 것으로 보는 골각기 등의 유물이 출토되어 수공업인이 살던 생활 유적으로 해석되었다.

2005-2007년에 걸쳐 몽골-스위스 공동 조사단은 버러 유적에서 비교

적 넓은 면적을 포함한 발굴조사를 실시하여 유적 분포 범위를 확인하였다. 버러 유적은 작은 하천 우변의 구릉 지역에 자리를 잡고 있으며, 강변을 따라 'ㄱ'자형으로 길이 약 300m, 폭은 50-80m 가량의 면적에 분포하고 있다. 주거지가 남북으로 구분되어 집중 분포하기 때문에 유적의 전체 면적을 남북으로 양분할 수 있다.

몽골-스위스 공동 조사단은 5×5m 규모의 56개 피트를 포함한 1175m² 면적에서 발굴조사를 실시하여 126기의 시설 흔적을 발견하였다. 대부분은 저장용 구덩이, 불을 태운 흔적 등이지만 6개의 반지하 주거지가 확인되었다. 반지하 주거지는 형태와 구조, 그리고 규모 면에서 부랴트 지역 이볼가, 도렝 등지에서 발굴조사한 주거지와 유사하였다. 반지하 주거지의 서벽과 북벽을 따라 만들어진 'ㄱ'자형 온돌 시설이 있었다. 온돌은 납작한 돌을 이용하여 단면이 방형 배기관을 만들고, 그것의 동쪽 끝부분에 화로 시설을 설치하였다. 화로 부분에 목탄이 있었고, 흙이 붉은색으로 변해 있어 오랫동안 불을 태웠음은 분명하다.

버러 유적에서 발견된 유물의 대부분이 토기편과 동물뼈이지만 일부 골각기, 석제 장신구, 철제 도구 등이 출토되었다. 그 중 105호 주거지에서 출토된 동물 경갑골편에 새겨 그린 호랑이 같은 동물 표현, 검은색 돌로 만든 허리띠 버클 파편, 몇 점이 출토된 양 견갑골로 만든 골각기, 보드게임 토제말, 맷돌 등의 유물은 주목할 만하다. 그리고 바닥에 여러 개의 구멍을 뚫어 시루로 사용한 토기 같은 흉노인의 생활방식을 엿볼 수 있는 유물도 출토되었다. 버러 유적에서 발견된 양 견갑골로 만든 골각기는 토기 제작에 사용하는 도구, 또는 양 가죽을 무두질할 때 사용하는 도구 등으로 추정하고 있다.

버러 유적은 반지하 주거 생활을 하던 사람들의 소형 마을이며, 출토된 유물을 통해 보면 대부분이 수공업 제품이나 도구가 있어 수공업을 하는 장인들이 모여 살던 곳으로 볼 수 있다.

그리고 버러 유적에서부터 북쪽으로 바이칼호까지 이르는 지역은 셀렝게강 유역으로 북아시아에서 농업에 가장 적합한 땅이다. 이 지역에서 버러, 이볼가, 도렝, 영허르, 도드 망기르타이 등 흉노시대 수공업이나 농업 생활을 하던 장인과 농부가 모여 살던 마을 유적들이 집중되어 발견된 것은 우연이 아니라 국가에서 정책적으로 장인과 농부들을 배치하여 필요한 수공업 제품이나 농산물을 만들었음을 보여준다.

4. 흉노 시대 암각화

몽골에는 암각화 유적이 많다. 세계문화유산에 등록된 바양-울기 아이막에 위치한 자간 살라와 바가 위거르 유적은 10km 정도 이어지는 바위에 새겨진 수십만 점의 그림으로 야외에 노출되어 있는 자연 화랑이라 불릴 만큼 아주 드문 선사인이 남긴 미술품이다.

몽골의 암각화는 대부분 청동기 후기부터 초기철기시대에 해당한다. 흉노시대에 해당하는 암각화는 소수에 불과하다. 흉노시대 암각화 중 가장 유명한 그림은 서몽골의 야만 오스 유적에서 발견된 마차와 승마하는 몇 명을 새겨서 그린 암각화이다.

야만 오스 암각화는 높은 바위 절벽의 햇빛이 직선으로 띠는 앞면에 그려져 있다. 이 절벽에는 산염소, 산양, 사슴, 전투하는 사람 장면 등 청동기와 초기철기시대에 해당되는 그림과 유연시기 이후로 추정되는 갑옷을 입은 기마병 그림 등 다른 시기에 해당하는 암각화가 함께 있

다. 흉노시대 암각화가 다른 시기 그림과 차이가 나는 것은 흉노 귀족
인 대형 무덤에서 출토된 마차와 비슷한 양산을 설치한 마차를 타고 가
는 사람과 마차 앞과 뒤에 말을 타고 달리는 사람 모습을 옆에서 바라
보는 방식으로 새겨서 표현하고, 말의 다리를 약간 구부러지게 표현하
여 움직이는 자세를 보여주는 점이다. 말과 동물의 다리를 약간 구부려
표현하여 움직이는 자세를 보여주는 이 방식은 타쉬트익 양식으로 유명
하며, 흉노시대 이후에 알타이와 서영 산맥, 그리고 중앙아시아에 널리
전파되었다. 타쉬트익 양식의 특징은 동물의 앞다리는 무릎을 구부리고
있고, 뒷다리의 관절은 앞으로 휘어지게 표현하여 달리고 움직이는 자
세를 보여주는 것이다. 또한 동물의 배를 아주 가늘게 표현하는 것도
특징이라고 한다. 흉노시대 암각화의 특징은 비교적 사실적인 표현과
동물이 움직이는 자세로 그려진 것이라고 할 수 있다.

흉노시대 암각화의 또 하나의 종류는 여러 가지 기호이다. 노용 올
유적에서 출토된 칠기, 골모드-II 유적 배장묘와 도렝 유적 주거지에서
양복사뼈 등 기호가 새겨진 유물이 출토된 바 있다. 이들과 유사한 기
호가 새겨진 암각화가 고이-알타이 아이막 자간 골, 수흐바타르 아이막
라씨안 테엑 등 유적에서 발견되었다. 유물이나 바위에 새긴 기호를 흉
노 선우 씨족의 상징물로 해석하고 있다.

흉노가 역사에 등장한 시기와 비슷한 기간에 유라시아 미술에서 보이
게 되는 양식이 있는데, 그것은 동물, 특히 가축인 말과 소, 낙타 등을
두 마리씩 서로 마주보고 있는 자세로 표현한 것이다. 이 양식은
semmetric이라고 하는데, 바양-울기 아이막 자간 살라, 바가 위거르 유
적 암각화에서 보이는 서로 마주보고 있는 산염소 두 마리 그림, 말 두
마리 그림, 우부르항가이 아이막 텝씨 올 유적, 움누고비 아이막 합자

가이트 유적, 하홀르 유적 등에서 발견된 마주보는 산양 두 마리 그림
이 이 양식에 포함된다.

또한 특별한 일이 진행되는 과정을 보여주는 그림이나 위에서 설명
한 야만 오스 암각화와 유사한 마차, 움직이는 동물 그림 등을 흉노시
대에 해당시켜 본다. 즉, 고비-알타이 아이막 자간골 유적에서 발견된
선우 씨족의 상징물로 해석하는 기호와 함께 있는 장례식 과정을 보여
주는 그림, 움누고비 아이막 하홀르골 유적에서 확인된 네모난 틀 안에
그려진 뱀 그림, 공격을 하고자 몸을 준비하는 호랑이, 돈드고비 아이
막 텔르 올 유적에서 발견된 마차 그림, 바양헝거르 아이막 선긴트 유
적에 있는 청동기시대 암각화 위에 그린 말과 개 등 동물 그림, 내몽골
의 몽산에 있는 그림, 예니세강 유적에 있는 아르거산 암각화 등은 흉
노시대로 편년된다.

5. 맺음말

앞에서 살펴본 것처럼 흉노인들은 기원전 3세기 무렵부터 역사의 무
대에 강력한 존재로 등장하여 활약했던 유목집단이다. 모돈선우 시기에
는 인접한 여러 부족을 하나로 통합하여 역사상 최초의 유목제국을 건
설했다. 흉노인들이 건설한 제국의 운영조직은 십장(什長)을 기초로 하
며, 그 이후에 세워진 선비, 유연, 돌궐, 위구르, 칭기스칸의 몽골제국
등 유목국가들의 전형이 되었다.

흉노는 수백 년 동안 실크로드의 교통로를 장악하여 중앙아시아 지
역과 유럽의 고대사회를 연결시켜주고, 주요 거점을 통제하고, 세금을

수취하면서 경제적 입지를 마련했다. 또한 동-서문화 세계를 직접적으로 이어주는 교두보 역할을 담당했던 고대의 글로벌 센터였던 것이다.

흉노에 대해서 중국과 대치하던 적대적 세력으로서 이름이 의도적으로 비하되어 匈奴로서 중국문헌에 기록되어있다. 이같이 문헌기록 등에는 흉노인들을 약탈만 취하는 '무례하고 미개한 오랑캐'로 이해하고 있다. 그러나 그들이 남긴 고고 유적은 유라시아의 초원의 여러 국가에서 확인되고 조사된 '보편적인' 증거의 수정과 개편이 큰 영향을 미친다. 특히, 흉노의 중심지역은 오늘날의 몽골을 비롯하여 인접한 러시아의 자바이칼 지역, 투바 공화 국, 하카스 공화국, 알타이 산맥과 중국의 내몽골자치구, 신강위구르 자치구, 청해성(靑海 省), 감숙성(甘肅省) 등지에서 상당한 수의 무덤 유적, 성지 유적, 암각화 등이 확인되고 있다.

최근 몇 년 간 몽골에서는 한국, 러시아, 미국, 프랑스, 일본, 헝가리, 벨기에, 독일, 스위스 등 10여 개국과 공동으로 현장탐사(지표조사)와 발굴조사를 통해 흉노 귀족계층 무덤, 소형무덤을 비롯한 무덤유적, 성지, 암각화 등을 조사하고 있다. 이상의 연구 성과로 흉노 무덤의 구조, 매장특징의 문제들과 성지의 유형, 암각화 등 여러 가지 실마리가 조금씩 해명되고 있으며, 출토유물을 통해서 그들의 생계, 생활방식, 문화의 정도, 대외교역의 산물 등이 밝혀지고 있다. 이는 문헌상에는 기록되지 않았던 내용을 증명해주는 동시에 그동안 흉노에 대한 오해와 왜곡을 바로 잡을 수 있는 가능성을 열어 주었다. 흉노인들이 남긴 고고유적을 조사하는 작업은 지난 100년 전부터 시작되어 그 동안의 발굴조사를 통해 밝혀진 유적의 수와 유물이 상당해졌다. 흉노의 역사, 문화, 고고 연구의 성과를 종합하여 차후에 보다 구체적인 연구를 진행하고자 하며, 본고에서는 이상으로 개괄을 마무리 짓고자 한다.

참고문헌

에렉젠 2009 – G. 에렉젠, 몽골 흉노 무덤 연구, 서울대학교 박사학위논문.

Амартүвшин, Ханичёрч 2010 – Ч.Амартүвшин, В.Ханичёрч. Дундговь аймагт хийсэн археологийн судалгаа: Бага газрын чулуу. Улаанбаатар.

Батсайхан 2003 – З.Батсайхан. Хүннү. /Археологи, угсаатны зүй, түүх/, Улаанбаатар.

Баярсайхан, Эгиймаа 2008 – Ж.Баярсайхан, Ц.Эгиймаа. Тахилтын хотгорын 64-р булшны малтлага судалгааны үр дүн. //Талын эзэнт гүрэн-Хүннү симпозимын эмхтгэл, Улаабаатар-Сөүл.

Miller et al, 2011 – Bryan K.Miller, Francis Allard, Diimaajav Erdenebaatar, Christine Lee. A Xiongnu Tomb Complex: Excavations at Gol Mod 2 cemetery, Mongolia(2002-2005). Mongolian Journal of Anthropology, Archaeology and Ethnology 2, Ulaanbaatar.

Ганбаатар 2010 – Я.Ганбаатар. Хүннүгийн түүх, соёл. Улаанбаатар.

Доржсүрэн 1961 – Ц.Доржсүрэн. Умард Хүннү. //Studia Archaeologica, Tom I, fasc 5, Улаанбаатар.

Дуурлиг нарс 2009 – Дуурлиг нарсны Хүннү булш. Үзэсгэлэнгийн каталоги, Сөүл.

Erdelyi 2000 – I.Erdelyi. Archaeological expeditions in Mongolia. Budapest.

Ерөөл-Эрдэнэ 2007-1 – Ч.Ерөөл-Эрдэнэ. Гол модны 20-р булшнаас олдсон "Бэлгэт гөрөөс"-ийн дүрст хөөмөл мөнгөн зэмсэг. //Studia Archaeologica, Tom XXIV, fasc 24, Улаанбаатар.

Ерөөл-Эрдэнэ 2007-2 – Ч.Ерөөл-Эрдэнэ. Хүннү булшнаас олдсон хөлөгт тоглоом. //Studia Archaeologica, Tom XXIV, fasc 19, Улаанбаатар.

Ерөөл-Эрдэнэ, Гантулга 2008 – Ч.Ерөөл-Эрдэнэ, Ц.Гантулга. Умард Хүннүгийн язгууртны нэгэн булшны судалгаа. //Studia Archaeologica, Tom XXVI, fasc 9, Улаанбаатар.

Ерөөл-Эрдэнэ 2010 – Ч.Ерөөл-Эрдэнэ. Хүннүгийн язгууртны оршуулгын дурсгалын судалгаа(Докторын диссертац). УТНС, Улаанбаатар.

Konovalov 2008 – P.B.Konovalov. The Burial Vault of a Xiongnu Prince at Sudzha(Il'movia Pad', Transbaikalia). Bonn.

Le preimier 2003 - Le preimier Empire des Steppes. Actes sud, Paris.

Miniaev, Sakharovskaia 2006 - S.S. Miniaev, L.M. Sakharovskaia. Investigation of a Xiongnu Royal Complex in the Tsaraam Valley. //The Silk Road 4/1.

Miniaev, Sakharovskaia 2007 - S.S. Miniaev, L.M. Sakharovskaia. Investigation of a Xiongnu Royal Complex in the Tsaraam Valley Part 2: The Inventory of Barrow No. 7 and the Chronology of the Site. //The Silk Road 5/1.

Монгол 2003 - Монгол Улсын түүх. Тэргүүн боть, Улаанбаатар.

Морин толгой 2003 - Моринтолгойн Хүннүгийн үеийн булш. МҮТМ, ШУА-ийн Түүхийн хүрээлэн, СҮМ. Сөүл.

Polosmak и др 2008 - Н.В. Полосьмак, Е.С. Богданов, Д.Цэвээндорж, Н.Эрдэнэ -Очир. Изучение погребального сооружения кургана 20 в Ноин-уле(Мон голия). //Археология, этнография и антропология Евразии. 2(34), Ново сибирск.

Пэрлээ 1961 - Х.Пэрлээ. Монгол Ард Улсын эрт, дундад үеийн хот суурины тов чоон. Улаанбаатар.

Руденко 1962 - С.И.Руденко. Культура Хуннов и Ноинулские курганы. Москва-Ленинград.

Сүхбаатар 1980 - Г.Сүхбаатар. Монголчуудын эртний өвөг. Улаанбаатар.

Umehara 1960 - Sueji Umehara. Studies of Noin-Ula finds in North Mongolia. The Toyobunko. Tokyo.

Төрбат 2004 - Ц.Төрбат. Хүннүгийн жирийн иргэдийн булш. Улаанбаатар.

Төрбат нар 2003 - Ц.Төрбат, Ч.Амартүвшин, У.Эрдэнэбат. Эгийн голын сав нут аг дахь археологийн дурсгалууд. Улаанбаатар.

Төрбат (эмхтгэсэн) 2011 - Хүннүгийн толь бичиг. Улаабаатар.

Худгийн толгой 2004 - Худгийн толгойн Хүннүгийн үеийн булш. МҮТМ, ШУА -ийн Археологийн хүрээлэн, СҮМ. Сөүл.

Цэвээндорж 1987 - Д.Цэвээндорж. Хүннүгийн археологи. Монголын археологи. //Studia Archaeologica, Tom XII, fasc 4, Улаанбаатар.

Цэвээндорж 1989 - Д.Цэвээндорж. Хиргист хоолой, Оньтолтын хүннү булш. //Studia Historica, Tom XXIII, fasc 8, Улаанбаатар.

Цэвээндорж 1990 - Д.Цэвээндорж. Худгийн толгой, Солби уул, Наймаа толгойн

Хүннү булш. //Studia Historica, Tom XXIV, fasc 11, Улаанбаатар.

Цэвээндорж 2000 - Д.Цэвээндорж. Бага газрын чулуу, Тарвагатай, Хүүшийн хөт өл. Баруун хайрханы Хүннү булш. //Studia Archaeologica, Tom XII, fasc 4, Улаанбаатар.

Цэвээндорж нар 2008 - Д.Цэвээндорж, Н.В. Полосьмак, Н.Батболд, Н.Эрдэнэ-О чир, М.Цэнгэл. Ноён уулын Хүннүгийн язгууртны 20-р булшны судалга а. //Studia Archaeologica, Tom XXIV, fasc 24, Улаанбаатар.

Эрэгзэн 2007 - Г.Эрэгзэн. Монголын Хүннү булшийг хэлбэрээр ангилах нь. //Studia Archaeologica, Tom XXIV, fasc 16, Улаанбаатар.

Эрэгзэн нар 2008 - Г.Эрэгзэн, Н.Батболд, Д.Базаргүр, П.Алдармөнх, Жан Өнжо н, Хуанбо Чансо. Дуурлиг нарсны Хүннү булшны судалгаа. Талын эзэн т гүрэн-Хүннү симпозимын эмхэтгэл, Улаанбаатар-Сөүл.

⛏ 도면과 사진 설명

[1] 흉노 대형 무덤 외부 유구
(도르릭 나르스 1 호)

[1-2] 흉노 대형 무덤 발굴 조사 과정
(도르릭 나르스 1 호, 몽골-한국 공동 조사 현장)

[2] 흉노 고리형 무덤 매장주체부
(바론 벨섹 유적 20호)

[2-1] 바론 밸섹 유적 20호
무덤 매장주체부 도면

[3] 흉노 토성 항공 사진
(데렐징 두르불진 유적)

[4] 흉노 토성 출토 수막새
(고아 도브 유적 출토)

[5] 흉노 반지하 주거지
(버러 유적)

[6] 흉노 방어성지 항공 사진
(망가싱 후레 유적)

[7] 흉노시대 암각화 (야망 오스 유적)

[7-1] 야망 오스 암각화 도면

■

МОНГОЛ НУТАГ ДАХЬ ХҮННҮГИЙН АРХЕОЛОГИЙН СУДАЛГААНЫ ЗАРИМ ҮР ДҮНГЭЭС
(A SOME RESULTS OF XIONGNU ARCHAEOLOGY IN MONGOLIA)

Г.Эрэгзэн (Ph.D)

ШУА-ийн Түүх, археологийн хүрээлэн

Eregzen. G (Ph.D)

Institute of History and Archaeology,
Mongolian Academy of Sciences

1. Оршил

Одоогоос 2225 жилийн өмнө буюу христосын тооллын өмнөх 209 онд Модун "шаньюй" болсноор Хүннүгийн аймгийн холбооны зохион байгуулалтыг өөрчилж зохилогчдын зөвлөлд байсан эрх мэдлийг өөрийн гарт төвлөрүүлсний дараа нийт газар нутгаа төвийн болон зүүн баруун жигүүрт хувааж, цэргээ аравтын системд оруулсан байдаг. Энэ үйл явдал нь Хүннүгийн нийгмийн бүтэц эрс өөрчлөгдөж, бие даасан аймгуудын холбооноос нэг хүний гарт бүх эрх мэдэл төвлөрч нэгдсэн удирдлага бүхий төрт улс болон төлөвших замд орсныг харуулдаг. Тиймээс ч христосын тооллын өмнөх 209 оныг Хүннү улс байгуулагдсан түүхт он цаг хэмээн үздэг билээ.

Модун өөрийн улсыг ийнхүү байгуулж, нэгдсэн удирдлагын системийг бэхжүүлсний дараа гадаад бодлогодоо анхаарах болсон байдаг. Тухайн үед Хүннү улсад аюул занал учируулахуйц улс төрийн хүчнүүд эргэн тойронд нь байжээ. Тодруулбал, тэдний зүүн талд Дунху хэмээн сурвалжид нэр гарч буй нүүдэлчин аймгийн холбоо, баруун өмнө талд Юэчжи улс, баруун талд Усун, хойт талд Динлинчүүд, өмнөт талд Цин улсын нэгтгэсэн хятадууд оршин байлаа. Тиймээс Модун улсаа батлан хамгаалах үүднээс хөрш улсуудад довтлон эзэлж авах, эс болбоос Хүннү улсыг хүлээн зөвшөөрүүлэх арга хэрэглэж эхэлсэн бөгөөд түүний энэ бодлого туйлын амжилттай хэрэгжсэн юм. Модун шаньюйгаас Хан улсын Хуандид христосын тооллын өмнөх 2-р зууны эхэнд илгээсэн нэгэн захидалд "…Дээд тэнгэрийн бошго зарлигаар, миний дайчин баатдын онцгой гавьяа зүтгэлээр, манай хүлэг сайн морьдын шандсын хүч чадлаар би, хөрш зэргэдийн Лоулань, Үсүн, Хусе зэрэг хол ойрын гучин зургаан их бага улс түмнийг хураан авч нэгтгэн захирав. Өдгөө тэд Хүн гүрэн хэмээх нэгэн агуу их суу алдарын дор эвсэн нэгджээ…" хэмээн дурьдсан байдаг нь Хүннүчүүд тухайн үед хэл, угсаа гарвал өөр өөр олон аймаг угсаатныг нэгтгэсэн эзэнт гүрний дайд хүрсний нотолгоо юм.

Энэ хүчирхэг гүрэн христосын тооллын I зууны төгсгөл хүртэл буюу 200 илүү жил оршин тогтносон бөгөөд дотоодын хагарлын улмаас таран бутарч нэг хэсэг нь өмнөд хөршийнхөө харъяанд даган орж, нөгөө хэсэг нь баруун зүүн тийш нүүдэллэжээ. Эднээс Хан улсад даган орсон хүннүчүүд нь хожим 5 төр, 16 улсын үед Жао улс (319-329 он), Хань улс (304-319 он), Хожуу Жао улс (319-351 он), Умард Лян улс (397-439 он), Ся улс (407-432 он) зэрэг хэд хэдэн бие даасан улсыг байгуулж түүхэнд нэрээ гаргаж байв. Баруун тийш нүүдэллэсэн хэсгийнхний хойчис Атилла хааны үед "Хүн" гүрнийг байгуулж Европыг айдаст автуулан чичрүүлж байсан билээ. Харин бууриа сахин үлдсэн хэсэг нь Сяньби улсын харьяанд орсон ба эдгээр хүмүүс хожмын Их Монгол улсын бүрэлдэхүүнд орсон нь гарцаагүй юм. Ийнхүү хүннү нар нь эзэнт гүрэн мөхсөний дараагаар олон хэсэгт бутарч, салан одсон бөгөөд зарим нь өөр улс аймгийн харьяанд орж уг нэр усаа өөрчлөх болсноор эртний баатарлаг тэр ард түмний алдар балран үгүй болжээ.

Оросын бичгийн их хүн И.Бичурин, Францын эрдэмтэн Дегин нарын нөр их хичээл зүтгэл, эртний хятад сурвалжийн орчуулга тайлбарын ачаар XVII-XVIII зууны үеэс Хүннү нарын түүхийг сэргээн үзэх боломж бий болсон билээ. Дараагаар нь тэдний түүхийн талаарх олон зохиол бүтээл хэвлэгдсэн бөгөөд XX зууны эхэн болоход угсаа гарвалын талаар маргалдах хэмжээнд хүртэл Хүннүгийн түүхийн судалгаа хөгжөөд байв. Судлаачдын дунд Хүннү нарыг монгол, түрэг, тэр бүү хэл фин-слави гаралтай хэмээх үзэл бодлын маргаан хүчтэй өрнөсөн бөгөөд үүнээс фин-слави гаралын талаарх онол нь нотлогоо муутайгаас яригдахаа больж монгол, түрэгийн алинд холбогдох талаарх маргаан үргэлжилж одоо ч нэг мөр шийдвэрлэгдээгүй байна. Монголчууд болон түрэгүүд нь хэлний хувьд хоёул Алтай язгуурт хамаардаг, аж байдлын хувьд ижилхэн нүүдэлчид болохын зэрэгцээ олон зууны туршид бие биеэ түшиж хөрш зэргэлдээ оршиж ирсэн тул ёс заншил, соёлын хувьд ихээхэн ижилссэн болохоор Хүннүг энэ хоёрын аль нэгэнд хамруулан ялгаж салгана гэдэг ихээхэн ярвигтай ажил болох нь хэнд ч ойлгомжтой юм. Гэхдээ шинжлэх ухааны хөгжил, ялангуяа байгалийн шинжлэх ухааны ололтууд нь тэртээ 2000 илүү жилийн өмнө оршин байсан ард түмний үр хойчсийг тодруулах боломжийг олгох болсон тул энэ асуудал ирээдүйд бүрэн шийдвэрлэгдэнэ гэдэгт итгэлтэй байна. Манай судлаачид аль хэдий нь эртний ДНХ, изотопын судалгааг эхлүүлээд байгаа нь энэ асуудлын гаргалгаа тун ойртсоны дохио биз ээ.

Хүннүчүүдийн угсаа гарвалаас ч дутахааргүй чухал асуудал бол тэдний соёлын судалгаа юм. Сурвалжид энэ талаарх мэдээ баримт дутмаг тул археологийн дурсгалын судалгаанд түшиглэн судлаж ирсэн. Хүннү нарт холбогдох дурсгалуудыг анх XIX зууны төгсгөлд Оросын судлаач, эмч Ю.Д.Талько-Грынцевич Хиагтын орчмоос илрүүлэн малтан судлаж байв. 1924 онд П.К.Козловын шинжилгээний анги Төв аймгийн Батсүмбэр сумын нутагт орших Ноён ууланд Хүннү нарын булшийг малтан шинжилснээр эртний ард түмний үлдээсэн соёлын өв манай улсын нутагт биетээр хадгалагдан байгаа нь хөдөлбөргүй тогтоогдсон юм.

Хүннүчүүд Цагаан хэрмээс Байгал нуур, Манжуураас Тэнгэр уул хүрсэн өргөн уудам нутгийг хэдэн зууны туршид захирч байсан тул тэдний үлдээсэн дурсгалууд Монгол, Хятад, Орос, Казакстан, Кыргызстан зэрэг улс орны нутгаас илэрч судлагджээ.

Манай улсын нутгаас хүннү нарт холбогдох 7000 гаруй булш оршуулга, 10 гаруй хот суурины үлдэгдэл, хэд хэдэн хадны зураг бүхий дурсгалт газрууд илэрч, судалгааны ажил тасралтгүй хийгдэж байна. Дор Монголд илэрч судлагдсан Хүннүгийн дурсгалуудыг булш оршуулга, хот суурин, хадны зураг хэмээн 3 хэсэгт хувааж товчхон танилцуулья.

2. Монгол нутаг дахь Хүннүгийн дурсгалт газрууд

А. *Хүннүгийн булш, оршуулгын дурсгал*

Евразийн өргөн уудам нутгаас Хүннү нарт холбогдох 12 мянга гаруй булш оршуулга илэрч мэдэгдээд байгаагийн дийлэнх буюу 10 мянга гаруй нь одоогийн Монгол улсын нутагт байна. Харин үлдэх нь ОХУ-ын Буриадын Өвөр Байгал, БНХАУ-ын Өвөр Монголын Ордос зэрэг газарт бөөгнөрсөн байдалтай тархсан ба Хөхнуур, Ганьсу, Шинжан, Тува, Алтайн хязгаар, Дундад Азийн Долоон голын хөндий зэрэг газруудад цөөн тооны булшнууд тархай байдлаар илэрч тэмдэглэгджээ.

Хүннүгийн булшны дийлэнх нь газрын өнгөн хөрсөн дээр ил мэдэгдэх гадаад байгууламжтай бөгөөд ерөнхийдөө дөрвөлжин болон дугуй (цагираг) 2 үндсэн хэлбэртэй байна. Үүнээс дөрвөлжин хэлбэртэй нь өмнө талдаа урт гонзгой үүдэвчтэй байх нь нийтлэг юм. Энэ хэлбэрийн булшийг анх 1924 онд Ноён уулын дурсгалт газарт малтан шинжилсэн бөгөөд түүнээс хойш Гол мод, Гол мод-2, Дуурлиг нарс, Тахилтын хотгор, Өвөр Байгалд Ильмийн ам, Царам зэрэг газарт судалснаар Хүннүгийн язгуурнууд, ялангуяа Хүннү гүрний төрийг барьж байсан шаньюйн удмынхны оршуулга болох нь тогтоогджээ.

Дугуй буюу цагираг хэлбэрээр тойруулж тавьсан чулуун байгууламжтай булшнууд нь хэмжээний хувьд үүдэвчтэй дөрвөлжин хэлбэрийн булшнаас харьцангуй жижиг бөгөөд илэрсэн олдвор эд өлгийн зүйлс нь ч ядмаг байдаг. Тиймээс ч энэ хэлбэрийн булшийг "жирийн иргэд"-ийн оршуулгын дурсгал хэмээн нэрлэж ирсэн юм. Гэвч сүүлийн үеийн судалгааны үр дүнд эгэл жирийн хүмүүсийн оршуулга гэхээс илүүтэй шаньюйн удмын биш боловч Хүннү улсыг бүрүүлж байсан олон аймгуудын захирагч ноёд, тэдний угсааныхны булш байх магадлал өндөр болж байна.

Хүннүгийн язгуурны буюу том булшнууд. Хүннүгийн язгуурны булш нь газрын өнгөн хөрсөн дээр ил цухуйн мэдэгдэх гадаад чулуун байгууламжтай юм. Гадаад байгууламж нь чулуун далан буюу булшны нүх (оршуулгын)-ний чанх дээр байгуулагдсан гол (үндсэн) байгууламж, түүний өмнө талд залгуулан үйлдсэн үүдэвч гэсэн үндсэн 2 хэсгээс бүрдэнэ. Мөн томхон хэмжээний булшны хажууд нас барсан язгууртанд дагалдуулсан хүмүүсийн оршуулга болох дагуул булш тохиолдоно. Өөрөөр хэлбэл Хүннүгийн язгууртны оршуулга нь зөвхөн үндсэн булш төдийгүй түүнд холбогдох дагуул булш бүхий цогцолбор дурсгал юм. Хүннүгийн оршуулгын байгууламжийг хойд зүг рүү хандуулсан байдаг нь нийтлэг.

Хүннүгийн язгууртны булшны далан буюу гол хэсэг нь тэгш өнцөгт (зарим тохиолдолд трапец-жишүү дөрвөлжин) хэлбэртэй байдаг. Одоогоор мэдэгдэж буй булшны дотроос хамгийн том хэмжээтэй нь Гол мод-II дурсгалт газрын 1-р булш юм. Булшны далан нь 42х46 метр байна. Харин өдгөө малтан судалсан язгууртны булшнаас хамгийн бага хэмжээтэй нь 8.1х8.27 метр Тахилтын хотгорын 64-р булш болно.

Булшны даланг тойруулан нимгэн хавтгай чулууг давхарлан өрсөн байдаг тул хажуугаасаа барилгын хана өрлөг мэт харагдана. Өрлөг болгон тавьсан чулууны үеийн тоо 3-12 хүртэл байх бөгөөд энэ нь булшны хэмжээнээс шалтгаалж ялгаатай байна. Өөрөөр хэлбэл булшны далангийн хэмжээ томрох тусам өрлөг чулууны үеийн тоо нэмэгддэг. Жишээлбэл, Дуурлиг нарсны 2-р булшны чулуун байгууламж 3 үе өрлөгтэй байхад томоохонд тооцогдох Гол модны 1-р булш 12 үе өрлөгтэй байв. Мөн өрлөгийн тоо нэмэгдэхэд гадаад байгууламжийн гол хэсэг өнгөн хөрснөөс дээш овойсон шороон довтой болдог. Ийм шороон дов нь голчлон 20 метрээс дээш хэмжээтэй том булшнуудад тохиолдоно. Гол мод-II дурсгалт газрын 1-р булшны гол хэсгийн шороон дов (3.7 м) хамгийн өндөрт тооцогдож байна. Хэвгий газарт байрлах булшны гол хэсгийн шороон дов болон чулуун өрлөгийн хойд, өмнө талын өндөр ялгаатай, харин харьцангуй тэгш газарт байрлах бол тэгш хэмтэй байна. Мөн зарим булшны далангийн дунд хонхор үүссэн байдаг. Үүнийг судлаачид булш эрт цагт тоногдсоны шинж тэмдэг, оршуулгыг булсаны дараа хөрс доош сууснаас үүссэн зүйл гэх мэтээр тайлбарладаг.

Дээр дурдсанаас үзвэл хүннүгийн язгууртны томоохон хэмжээний булшны гадаад байгууламжийг их нарийн зохион байгуулалттай хийсэн нь мэдэгдэнэ. Оршуулгыг булсаны дараа хөрсөн дээр өмнө талдаа үүдэвчтэй, дотроо хэд хэдэн тасалгаатай тэгш өнцөгт хэлбэрийн далан бариад түүний дотор талын сул зайг шороогоор дүүргэдэг байжээ. Түүнчлэн, Гол модонд малтан судалсан 1-р булшны малтлагын үед булшны дээд хэсэгт модон баганын суурь бололтой зүйл хэд хэд илэрч байжээ. Сурвалжид хүннү нар нас барсан өвөг дээдсийн сүнсэнд зориулан тахилга үйлддэг байсан тухай мэдээ тохиолдож буйг үүнтэй харшуулан үзвэл булшин дээр ямар нэгэн байгууламж (тахилын ?) барьж тахилга хийж байсан магадлал өндөр байна.

Хүннүгийн язгууртны булшны үүдэвч нь булшны далангийн

өмнө талд залгагдсан жишүү дөрвөлжин хэлбэртэй чулуун байгууламж юм. Үүдэвчийг газрын хөрснөөс оршуулга руу чиглүүлэн налуу байдлаар ухаж хийсэн байдаг. Үүдэвчний төгсгөл буюу булшны далантай нийлсэн хэсэг өргөн, өмнө тал руу нарийссан хэлбэртэй байна. Үүдэвчний хувьд газрын хазгай тэгшээс үл хамааран хойд тал нь далантай ижил өндөртэй, харин өмнө тийш чулуун өрлөгийн үеийн тоо багассаар аажим намсаж үзүүрт хүрэхэд 1 үе буюу өнгөн хөрстэй ижил түвшинтэй болдог. Мөн үүдэвчний төв хэсгээр дээр өгүүлсэн далангийнхтэй ижил зохион байгуулалттай чулуун өрлөг тохиолдоно.

Язгууртны булшны оршуулгын хэсэг нь газрын гүнд маш гүнзгий ухсан нүхэнд байдаг. Хүннүгийн язгууртны булшны дотоод байгууламж буюу газар доорхи бүтцийг үндсэнд нь булшны нүх (түүнийг дүүргэсэн чигжээс чулуу) болон оршуулгын хэсэг хэмээн 2 хувааж үзэх боломжтой.

Булшны нүхийг дийлэнх тохиолдолд тэгш өнцөгт хэлбэрээр уруу нь харуулсан пирамид шиг шатлан ухсан байдаг. Нүхний хэмжээ доошлох тусам багасдаг нь хөрсний нуралтыг тооцоолсон шийдэл юм. Оршуулга үйлдсэний дараа нүхийг шороо, чулуугаар дүүргэж булсан байдаг нь замбараагүй хийгдсэн зүйл бус тодорхой зохион байгуулалттай байна. Булшны нүхний гүн ойролцоогоор 7-22 метр хүрнэ. Одоогоор малтан судлаад буй булшны хамгийн гүн нүх 22 метр бүхий Гол мод-2 дурсгалын 1 дугаарт булшных бол Гол модны 20- р булш болон Ноён уулын 20-р булшны нүх

18 метр гүн байв.

Хүннүгийн язгууртны булш нь дотоод зохион байгуулалтын хувьд гадаад, дотоод бунхан, авс зэргээс бүрдэнэ. Бунхан нь ихэвчлэн дүнзээр хийсэн байх ба ханыг элдэв хээ дүрс бүхий нэхмэл ширдгээр доторлодог байжээ. Авс нь ур хийц сайтай, дийлэнх нь дамар хэлбэрийн холбоосоор бэхэлэгдсэн байна. Авсыг торго, бөсөөр бүрж, толгой талд нар, сар хэлбэрт чимэглэл, ханыг туузан чимэглэлээр ханалан дааруулж түүний голд цэцгэн хэлбэрт чимэглэл хадсан байдаг. Язгууртны булшны авсны чимэглэлийг гол төлөв ялтсан алтаар хийсэн байдаг нь нийтлэг зүйл юм.

Судалгааны хэрэглэгдэхүүнээс үзвэл хүннү нар нас барсан ихэс, язгууртнаа оршуулахдаа тодорхой төрөл зүйлийн эд өлгийн зүйлсийг тогтсон дэг журмын дагуу байрлуулж, дагалдуулан тавьдаг байжээ. Оршуулгын байгууламжийн хэмжээ, гүн нэмэгдэж, хийц, бүтэц нарийсахын хирээр эд өлгийн зүйлсийн чанарт өөрчлөлт гарч байна.

Бунханы хойд талд тахил болгон өргөсөн хойлгын адуу мал (толгой, шийр-тагалцаг), таган дээр сүйх тэргийг тавьсан байх нь бий. Тухайлбал, Гол модны 20-р булшинд 15 бодыг хойлоглон дагалдуулж, бунханы таган дээр шүхэрт сүйх тэрэг тавьсан байв.

Дотоод, гадаад бунханы хоорондын зайд (толгой талд) шавар ваар, чий будагтай сав суулга зэрэг тахилын зүйлс, зүүн, баруун талд адуу малын тоног хэрэгсэл болох амгай, зуузай, гоёл чимэглэлийн зүйлс, хүрэл тогоо, цар, завьяа, хаш эдлэл, хүрэл толь, зэр зэвсгийн зүйлс зэрэг нас барагчийн дараагийн амьдралд хэрэглэх зүйлсийг дагалдуулан тавьсан байдаг. Эд зүйлсийг эвдэх буюу түүний зарим хэсгийг төлөөлөл болгон оршуулгад хийсэн байх бөгөөд энэ нь тухайн зүйлийг "сүнс хэлбэрт шилжүүлж буй"(хэсгээр бүхлийг төлөөлүүлэх хэлбэр ч хэмээн үзэх нь бий) шүтлэгийн улбаа юм. Тухайлбал, булшнаас ихэвчлэн хүрэл толины хагархай гардаг нь үүнтэй холбоотой хэрэг билээ. Мөн зарим тохиолдолд хүний гэзэг дагалдуулсан нь олддог. Энэ нь нас барагчид дагалдуулж буй хүний төлөөлөл болох бөгөөд Ноён ууланд 1924-1925 онд малтсан Хүннүгийн язгууртны 1, 6, 24-р булшны оршуулгын бунхнаас торгон хуйтай 120 гаруй хүний гэзэг гарч байжээ.

Хүннүгийн жижиг булш. Өнгөн хөрсөн дээр ил цухуйсан гадаад байгууламжийн хэлбэр нь цагариг мэт харагдах булш бүх оршуулгын газарт тохиолдох ба хамгийн олон тоотой юм. Булшны гадаад хэлбэр нь цагариг маягтай харагдах явдлыг дийлэнх булш эрт цагт тоногдож эвдэгдсэнтэй холбоотой хэмээн тайлбарладаг ч гадаад байгууламжийн анхны хэлбэрийн талаар судлаачдын дунд санал бодол зөрөлдөөнтэй хэвээр байна.

Энэ төрлийн булшны гол онцлог нь үүдэвчгүй байх явдал бөгөөд бүх булшны гадаад байгууламжийн төв хэсэгт чулуугүй талбай байдгаас цагираг хэлбэртэй харагддаг. Төв хэсгийн чулуугүй талбай өнгөн хөрсний түвшингөөс доош бага зэрэг хонхор ба ижил түвшинтэй 2 янз. Хонхор байх нь голчлон хэмжээгээр том булшнуудад ажиглагдах ч үүдэвчтэй булшнуудтай харьцуулахад төдий л гүн биш 0.2-0.5 м-ээс хэтрэхгүй байна.

Цагираг хэлбэрийн булшны гадаад байгууламжийн хэмжээ харилцан адилгүй юм. Дийлэнхи оршуулгын газарт байгаа дугуй хэлбэрийн булшнууд жижиг нь 3-5 м, дундаж нь 6-8 м, том нь 9-14 м хэмжээтэй байна. Гэхдээ Хойд Тамирын голын хөндийд байрлах Худгийн толгой, Солби уул, Тамирын улаан хошуу зэрэг зэргэлдээ орших дурсгалт газруудад 20 м хүртлэх голчтой харьцангуй том хэмжээний дугуй булшнууд ч цөөнгүй тоотой байгаа юм.

Хүннүгийн жижиг булшны нүх язгууртны гэгдэх дөрвөлжин хэлбэрийн булштай харьцуулахад гүехэн байдаг. Хамгийн гүн нүх 5 м хүрэх агаад дийлэнхи нь 2-3 м гүн байна. Нүхийг голчлон хүн багтахаар гонзгой дөрвөлжин хэлбэрээр ухсан байх ч оршуулгын хэсэгт модон хашлага зэрэг ажил ихтэй байгууламж үйлдсэн харьцангуй том булшны нүхийг дөрвөлжин хэлбэрээр дээрээс доош багасган шатлаж ухах нь бий.

Нүхний ёроол буюу оршуулгын үндсэн хэсэгт нас барсан хүний шарилыг тавихдаа чулуу, мод зэрэг материалаар тусгай хайрцаг тасалгаа хийж ихэд хүндэтгэлтэйгээр оршуулсан байдаг. Зарим тохиолдолд газрын хөрсөн дээр эсгий юм уу, үйс дэвсч дээр нь шарилыг шууд тавьж оршуулсан байх нь ч бий. Оршуулгын хэсгийг хэрхэн зассанд тулгуурлан хэд хэд ангиллах боломжтой юм. Тусгайлан хайрцаг тасалгаа хийлгүй шарилыг хөрсөн дээр тавьсан оршуулгыг "шороон булш" хэмээн нэрлэдэг. Харин чулууг эгнүүлэн дэвсч шал болгоод түүнийг тойруулан хавтгай чулууг хавиргалан босгож хана хийн дотор нь шарилыг оршуулсныг "чулуун авст булш" хэмээнэ. Хүннүгийн дугуй булшны дийлэнхи банзаар тусгайлан хийсэн австай юм. Модон авсыг дангаар тавих нь их ч авсны гадуур хавтгай чулуу босгож хаших, эсвэл нүхний ёроолд дүнз болон зузаан модоор зангидсан хайрцаг байрлуулж дотор нь авсыг тавьсан давхар байгууламжит булшнууд ч илэрдэг. Дан модон авс бүхий булшийг "модон авст", авсны гадуур чулуугаар хашсаныг "чулуун хашлагат", дүнзээр хийсэн хайрцагтайг "модон хашлагат" хэмээн ялгадаг.

Хүннүчүүд нас барсан хүнийг ийнхүү олон янзын байгууламж үйлдэн оршуулсан нь оршуулга хийх үеийн нөхцөл байдал, ашиглах материалын олдоц зэрэг олон шалтгаантай бөгөөд гол нь оршуулгын зан үйлтэй нягт холбоотой юм. Булшны бүтэц нь оршуулж буй хүний нийгэмд эзлэх байр суурь, зэрэг дэв, хөрөнгө чинээтэй шууд холбоотой болох нь язгууртны булшны хэрэглэгдэхүүнд тод харагддаг бөгөөд жижиг булшнаас олдож байгаа олдворуудаас ч энэ шинжийг ажиглаж болно. Тухайлбал, шороон булш, чулуун авст булшинд нас барагчийн хэрэглэж байсан эд өлгийн зүйл болох нумын ясан наалт, төмөр хутга гэх мэтийн цөөн тооны зүйлс, тахилын зориулалттай ганц нэг шавар ваар дагуулан тавьсан байдаг бол модон авст булшнаас гоёл

чимэглэлийн зүйлс, зэр зэвсэг, тахил болон хойлгын зүйлс зэрэг
харьцангуй баялаг олдворууд олддог. Үүнээс илүү ажил орсон
давхар байгууламжит модон хашлагат булш нь дугуй булшнууд
дотроос хамгийн баялаг олдвортой бөгөөд энэ хэлбэрийн булшны
зарим олдвор нь язгууртны булшнаас илэрдэг зүйлстэй төстэй
байх нь бий. Авсны төмөр болон үйсэн чимэгнүүд модон хашлагат
булшнаас голчлон илэрдэг.

Хүннүчүүд нас барсан нэгнээ оршуулахдаа ухсан нүхэнд эсгий,
үйс зэргийг дэвсээд дээр нь тавих, эсвэл хавтгай чулууг эгнүүлэн
босгож хайрцаг үйлдээд дотор нь хэвтүүлэх, тусгайлан бэлтгэсэн
модон авсанд хийж оршуулах зэрэг олон янзын зан үйл
гүйцэтгэдэг байсан нь археологийн судалгааны явцад баримтаар
нотлогдож байна. Эдгээрээс хамгийн түгээмэл нь модон авс
ашиглах явдал бөгөөд авсыг дангаар нь тавихаас гадна дүнзээр
зааж хийсэн дан болон давхар хашлага бунханд хийх нь бий.
Хүннүгийн булшны оршуулгын хэсэгт ажиглагдаж буй зохион
байгуулалтын олон хэлбэрүүд нь оршуулж буй хүний нийгэмд
эзлэх зэрэг дэв, байр суурьтай нягт холбоотой бөгөөд үүнийг тод
харуулдаг зүйл нь булшинд тавьсан модон авсны хийц болон
чимэглэлийн ялгаа юм.

Хүннүгийн булшнаас илэрдэг модон авснууд хэмжээний хувьд
ойролцоо, насанд хүрсэн хүнийх 1.8-2 м урттай, хүүхдийнх нас
болон биеийн өндрөөс шалтгаалан 1-1.5 м урттай байна. Харин
хэлбэр, хийц, чимэглэлийн хувьд харилцан адилгүй ажээ.

Ерөнхийдөө богино талууд тэнцүү гонзгой дөрвөлжин болон толгой тал өргөн, хөл тал руу хавчиг 2 хэлбэрийн авс түгээмэл тохиолддог. Авсны хийц нь харуулдсан банз ашиглан хийсэн, эсвэл нарийн савх моднуудыг ховилд шахан зүүж хийсэн байхын зэрэгцээ талуудыг углуургадан холбосон ба хадаас зэрэг төмөрлөг эд ашиглан тогтоосон гэх мэтээр ялгарна. Авсны банзнуудыг углуургадан холбосон тохиолдолд буланг ихэвчлэн эр эм углуурга гарган холбож, таг болон хананы банзыг хооронд нь дамар хэлбэрийн углуургаар тогтоосон нь мэдэгддэг. Гадуураа давхар модон хашлага юм уу, дүнзэн бунхантай чинээлэг язгууртны булшнаас гадна талыг улаан өнгийн чий будгаар шунхдаж, таг дээр угалзарсан үүлэн хээ, нисэж буй шувууны дүрс зэргийг зурж ихэд гоёмсог байдлаар чимэглэсэн модон авс олдож байжээ. Үүнээс гадна олон булшнаас алт, мөнгө, хүрэл, төмөр, үйсээр тусгайлан хийсэн чимэг олдсон нь авсыг чимэглэх заншил их нийтлэг байсны гэрч юм. Авсны толгой талын хананд нар, сарны бэлгэдэл болох дугуй болон тал дүгүй чимгийг хадах бөгөөд жижиг булшнаас төмөр, харьцангуй том булшнуудаас ялтсан алтаар хийсэн нар, сарны дүрст чимгүүд олддог. Модон авсны дөрвөн хананы гадна талд нарийхан туузан чимгийг гэрийн хана мэт зөрүүлэн тогтоож түүний нүднүүдэд 4 болон 3 дэлбээт цэцгэн чимгийг хадсан байдаг. Жирийн жижгэвтэр булшнаас гол төлөв төмөр болон үйсээр хийсэн цэцгэн чимгнүүд олддог бол булшны хэмжээ томорч, хийц нь нарийсах тусам хийсэн материал нь хүрэл, мөнгө, алт болон өөрчлөгдөнө. Ялангуяа язгууртны булшнаас олдсон авсны алтан чимгүүд нь хээ чимэггүй цулгуйгаас эхлээд угалзарсан хээг хөөлгөн гаргасан, хээний дунд оюу зэрэг эрдэнийн чулуу шигтгэсэн ихэд гоёмсог болсон байдаг.

Б. Хүннүгийн хот суурины дурсгал

Хүннүгийн үеийн 20 хот суурины үлдэгдэл одоогоор илэрч олдоод байна. Эдгээр нь Монголоос илэрсэн 13 суурин, ОХУ-д байх 5 суурин, Хятадын нутгаас олдсон 2 суурин болно. Монгол улсын нутгаас илэрсэн Хүннүгийн хот суурингийн үлдэгдлүүд ихэвчлэн төвийн бүс нутагт тархсан байх ба цөөн тооны суурингийн үлдэгдэл зүүн бүс нутаг болон өмнө захын нутгаас илэрч олдсон байна. ОХУ-д байх Иволга ба Дурен суурин, Баян-Өндөр, Доод Мангиртай ба Абаканы хэрэмт цайзууд Буриад ба Хакасын нутагт том гол мөрнүүдийн хөндийд байрлах ажээ. Хятадад Хүннүгийн хот суурингийн судалгаа бага хийгдсэн боловч Өвөрмонголын Ордост байх Түнванчэн хот, Шаньси мужийн Шэньмү Дабодүн хотыг дурдаж болно.

Хүннүгийн хот суурин нь гар урчууд ба газар тариалан эрхлэгчдийн суурин, хилийн бэхлэлт цайзууд, шашин мөргөлийн төв, засаг захиргааны төв, үйлдвэрлэлийн төвлөрсөн газар зэрэг олон үүрэг зориулалттай байсан бололтой. Үүрэг зориулалтаас нь шалтгаалан хот суурингийн үлдэцүүд их бага хэмжээтэй, бүтэц зохион байгуулалт нь ч янз бүр байсан бололтой байдаг.

Археологийн судалгаагаар илэрч олдсон эдгээр хот суурингаас гадна хятад түүхийн сурвалжид нэр гардаг боловч хараахан илэрч олдоогүй байгаа хэд хэдэн суурин бий. Тухайлбал, Лунчэн буюу Луут хот, Фань фужэнчэн зэрэг хотуудын тааар сурвалжид нэр дурдсан байх хэдий ч одоогоор ийм нэр бүхий хотыг аль нэгэн археологийн дурсгалтай оноож тогтоосон явдал үгүй байна.

Шороон хэрэмт хотууд. Хүннүгийн үед холбогдох шороон хэрэмт хотууд Монгол нутагт олон бий. Эдгээр нь улс төр-засаг захиргаа, шашин мөргөлийн төв, мөн томоохон үйлдвэрлэлийн төв болж байсан бололтой байдаг. Ийм хотууд хэд хэдээр нэг голын хөндийд цувран байрласан байдаг нь онцлог шинж юм. Тухайлбал, Монголын зүүн бүс нутагт Хэрлэн голын баруун эргийг даган Тэрэлжийн дөрвөлжин, Бүрхийн дөрвөлжин, Хүрээт дов, Өндөр дов, Гуа дов зэрэг 5 шороон хэрэмт хот хоорондоо 30-60 км зайтайгаар хойноос урагш цуварсан байдалтай байрласан байна.

Сурвалжид шороо дэлдэж хэрэм босгоод түүнийгээ дүнз гуалингаар бэхлэж байгуулсан хотуудын тухай өгүүлсэн байдаг. Тухайлбал, Жижи шаньюй Талас голд гадаад ба дотоод хэрэмтэй бат цайз бүхий хотыг хоёр жилийн турш байгуулж суусан түүх бий. Мөн Хүннүгийн Вэй Люй түшмэлийн заавраар шаньюйн өргөөг дээрх маягаар байгуулж байжээ.

Шороон хэрэмт хотууд 110х180 м хэмжээтэй хамгийн жижгээс 400х452 м хэмжээтэй хамгийн том хүртэл их бага хэмжээтэй байдаг. Зарим хот нь тэг дөрвөлжин байхад зарим нь тэгш өнцөгт хэлбэртэй шороон хэрэмтэй байна. Ихэнх хотын хэрэм дотор нэгээс эхлээд хэд хэдэн шороон довжоо бүхий барилгын үлдэгдэл ил харагдаж байдаг. Гэвч хотын талбайн ихэнх хэсэг хоосон бөгөөд соёлт давхарга мэдэгдэхгүй байгаа нь гэр майхан босгож түр зуур суудаг байсантай холбоотой байж болох юм.

Хилийн бэхлэлт суурин. Монголын өмнөд говь нутгийн хойд захаас Хүннүгийн үеийн хэд хэдэн шороон хэрэмт хот-бэхлэлтийн үлдэгдэл илрүүлсэн юм. Эдгээр нь хоорондоо тодорхой хэмжээний зайтай зүүнээс баруун тийш цуварсан байдалтай орших тул хилийн бэхлэлт буюу хил хамгаалах цэрэг сууж байсан суурин хэмээн үздэг. Ийм суурин бэхлэлтээс холгүй зайд шороо дэлдэж хийсэн урт хэрмийн үлдэгдэл илэрдэг нь уг суурингуудыг хил хамгаалах цэргийн суурин гэдгийг илүү тодотгож өгдөг. Эдгээр хилийн бэхлэлт суурингуудаас Өмнөговь аймгийн Номгон сумын төвөөс 30 гаруй км зайд байрлах Баянбулагийн турь, Өмнөговь аймгийн Ханбогд сумын нутагт, улсын хилээс хойшоо 10 гаруй км зайд байрлах Мангасын хүрээ хэмээх шороон хэрэмт суурингууд харьцангуй илүү судлагджээ. Мангасын хүрээ болон Баянбулагийн турь нь элсэн говийн ар тал буюу Борзонгийн говь, Галбын говь гэсэн хоёр том говийн ард хойд өргөргийн 42 хэмийн солбилцолд 200 км зайтай байрлана.

Баянбулагийн турь хэмээн нэрлэгдэх болсон хэрмийг 1957 онд Х.Пэрлээ илрүүлэн малтлага хийж Хүннүгийн үеийн хээтэй ваарны хагархай, төмөр шилбэтэй хүрэл зэв зэрэг эд өлгийн зүйлс болон төмөр үйлдвэрлэж байсан илэрц олсон байдаг. Үүний дараагаар 1976 онд Д.Наваан хэрмийн баруун хойд талд сорилтын малтлага хийж у-шу зоос, хүрэл эдлэл, ваарны хагархай зэрэг эд өлгийн зүйлс олжээ. 1990 онд ШУА-ийн Түүхийн хүрээлэнгийн "Хүннүгийн дурсгал судлах анги" Баянбулагийн турийн хоёр хэсэг газарт бага хэмжээний сорилтын малтлагыг хийж түүхий тоосгоор өрсөн барилгын үлдэц, ваарны хагархай, хүрэл зэв, зоос, элдэв төмөр эдлэл зэрэг олон сонирхолтой олдворууд олсон байна. 2009 онд Монгол-Оросын хамтарсан "Хүрэл зэвсгийн үе, эрт дундад үеийн археологийн дурсгал судлах анги" энэхүү турьд томоохон хэмжээний малтлага хийж олон төрлийн вааран савны хагархай, барилгын материал, хүрэл, төмөр зэв, хуягны төмөр ялтас, холховч нумны хүрэл эд ангиуд, хүрэл зоос, элдэв янзын хүрэл болон төмөр эдлэл зэрэг олон зуун олдвор хэрэглэгдэхүүн цуглуулсан ба 20 орчим хүнийг бөөнөөр нь оршуулсан оршуулга, нохойн ясны үлдэгдэл зэргийг илрүүлсэн байдаг.

Ийнхүү олон удаа хийсэн малтлага судалгааны үр дүнд Баянбулагийн турь нь НТӨ II – НТ I зуунд буюу Хүннүгийн үед холбогдох нь тодорхой болсон билээ. Судлаач З.Батсайхан Баянбулагийн турийг МЭӨ 123 онд Хан улсын цэргийг удирдан ирээд Хүннүд дагаар орсон Жао Синь жанжинд зориулан босгосон хэрэм хэмээн үзжээ. Мөн тэрээр уг суурингаас олдож байгаа хятад хийцтэй шавар сав суулганы хагархай, у-шу зоос, холховч нумын оньс зэрэгт дулдуйдан Хүннүгийн өмнөд хил хязгаарыг батлан сахихын хамт газар тариалан эрхлэх цэрэг сууж байсан болов уу хэмээн дүгнэсэн байна.

Мангасын хүрээ хэмээн хэрэм нь хойд болон өмнө талдаа тус бүр нэг нэг хаалгатай бөгөөд тэдгээрийн өргөн нь 18-19 м, харин хэрмийн өргөн 6-18 м бол өндөр нь 1.62 – 1.7 м байна. Хэрмийн хойд талын хананы урт 130 м, баруун талынх нь 140 м, урд талынх нь 130 м, зүүн талынх нь 132 м байна. Хэрмийн голд ямар нэгэн барилгын ор мэдэгдэхгүй боловч зүүн талын хананаас баруун тийш сунасан байдалтай хоёр богино хананы үлдэгдэл, баруун хойд болон өмнөд хэсэгт сул чулуутай хэд хэдэн жижиг чулуун байгууламжууд бий. Хэрмийн орчмоос төмөр шилбэт хүрэл зэв, ширмэн сүх, вааран савны хагархай зэрэг зүйлс түүвэр байдлаар олсон бөгөөд үүнд тулгуурлан Мангасын хүрээг Баянбулагийн турьтай нэг он цагт буюу НТӨ II – НТ I зуунд хамаарна хэмээн үздэг.

Гар урчуудын тосгон болох хэрэмгүй суурин. Энэ төрлийн дурсгал манай нутгаас цорын ганц илэрсэн нь Сэлэнгэ аймгийн Мандал сумын нутагт Бороо голын баруун эрэгт байрлах дурсгал юм. Илэрсэн голын нэрээр "Бороогийн суурин" хэмээн нэрлэжээ. 1966 онд Монголын нэрт археологич Ц.Доржсүрэн олсон бөгөөд газрын гадаргаас илэрсэн түүвэр олдворуудад үндэслэн уг дурсгалыг Хүннүгийн үед холбогдохыг тогтоожээ. Тэрээр "эдийн боловсролын дурсгалууд их олдож байгаа хөмсөглөж нурсан эрэг ба ан цавийг даган явж үзэхэд дээрээс 20-30 см гүнд зарим газар маш олон ваарны хагархай, чулуу, малын яс, нүүрс цухуйж байх бөгөөд уртаашаа 30 орчим метр үргэлжилж байгаагаас гадна энэ зурвасын зарим газар зөвхөн улаан зурвас харагдаж байна. Үүнээс үзэхэд энэ нь булш хэрхэвч биш харин сууррингийн үлдэгдэл болох нь зайлшгүй. Манай улсын нутагт гэр ахуйн, эдийн боловсролын дурсгалууд маш их олдож болох төлөвтэй Хүннү улсын анхны суурин юм" хэмээн гярхай ажиглаж бичжээ. Мөн тэрээр Хүннү судлал ба тус улсын түүхэнд чухал ач холбогдолтой энэ сууринг манай археологчид ойрын хугацаанд малтаж шинжлэх хэрэгтэй байна гэсэн санал дэвшүүлсэн юм.

Үүнээс хойш 20 гаруй жилийн дараа Монголын археологич Д.Цэвээндорж нар 1987 онд тус сууринг үзэж, түүвэр олдвор цуглуулан эвдэрсэн хоёр байгууламжийг цэвэрлэж үзсэн байна. 1990 онд Д.Цэвээндорж, Унгарын археологич И.Эрдели нар уг сууринд анхны бага хэмжээний туршилтын малтлага үйлдсэн юм. Тэд 6 хэсэг газарт малтлага явуулж 1 газар сууц, хэд хэдэн аж ахуйн зориулаттай нүхэн байгууламж, олон зуун шавар савны олдвор, хэд хэдэн ясан эдлэл зэргийг илрүүлжээ.

2005-2007 оны хооронд Монгол-Швейцарийн археологичид уг сууринд ажиллаж сууррингийн тархалт, бүтэц, зохион байгуулалт, онцлог болон Хүннүгийн үеийн бусад сууринтай ижилсэх талуудыг илрүүлэхийн зэрэгцээ олон мянган олдвор хэрэглэгдэхүүн малтан гаргажээ. Уг сууринд нийт 80 м урт зүсэлт хийж хөндлөн огтлол, соёлт давхаргын байрлал, зузааныг илрүүлсэн. Мөн 5 x 5 м хэмжээтэй 56 талбай буюу 1175 гаруй м2 талбайг бүрэн талбайгаар нээсэн бөгөөд нийтдээ 126 байгууламжийг илрүүлсэн юм. Үүнд, аж ахуйн зориулалттай элдэв нүхнүүд, үр тариа хадгалах зориулалттай зоорь, гал голомтууд орж байна. Түүнчлэн 6 газар сууцийг илрүүлэн малтсан юм. Ерөнхийдөө Бороогийн суурин өмнөд, хойд хоёр дэнж дээр байрласан бөгөөд хойноос урагш 300 орчим м, баруунаас зүүнш 50-80 м өргөнтэй талбайг хамрах бололтой.

Бороогийн суурингаас гарсан олдворуудын ихэнх нь шавар савны хагархай, малын яс байх бөгөөд цөөн тооны яс, чулуу, төмөрлөг эдлэл бас бий. Зарим нэгэн сонирхолтой олдворыг танилцуулья. Юуны өмнө 105-р сууцны дээд хэсгээс гарсан бодын сүүжний ясны хэсэг дээр сийлэн дүрсэлсэн махчин амьдын зураг Хүннүгийн зураасан зургийн урлагийн нэгэн содон бүтээлд тооцогдохоор сонирхолтой олдвор юм. Түүнчлэн энэ хэсгээс дээрээ тэгш өнцөгт дүрс сийлсэн хар өнгийн сланец чулуун бүсний аралын хэлтэрхийнүүд гарсан нь Дархан уул зэрэг газрын Хүннүгийн оршуулгын дурсгалаас илэрдэг хэв шинжит олдвор юм.

Бог малын далны ясаар хийсэн багаж Бороогийн суурингаас олон тоогоор гарсан. Эдгээрийг зарим судлаачид ваарны амсар засах багаж гэж үздэг боловч зарим судлаач малын арьс шир боловсруулахад хэрэглэдэг багаж гэж үздэг билээ. Ясан эдлэлийн дотор мөн жижиг хонгио, бүсний унжлагийн боолт гарсан нь сонирхолтой олдворт тооцогдоно. Шавраар хийсэн эдлэлүүд хэдэн янз гарны дотор тоглоомын хасаа байж болохоор эдлэлүүд, эрүүлийн дунгуй боолтой эдлэл гарсан байна. Ёроолдоо олон нүхтэй шавар савны хагархайнууд олон тоотой гарсан. Ганц ширхэг жижиг хуван савны хэлтэрхий гарсан нь мөн бидний хувьд сонирхолтой олдворт тооцогдоно. Мөн жижиг хүрэл унжлага гарсан нь дээрээ хээ чимэглэлтэй нэлээд сонирхолтой олдвор юм. Эцэст нь 105-р сууцнаас гарсан хос чулуун самбарыг дурдах нь зүйтэй.

Бороогийн сууринг бүрэн гүйцэд малтан судлаагүй, өчүүхэн бага хэсгийг нь малтаад байгаа боловч уг суурин Хүннүгийн үед баттай холбогдох бөгөөд   газар тариалан болон ваар савны урлал эрхэлдэг суурин иргэд амьдран суудаг байсныг тогтоож чадсан юм. Бороогийн суурин нь Буриадын нутагт байх Иволгийн сууринтай бүтэц зохион байгуулалтын хувьд төстэй байгаагаас үзэхэд Хүннүгийн суурьшмал иргэд суурин байгуулах талаар ижил төстэй арга барилтай байжээ хэмээн дүгнэж болох юм.

в. Хүннүгийн үеийн хадны зураг

Хүннүгийн үед холбогдох хадны зургийг тодорхойлон тогтоох нь хэцүү бөгөөд харьцуулан судлах судалгааны материал их хомс байна. Гэвч судалгааны хэрэглэгдэхүүнээс харахад Сүхбаатар аймгийн Цагаан элэгийн хадны зураг, Ховд аймгийн Ямаан усны хавцалын мухлагтай морин тэрэг бүхий хоёр зураг, Говь-Алтай аймгийн Цагаан голын тамга тэмдэг болон оршуулга үйлдэж буй үйл явдлыг харуулсан зураг, Өмнөговь аймгийн Хахуулын голын дөрвөлжин хүрээн доторх тэгш хэмтэй эвэр мэт угалзарсан дүрс, эрээн хайрстай аварга могой, сүүлээ агсан эвхрэн харайж буй мэт барсын зураг, мөн Өвөр Монголын Монь уулын хадны зураг, Горлос мөрний дунд биед орших Арго уулын хадны зураг зэргийг судлаачид Хүннүгийн үед хамруулан үздэг. Мөн Дундговь аймгийн Дэл уулын мухлагт тэрэгний зураг, Баянхонгор аймгийн Сонгинотын хадны зураг дахь давхардуулан зурсан морьтон, нохой, ан амьтдын зургийг Хүннүгийн үед холбогдуулан үзэж болохоор байна.

Хүннүгийн үейин хадны зургийн онцлог нь дүрслэлийн бодит чанар, хөдөлгөөнт байдал гэж болно. Амьтдын давхих хөдөлгөөнийг дүрслэхдээ урд хөлийн нэгийг нугалсан байдалтай, нөгөөг урагш тэнийлгэснээр үзүүлсэн байдаг. Мөн амьтдыг урт нарийнхан биетэй, шавхнуун ба тасрах шахам гурайтсан гэдэстэй зурдаг нь Монгол, ОХУ-ын Уулын Алтай, Тувагийн хүннүгийн үейин хадны зургийн нийтлэг шинж юм.

Хүннүгийн үейин зургууд нь эртний нүүдэлчдийн "амьтны загварт" урлагийн зарим нэг элементүүдийг өөртөө хадгалж үлдсэн боловч илүү загварчилсан, хялбарчилсан гэж хэлж болохоор харагддаг. Энэ үейин хадны зургууд нь нэг талаасаа скифийн үейин урлагтай холбоотой байх боловч нөгөө талаас харвал эртний

Түрэгийн хадны зургийн үндэс суурь болсон гэж үзэж болох юм. Иймээс зарим зургуудыг Хүннү юмуу Түрэгийн үеийн зураг хэмээн ялган тодорхойлоход нэн бэрхшээлтэй байдаг. Хүннүгийн зарим булшнаас олдсон амьтны дүрслэлтэй ясан савны хэсэг, тэрэгний зурагтай үйсэн эдлэл, хүн, адуу, янгирын зурагтай нумын наалт, бүсний хүрэл чимэг дээрх зураг дүрсүүд нь уран сайхны талаасаа Монголын зарим хадны зурагтай ихэд төстэй байгаа юм. Тэдгээрийн нэг онцлог бол буга, тэмээ, үхэр, адуу, янгир, чоно, нохой, муурын төрлийн амьтдыг эсрэг харуулан хос хосоор нь зурдагт оршино. Ийм төрлийн хосмолжин зургуудыг хүннүгийн үед холбогдуулан үзэх боломжтой байна. Ямарваа нэгэн юмыг хосмолжин (симметрийн) аргаар зурдаг нь скиф-сибирийн амьтны загварт урлагийн нэг онцлог бөгөөд Монгол, Ордос, Сибирийн төмрийн түрүү үе, Хүннүгийн үеийн бүсний арал чимэглэлд өргөн ашиглагдаж байжээ. Жишээлбэл, Баян-Өлгий аймгийн Цагаан салаа, Бага Ойгорын хадны зураг дахь өөд өөдөөсөө харсан хоёр янгир, хос адуу, Өвөрхангай аймгийн Тэвш уул, Өмнөговь аймгийн Хавцгайт, Хахуулын голын хадны зураг дахь хос янгирын зургуудыг оруулан үзэж болно. Ийм зургуудын утга учрыг тайлахад хэцүү бөгөөд ийнхүү хоёр тийш нь харуулж дүрсэлсэн дүрүүд нь Евразийн нүүдэлчдийн урлагт түгээмэл тархаж чадаагүй хэмээн үзэж болох юм.

3. Төгсгөлийн үг

Өмнө нэгэнт өгүүлсэнчлэн Хүннү нар бол НТӨ III зууны үеэс хүчирхэгжин түүхийн тавцанд гарч ирсэн нүүдэлчид юм. Тэд Модун шаньюйн үед хөрш зэргэлдээх олон овог аймгийг нэг удирдлага дор зангидаж түүхнээ анх удаа "нүүдэлчдийн төрт улс"-ыг байгуулсан билээ. Хүннүчүүдийн байгуулсан төрт улсын удирдлага зохион байгуулалтын бүтэц болох "аравтын систем"-ийг тэдний дараа төр улсаа байгуулсан бүх үеийн нүүдэлчид, тухайлбал сяньби, жужан, түрэг, уйгар, тэр ч бүү хэл Чингис хааны байгуулсан Монголын Эзэнт гүрэн хүртэл мянга гаруй жил өвлөн уламжилж хэрэглэж ирсэн юм.

Хүннү нар хэдэн зуун жилийн туршид өдгөө "торгоны зам" хэмээн нэрлэгдэх болсон Дундад Азийн нутгаар дайрдаг Ази ба Европ гэсэн эртний соёл иргэншилт хоёр тивийг холбосон худалдааны гол зам, боомтуудыг хяналтандаа байлгаж, тэндээс татвар авч эдийн засгийнхаа суурийг бэхжүүлж байсан бөгөөд Өрнө-Дорнын 2 том соёлт ертөнцтэй шууд харилцаж байсан тул соёлын хувьд харьцангуй эрт "глобалчлагдсан" байжээ.

Хүннү нарын үлдээсэн бичгийн сурвалжийн мэдээ баримт нь тэднийг гол заналт дайснаа хэмээн үздэг, тиймээс ч нэрийг нь хүртэл зориуд доромжлон гутаасан утгатай ханз үсгээр бичиж үлдээсэн хятад сурвалжууд юм. Эдгээр сурвалжийн мэдээнд хэт баригдан хүннүчүүдийг дээрэм тонуулаас өөр зүйл мэддэггүй "хэт бүдүүлэг ард түмэн" хэмээх ойлголт бий болсон байдаг. Харин золоор тэдний үлдээсэн археологийн дурсгалууд Евразийн олон улс орны нутгаас илэрч судлагдах болсон нь энэхүү "хэвшмэл" үзэл баримтлалыг өөрчлөх, засч залруулахад ихээхэн нөлөө үзүүлж байна. Ялангуяа, Хүннү улсын голомт нутаг болох одоогийн Монгол улсын нутаг болон хөрш ОХУ-ын Өвөр Байгал, Тува, Хакас, Уулын Алтай, БНХАУ-ын Өвөр Монгол, Шинжан Уйгарын ӨЗО, Хөхнуур, Ганьсу зэрэг мужийн нутгаас асар олон тооны булш оршуулгын дурсгал, хот суурины үлдэгдэл, хадны зураг зэрэг олдож судлагджээ.

Сүүлийн жилүүдэд Монгол Улсад гэхэд ОХУ, АНУ, Франц, БНСУ, Япон, Унгар, Бельги, ХБНГУ, Швейцарь зэрэг 10 гаруй улсын хамтарсан экспедиц хайгуул болон малтлага судалгаа хийж Хүннүгийн язгууртны булш бунханаас эхлээд жижиг булш, оршуулга, хот суурины туурь, хадны зургийг судлаж байна.

Дээрх судалгаа шинжилгээний үр дүнд хүннүгийн булш оршуулгын байгууламжийн бүтэц, зохион байгуулалт, оршуулгын зан үйлийн асуудлууд, хот сууриин хэлбэр зориулалт, хадны зургийн дүр зохиомж зэрэг олон олон зүйлсийн учир бага багаар тайлагдахын зэрэгцээ тэдний аж ахуй, амьдрлын хэвшил, эдлэж хэрэглэж байсан зүйлс, соёлын хэм хэмжээ, гадаад харилцааны царыг илтгэх олон арван эд өлгийн биет олдворууд ч илэрч мэдэгдсээр байна. Эдгээр нь бичгийн сурвалжид тэмдэглэн үлдээсэн мэдээ баримтыг бататган баримтжуулахын зэрэгцээ алдаа мадаг, илт гуйвуулсан ташаа зүйлсийг ч засч залруулах боломжийг олгож байгаа юм.

Хүннүчүүдийн үлдээсэн археологийн дурсгалыг судлан шинжлэх ажил өнгөрсөн зууны эхнээс эхэлсэн бөгөөд өнгөрсөн хугацаанд малтлага судалгаа хийсэн дурсгалын тоо, илрүүлсэн олдвор эд өлгийн хэмжээ ч харьцангуй их билээ. Тус илтгэлд Хүннүгийн түүх, соёл, археологийн судалгааны үр дүнгийн талаар ерөнхий дурдан танилцуулсан гэдгийг ойлгоно гэдэгт найдаж байна.

🕮 *Холбогдох ном зохиол*

에렉젠 2009 – G. 에렉젠, 몽골 흉노 무덤 연구, 서울대학교 박사학위논문.

Амартүвшин, Ханичёрч 2010 – Ч.Амартүвшин, В.Ханичёрч. Дундговь аймагт хийсэн археологийн судалгаа: Бага газрын чулуу. Улаанбаатар.

Батсайхан 2003 – З.Батсайхан. Хүннү. /Археологи, угсаатны зүй, түүх/, Улаанбаатар.

Баярсайхан, Эгиймаа 2008 – Ж.Баярсайхан, Ц.Эгиймаа. Тахилтын хотгорын 64-р булшны малтлага судалгааны үр дүн. //Талын эзэнт гүрэн-Хүннү симпозимын эмхтгэл, Улаабаатар-Сөүл.

Miller et al, 2011 – Bryan K.Miller, Francis Allard, Diimaajav Erdenebaatar, Christine Lee. A Xiongnu Tomb Complex: Excavations at Gol Mod 2 cemetery, Mongolia(2002-2005). Mongolian Journal of Anthropology, Archaeology and Ethnology 2, Ulaanbaatar.

Ганбаатар 2010 – Я.Ганбаатар. Хүннүгийн түүх, соёл. Улаанбаатар.

Доржсүрэн 1961 – Ц.Доржсүрэн. Умард Хүннү. //Studia Archaeologica, Tom I, fasc 5, Улаанбаатар.

Дуурлиг нарс 2009 – Дуурлиг нарсны Хүннү булш. Үзэсгэлэнгийн каталоги, Сөүл.

Erdelyi 2000 – I.Erdelyi. Archaeological expeditions in Mongolia. Budapest.

Ерөөл-Эрдэнэ 2007-1 – Ч.Ерөөл-Эрдэнэ. Гол модны 20-р булшнаас олдсон "Бэлгэт гөрөөс"-ийн дүрст хөөмөл мөнгөн зэмсэг. //Studia Archaeologica, Tom XXIV, fasc 24, Улаанбаатар.

Ерөөл-Эрдэнэ 2007-2 – Ч.Ерөөл-Эрдэнэ. Хүннү булшнаас олдсон хөлөгт тоглоом. //Studia Archaeologica, Tom XXIV, fasc 19, Улаанбаатар.

Ерөөл-Эрдэнэ, Гантулга 2008 – Ч.Ерөөл-Эрдэнэ, Ц.Гантулга. Умард Хүннүгийн язгууртны нэгэн булшны судалгаа. //Studia Archaeologica, Tom XXVI, fasc 9, Улаанбаатар.

Ерөөл-Эрдэнэ 2010 – Ч.Ерөөл-Эрдэнэ. Хүннүгийн язгууртны оршуулгын дурсгалын судалгаа(Докторын диссертац). УТНС, Улаанбаатар.

Konovalov 2008 – P.B.Konovalov. The Burial Vault of a Xiongnu Prince at

Sudzha(Il'movia Pad', Transbaikalia). Bonn.

Le preimier 2003 - Le preimier Empire des Steppes. Actes sud, Paris.

Miniaev, Sakharovskaia 2006 - S.S. Miniaev, L.M. Sakharovskaia. Investigation of a Xiongnu Royal Complex in the Tsaraam Valley. //The Silk Road 4/1.

Miniaev, Sakharovskaia 2007 - S.S. Miniaev, L.M. Sakharovskaia. Investigation of a Xiongnu Royal Complex in the Tsaraam Valley Part 2: The Inventory of Barrow No. 7 and the Chronology of the Site. //The Silk Road 5/1.

Монгол 2003 - Монгол Улсын түүх. Тэргүүн боть, Улаанбаатар.

Морин толгой 2003 - Моринтолгойн Хүннүгийн үейин булш. МҮТМ, ШУА-ийн Түүхийн хүрээлэн, СҮМ. Сөул.

Polosmak и др 2008 - Н.В. Полосьмак, Е.С. Богданов, Д.Цэвээндорж, Н.Эрдэнэ -Очир. Изучение погребального сооружения кургана 20 в Ноин-уле(Мон голия). //Археология, этнография и антропология Евразии. 2(34), Ново сибирск.

Пэрлээ 1961 - Х.Пэрлээ. Монгол Ард Улсын эрт, дундад үейин хот суурины тов чоон. Улаанбаатар.

Руденко 1962 - С.И.Руденко. Культура Хуннов и Ноинулские курганы. Москва-Ленинград.

Сүхбаатар 1980 - Г.Сүхбаатар. Монголчуудын эртний өвөг. Улаанбаатар.

Umehara 1960 - Sueji Umehara. Studies of Noin-Ula finds in North Mongolia. The Toyobunko. Tokyo.

Төрбат 2004 - Ц.Төрбат. Хүннүгийн жирийн иргэдийн булш. Улаанбаатар.

Төрбат нар 2003 - Ц.Төрбат, Ч.Амартүвшин, У.Эрдэнэбат. Эгийн голын сав нут аг дахь археологийн дурсгалууд. Улаанбаатар.

Төрбат (эмхтгэсэн) 2011 - Хүннүгийн толь бичиг. Улаабаатар.

Худгийн толгой 2004 - Худгийн толгойн Хүннүгийн үейин булш. МҮТМ, ШУ А-ийн Археологийн хүрээлэн, СҮМ. Сөул.

Цэвээндорж 1987 - Д.Цэвээндорж. Хүннүгийн археологи. Монголын археологи. //Studia Archaeologica, Tom XII, fasc 4, Улаанбаатар.

Цэвээндорж 1989 - Д.Цэвээндорж. Хиргист хоолой, Оньтолтын хүннү булш.

//Studia Historica, Tom XXIII, fasc 8, Улаанбаатар.

Цэвээндорж 1990 – Д.Цэвээндорж. Худгийн толгой, Солби уул, Наймаа толгойн Хүннү булш. //Studia Historica, Tom XXIV, fasc 11, Улаанбаатар.

Цэвээндорж 2000 – Д.Цэвээндорж. Бага газрын чулуу, Тарвагатай, Хүүшийн хөт өл, Баруун хайрханы Хүннү булш. //Studia Archaeologica, Tom XII, fasc 4, Улаанбаатар.

Цэвээндорж нар 2008 – Д.Цэвээндорж, Н.В. Полосьмак, Н.Батболд, Н.Эрдэнэ-О чир, М.Цэнгэл. Ноён уулын Хүннүгийн язгууртны 20-р булшны судалга а. //Studia Archaeologica, Tom XXIV, fasc 24, Улаанбаатар.

Эрэгзэн 2007 – Г.Эрэгзэн. Монголын Хүннү булшийг хэлбэрээр ангилах нь. //Studia Archaeologica, Tom XXIV, fasc 16, Улаанбаатар.

Эрэгзэн нар 2008 – Г.Эрэгзэн, Н.Батболд, Д.Базаргүр, П.Алдармөнх, Жан Өнжо н, Хуанбо Чансо. Дуурлиг нарсны Хүннү булшны судалгаа. Талын эзэн т гүрэн-Хүннү симпозимын эмхэтгэл, Улаанбаатар-Сөүл.

알타이 지역 고대 성곽의 고고학적 연구 성과

바실리 소요노프

고르노알타이스크 국립대학교(러시아 알타이 공화국) 교수,
투르크 제민족 역사·문화 연구센터장, 역사학 박사

1. 서론

지리학자들에 따르면 알타이는 알타이-사얀 지형대의 일부인 알타이 산악지대에 속한다. 현재 알타이 산악 지형은 오랜 시간에 걸쳐 이루어진 지각변동으로 형성되었다. 이곳에는 선캄브리아기, 고생대, 중신생대(meso-cenozoic) 등 다양한 연령대의 암석(화강암, 결정편암, 적색의 화산분출물, 석회암, 대리석 등, 그 외도 산의 붕괴로 인해 형성된 충적토-자갈, 모래, 점토)이 분포되어있다 〔Маринин А.М., Самойлова Г.С., 1987〕.

현재 알타이 공화국 내에 있는 알타이 산은 시베리아 지역에서 가장 높다. 산괴(山塊, massif, Massiv)의 대부분이 높이 3-4천 미터를 넘는다. 산맥들은 일정한 규칙에 따라 배치되어있는데, 가장 높은 산맥은 중앙아시아에 위치하고 있다 〔Атлас Республики Алтай, 2010〕.

이 지역의 경우 혹독한 대륙성 기후임에도 불구하고 자연과 기후조

건이 매우 좋기 때문에, 초기 구석기 시대부터 많은 사람들이 이 지역으로 이주하여 정착하였다 [Соенов В.И., Трифанова С.В., 2013]. 알타이 지역에서는 고대 시대를 직접 언급하는 문헌사료가 아직 발견되지 않고 있다. 하지만 중세 시대에 대한 문헌사료로는 여러 이본(異本)들이 존재한다. 이것은 투르크 문자, 룬 문자, 위구르 문자로 쓰인 여러 종교적 성격을 지니고 있는 짧은 글이나 묘비에 새긴 비명들이다 [например: Кызласов И.Л., 1994; 2002; Кочеев В.А., 2006; Тишкин А.А., 2006]. 이러한 고고학적 자료(고고학자들이 발굴 도중에 습득한 인류학적, 생물학적 유물들을 포함)와 언어학적 자료는 고대와 중세 알타이 주민의 생활상을 살펴보는 데 있어 주요한 자료라고 할 수 있다. 현재 고고학적 자료로는 고대 인공유물들, 고고학적 유물 형태의 인위적인 흔적들, 인류의 활동 흔적들 외에도 고유전학(古遺傳學)적 연구 결과물들이 있다.

고고학적 유물들은 알타이 전 지역에서 발견되며, 주로 계곡과 산간 분지에 분포되어 있다 [Соенов В.И., 1993]. 유명한 알타이 지역의 유물들은 대중매체와 인터넷을 통해 널리 알려져 있다. 특히 구석기시대 유적지로 울라린카, 카라-봄, 카라마, 데니소바 동굴 (알타이 명칭 - 아이우-타쉬), 우스찌-칸 동굴(알타이 명칭 - 알므이스투)와 파지리크 문화의 지배층 무덤(파지리크, 투엑타, 쉬베, 바샤다르, 아크-알라하)이 유명하다 하겠다.

대중들이 잘 알지 못하지만, 주로 학계의 주목을 받는 유적으로는 여러 시대에 축조된 매장 시설물과 종교적 시설물, 조각상, 기념비, 비명, 바위 예술 유적 등이 있다. 그리고 알타이 지역의 취락지, 방어시설, 관개시설, 산업중심지에 관해서는 소수의 전문가들만이 알고 있다. 이 중에서도 가장 알려지지 않은 알타이 유물로는 성곽, 즉 해자, 보루, 장벽으로 둘러싸인 고대 취락지의 흔적 등을 들 수 있다.

본고에서는 알타이 지역의 성곽에 관한 연구 초기단계의 결과에 대해 이야기하고자 한다. 성곽은 그 특성상 독특한 연구 자료이며, 이것에 관한 연구는 향후 군사건축술 복원과 남부 시베리아와 중앙아시아 지역의 역사-문화 발전과정을 연구하는 데 중요한 역할을 할 것이다.

알타이의 계곡과 산간분지는 외부의 접근이 용이하지 않았기 때문에 그곳의 주민들은 마을을 요새화하거나 방어시설을 만들 필요가 없었다. 천연방어력을 갖춘 자연지형 덕분에, 외부인들은 마을과 그 주변 지역, 그리고 물품 제조에 필요한 자원이 산재한 지역에 접근할 수 없었다 〔Cоенов В.И., Трифанова С.В., 2010б〕. 그렇기 때문에 역사시대 대부분의 기간 동안 이 지역의 주민들은 마을을 요새화하거나 평원에 방어시설을 구축하지 않았다. 그럼에도 불구하고 현재 학자들이 알타이의 주요 강인 카툰강 분지에서 7개의 성곽(체렘샨, 만제로크, 바란골, 니즈니이 체포쉬-3, 니즈니이 체포쉬-4, 예무를린스키이, 얄로만)을 발견하였다 〔Cоенов В.И., Cоенов Д.В., Константинов Н.А., 2016〕. 만약, 알타이 지역 주민들이 인공적으로 성곽을 축조하지 않았다면, 누가 언제 이 성곽을 축조했는가에 대한 의문이 든다. 알타이 지역에 성곽이 존재한다는 사실은 모순적이며 특이하기 때문에 좀 더 많은 연구와 설명이 필요할 것이다.

2. 성곽연구사

알타이 지역 성곽에 관한 신빙성 있는 최초의 기록물은 19세기 말에 쓰인 것이다. 방어구축물을 갖춘 마을의 흔적이 이렇게 늦게 발견된 이유는, 알타이 지역에 위치한 성곽들 대부분이 카툰강 단구의 상단, 즉 방어적 측면에서 가장 유리한 입지인 접근하기 힘든 곳에 자리 잡고 있었으며, 현재 이 단구들은 얄로만 성곽을 제외하고는 모두 수풀과 관목들로 뒤덮여 있어서 쉽게 발견하기 어려웠기 때문이다. 이 외에도 20세기까지 역사학자들과 고고학자들 대부분이 시베리아 토착민들의 사회와 경제 상태가 보수적이며 오랫동안 정체되어 있었을 것이란 생각을 했기 때문에, 이 지역에서 고대 요새나 도시 흔적을 찾으려는 시도조차 하지 않았기 때문이다 [Кызласов Л.Р., 2006].

알타이 지역의 요새화된 취락지 흔적을 언급한 최초의 신빙성 있는 기록물은 연구자들의 연구물이 아니라, 알타이 정교회 신부인 표트르 베네딕토프가 1892년에 작성한 서신이었다 [Соенов В.И., 2004a]. "바르나울시의 알타이 지역 연구 애호가협회"에 보내는 이 서신에는 다음과 같이 기록되어 있다: "체포쉬 근처, 카툰강 유역에 고대 성곽이나 군사 야영지 흔적이 있는 한 장소가 있습니다. 이곳을 둘러싼 해자와 보루들이 눈에 띕니다. 우리 지역에 이런 흔적들이 많이 발견된다고 들었습니다". 이 후에 베네딕토프 신부는 체포쉬 근처에 위치한 또 다른 장소에 대해 언급하면서, 그곳에 깊이 파여진 큰 원형의 도랑이 있다고 기록하였다. 신부가 기록한 알타이족의 전설에 따르면 이 도랑은 말뚝에 묶인 용사의 말이 그 주변을 빙빙 돌아서 만들어진 것이라고 한다.

고고학 전문가들과 지역 역사학자들은 20세기 후반이 되어서야 알타이 지역의 성곽에 관심을 보이기 시작했다 [Соенов Д.В., 2012]. 비이스크시(市) 지역역사박물관에 근무하는 V.N. 카디코프는 1950년대 말 또는 1960년대 초에 북부 알타이 지역에서 체렘샨 성곽과 만제로크 성곽을 발견하였다. 그의 발견은 알타이 지역의 요새화된 취락지 연구에 있어서 중대한 사건이었다. 왜냐하면 그 당시 베네딕토프 신부가 19세기

말에 기록한 체포쉬 마을 인근의 성곽에 관한 문서가 아직 학계에 소개
되지 않았기 때문이다. 그러나 안타깝게도 당시의 고고학자들은 이 유
적에 관심을 보이지 않았다. 이 지역에서 탐사작업이나 발굴작업이 이
루어지지 않았음에도 불구하고 성곽이 두 개나 발견되었다는 것은 적어
도 북부 알타이 지역, 즉 산의 낮은 지대에 이와 유사한 고고학적 유적
들이 발견될 가능성이 있음을 명확히 보여주고 있다.

1980년대 초 바르나울시(市)의 고고학자 S.V. 네베로프는 중앙 알타
이 지역에서 얄로만 성곽을 발견하였다. 이 성곽은 현재까지도 북부 알
타이 지역이 아닌 다른 지역에서 발견된 유일한 성곽이라는 점에서 우
리의 흥미를 유발한다 [Соенов В.И., Соенов Д.В., Константинов Н.А., 2016].

베네딕토프 신부가 언급한 유적은 거의 100년이 지나서야 전문적인
고고학자들에 의해 발견되어 연구되었다. 1986년에 바르나울시(市)의
고고학자인 P.I. 슐가가 니즈니이 체포쉬-3 성곽을 발견했으며, 그 이
후에 니즈니이 체포쉬-4 성곽을 발견하였다 [Степанова Н.Ф., Соенов В.
И., 2009; Шульга П.И., Тишкин А.А., Соенов В.И., 2010; Шульга П.И., 2015].

2006년에는 노보시비르스크시(市)의 고고학자인 А.Р.보로도프스키가
바란골 성곽을 발견하였다 [Бородовский А.П., 2007].

1980년대 말 S.M. 키레예프, T.N. 트로이츠카야, V.I. 소예노프,
P.I. 슐가, A.A. 티쉬킨, A.P. 보로도프스키, I.L. 크이즐라소프 등의
고고학자들이 알타이 지역의 성곽 현지조사를 실시하였다. 그때 지표유
물들을 수집하였으며, 시굴작업과 유물 세척, 유적 상세기록, 유적지
실측도 또는 목측도 작성과 같은 작업을 행하였다.

가장 괄목할 만한 성과는 2009년-2013년에 실시한 "알타이 지역의
고대와 중세의 방어시설" 프로젝트에서 얻게 된다. 이 프로젝트 덕분에

예무를린스키이 성곽을 찾을 수 있었다. 북부 알타이 지역의 모든 성곽을 대상으로 한 시굴 조사를 통해 상세한 연구를 하였으며, 니즈니이 체포쉬-3과 니즈니이 체포쉬-4유적에는 방어 시설을 가로지르는 통행로를 설치하였다 〔Соенов В.И., Трифанова С.В., Константинов Н.А., Штанакова Е.А., Соенов Д.В., 2011; Soenov V., Konstantinov N., Trifanova S., Soenov D., Konstantinova E., 2015〕. 이 성곽의 연구에 자연과학, 기술분야의 많은 전문가들이 참여하였다1).

대부분의 방어 시설들은 현재 경제활동이나 건축이 활발하게 이루어지고 있는 지역에 위치해 있기 때문에, 2013년부터 2016년까지 알

---

1) 고르노알타이스크 주립대학교 교수학습지원부장 A.V. 쉬토프가 니즈니이 체포쉬-3 성곽과 니즈니이 체포쉬-4성곽의 일부 구역에서 자력탐사를 하였으며, 고르노알타이스크 주립대학교 지구물리학연구소 연구원인 A.I. 바키야노프는 예무를린스키이 성곽 일부 구역에서 자력탐사를 하였다. 고르노알타이스크 주립대학교 자연지리학과 조교수인 N.A.코체예바가 니즈니이 체포쉬-3 성곽과 니즈니이 체포쉬-4 성곽이 위치한 단구들의 구조에 대해 연구하였다. 고르노알타이스크 주립대학교 동물학,생태학,유전학과 조교수인 N.P. 말코프는 니즈니이 체포쉬-3 성곽의 구덩이 세 곳에서 발견한 동물의 유골들을 임으로 규정하였다. 케메로보 주립대학교 학술연구소의 S.S. 오니쉔코 박사는 니즈니이 체포쉬-3성곽과 니즈니이 체포쉬-4 성곽에서 발견한 뼈로 만든 유물들을 대상으로 고생물학적 연구를 하였다. 러시아 과학 아카데미 시베리아 지부의 지질학 및 광물학 연구소의 신생대 지질학 및 고기후학 연구실에 근무하는 L.A. 오를로바, 러시아 과학 아카데미 물질문화사 연구소 고고학기술연구실의 연구원 G.I. 자이쩨바 박사와 N.D. 부로바 박사, 그리고 러시아 과학아카데미 시베리아 지부 기후 및 생태시스템 모니터링 연구소의 G.V. 시모노바 박사는 니즈니이 체포쉬-3성곽과 니즈니이 체포쉬-4 성곽의 토양과 목탄을 분석하여 방사성탄소 연대를 측정하였다. 고르노알타이스크 주립대학교 투르크 민족 역사 문화 연구센터의 E.A. 콘스탄티노바 박사는 니즈니이 체포쉬-3 성곽에서 발견한 뼈로 제작한 물건들을 과학기술적 방법으로 분석하였다. 바르나울 시(市)에 위치한 러시아 과학아카데미 시베리아 지부 고고학 및 민속학 연구소의 남부 시베리아 고고학 및 민속학 연구실에 근무하는 N.F. 스테파노바 박사와 고르노알타이스크 주립대학교의 고대 시베리아 및 중앙아시아 학술연구소에 근무하는 I.A. 니콜라예프는 니즈니이 체포쉬-3성곽과 니즈니이 체포쉬-4 성곽, 그리고 만제로크 성곽에서 발견한 도자기들을 과학기술적 방법으로 사전 연구하였다.

타이 지역의 성곽에 대한 조사와 성곽 보전에 대한 모니터링을 지속
하였다.

3. 지형·지리적 특성

북부 알타이 지역에 있는 성곽들은 모두 단구에 축조되었다. 이들은
거리상 서로 멀리 떨어져 있지 않고, 지형·지리적으로도 완전히 동일
한 곳에 위치하고 있다. 이들은 카툰강 우안 유역(산의 중간지대에 형성된
스텝 지형이 나타나기 전의 산구릉 지대와 산의 저지대에 형성된 습한 산림-타이가
지역 주변)에서 발견되는데, 동일한 식물상과 동물상을 지니고 있으며 단
일한 지형대와 기후대가 나타난다. 좀 더 자세히 설명하자면, 카툰강
우안 유역에는 여러 골짜기에서 흘러나오는 카툰강 지류들이 있는데,
골짜기들의 하구에서 얼마 떨어지지 않은 곳에 지류의 하구가 나타나
며, 이 하구의 왼쪽에 단구가 형성되어 있다. 성곽들은 이 단구의 상단
서북쪽에 자리잡고 있다 [Киреев С.М., 1991; Бородовский А.П., 2002; 2007;
Тишкин А.А., 2002; Шульга П.И., Тишкин А.А., Соенов В.И., 2010; Соенов
В.И., Трифанова С.В., Константинов Н.А., Штанакова Е.А., Соенов Д.В.,
2011; Соенов В.И., Соенов Д.В., Константинов Н.А., 2016]. 북부 알타이 지
역에서 발견된 여섯 번째 성곽인 예무를린스키이 성곽만이 카툰강 좌안
유역에서 발견되는데, 이것은 골짜기에서 흘러나온 카툰강 지류인 예무
를라 강의 하구 유역에 형성된 단구 상단의 동남쪽에 위치해 있다 [Соен
ов В.И., 2012; Соенов В.И., Константинов Н.А., Соенов Д.В., Трифанова С.В.,
Бакиянов А.И., 2013]. 이처럼 예무를린스키이 성곽과 다른 성곽들의 입

지와 형세의 차이는 미미하다. 그러므로 지형적 조건으로 봤을 때 예무르린스코예 성곽이 비록 다소 역대칭으로 배치되긴 했지만, 북부 알타이 지역의 다른 성곽들과 동일한 것으로 볼 수 있다.

얄로만 성곽은 곳에 세워졌으며, 전혀 다른 지형지리적 조건에서 축조되었다. 중앙알타이 산의 중간지대의 스텝화된 산간분지에 세워진 이 성곽은 북부 알타이 지역의 성곽들로부터 직선거리로 기껏해야 130킬로미터 정도 떨어져 있다. 그러나 카툰강 분지의 험준한 지역을 지나서만 도달 할 수 있다는 점을 고려한다면 이 성곽들 간의 거리는 매우 멀다고 볼 수 있다. 지형적 측면에서 봤을 때 얄로만 성곽이 독립되어 있는데, 이것 또한 알타이 지역의 다른 성곽들과의 차이점이다 [Соенов В. И., Соенов Д.В., Константинов Н.А., 2016]. 골짜기에서 흘러나오는 지류의 하구 유역 형성된 하안단구 최상단의 가장자리 부분에 세워진 북부 알타이 지역의 성곽들과는 달리, 이 성곽은 하안단구 세 번째 단인 길게 뻗은 곳 부근에 형성된 볼쇼이 얄로만강과 카툰강의 합류지점에 축조되었다.

대체로 이 성곽들은 현재 인간이 생활하기에 매우 적합하거나 살기 편한 지역에 위치하고 있다 [Сухова М.Г., Русанов В.И., 2004].

4. 방어시설의 특징

현재 알타이 지역의 성곽 방어시설들로는 무너진 "보루", 해자, 붕괴된 석조구조물이 있는 구역이 발견되었다. 이 흔적들의 일부는 완전히 파괴되어 특별한 지구물리학적 방법이나 발굴 작업 없이는 조사가 불가능하다. 급작스럽게 붕괴된 체렘샨 성곽을 제외하고는 고고학적 탐사와 발굴작업을 통해 성곽들에 나타난 방어시설의 주요 특징을 살펴 볼 수 있었다. 성곽들의 규모는 다양하며 둥근 모양을 하고 있다. 북부 알타이 지역 성곽의 한 면은 가파르게 경사진 자연 절벽과 접해있으며, 다른 세 면에는 독특한 방어시설이 구축되어있다. 중앙알타이 지역의 얄로만 성곽에는 이런 가파른 경사면이 보이지 않는데, 이는 흩어지기 쉬운 모래와 자갈로 구성된 충적지대에 곳이 형성되어 있기 때문이다. 평면도상에서 방어시설의 형태를 살펴보면 성곽들은 모두 부정형(不定形)이다. 북부 알타이 지역의 카툰강 우안에 위치한 4개의 성곽들은 남쪽과 동남쪽에 보루와 해자를 여러 겹으로 설치하여 가장 견고한 방어라인을 구축하였다. 얄로만 성곽은 방어력이 높은 지형조건을 갖추고 있음에도 불구하고 서쪽과 북쪽이 보강되어있다. 니즈니이 체포쉬-4 성곽의 안쪽에는 성채가 축조되어 있다. 성곽에는 입구, 망루, 능보 등이 추가적으로 설치되었다. 북부 알타이 지역의 성곽들에서 발견된 해자는 도랑을 파서 만든 것으로, 폭이 최대 2미터이며, 깊이는 최대 1.5미터이다. 중앙 알타이 지역의 얄로만 성곽의 해자만이 예외적인데, 깊이는 다른 성곽들과 비슷하지만 바닥 면의 폭이 최대 6미터에 이르다 성곽의 "보루"는 붕괴된 성벽의 잔재들인데, 특별한 보루를 쌓지는 않은 것으로 보인다. 이 성곽들을 축조할 때 미가공된 벽돌 또는 구운 벽돌을 사용한 흔적은 아직 발견되지 않았다. 판축기법 또한 사용하지 않은 것으로 보인다. 성벽은 말뚝이나 통나무 골조로 만든 구조물을 2열로 세워 그 안에 점토질의 흙을 넣어 만든 것으로 추정된다. 니즈니이 체포쉬-3과 니즈니이 체포쉬-4 성곽의 보루 밑에는 두 개의 구덩이가 있는데, 이것은 아마도 망루의 토대를 넣거나 말뚝으로 구성된 방어시설을 땅에 박기 위해 만든 것으로 추정된다. 얄로만 성곽 벽은 내부를 조약돌, 자갈, 흙으로 채운 통나무 벽과 돌로 쌓은 벽, 그리고 점토로 만든 벽이 존재한다. 이곳에서는 아직 발굴 작업이 이루어지지 않았기 때문에, 지금 알타이 지역 성곽 내부의 시설물 배치에 관해 얘기하는 것은 어렵다. 시설물들이 세워졌던 단구들은 잔디로 빼곡히 뒤덮여 있고 수풀이 무성하게 자라 있다. 그렇기 때문에 단지 북부 알타이 지역의 일부 성곽들에서만 주거용 구덩이들이 별개로 발견되었다. 얄로만 성곽터에서는 특별히 높게 만든 가옥의 토대가 보이는데, 이것은 가옥들이 지상주거형식을 취하고 있었음을 시사하고 있다.

5. 용구

알타이 지역의 성곽을 탐사 및 발굴하면서 여러 유형의 물리적 유물들을 발견하였다. 이 유물들을 통해 유적지에 거주한 주민들의 생활상을 살펴보았으며, 그곳의 시설들이 어떤 시기에 만들어 졌으며, 어떤 문화에 속하는지를 알아보았다. 인공유물들 대부분은 니즈니이 체포쉬-3 성곽을 발굴할 때 습득한 것들이다. 알타이 지역의 다른 성곽에서는 주로 도자기 파편들과 생업기구(깨진 공이 조각, 곡물갈판, 물레)들이 출토되었다. 이 지역에 세워진 성곽들의 문화층에 묻혀있는 저장품, 반제품, 작업폐기물들은 점토, 뼈, 뿔, 돌 등으로 만든 것이다. 철제품은 보존되어 있지 않다.

물품들은 그 용도에 따라 무기 부속품, 생활용품과 화장용품, 장신구와 종교용품, 생업기구, 도자기로 분류된다. 알타이 지역의 성곽에서 습득한 물품들의 일부(흉노족 유형의 활에 붙이는 뼈나 뿔로 만든 덧판, 화장용 솔, 유아용 침대에 나있는 소변 배출관, 도자기)는 연대 측정이 가능하였다. 이 유물들을 통해 유적과 제품들은 흉노-사르마트 시대의 것으로 편년된다. 다른 제품들(뼈나 뿔로 만든 화살촉, 동물의 복사뼈, 물고기의 추골로 만든 목걸이, 발톱으로 만든 드리개, 도자기와 뼈로 만든 물레, 도자기로 만든 밀개, 돌로 만든 괭이, 숫돌, 뿔로 만든 뚜르개, 돌로 만든 공이, 돌로 만든 곡물갈판) 또한 기원후 1천 년의 전반기로 편년된다. 본고에서는 인공유물 편년에 대해 상세하게 살펴보지는 않겠다. 그러나 필자와 다른 연구자가 공동 집필한 단행본에는 이와 유사한 제품들이 소개되어있으며, 또한 편년의 논거가 기술되어 있다 [Соенов В.И., Соенов Д.В., Констант инов Н.А., 2016]. 이 책은 무료도서관 인터넷 사이트에서 쉽게 접할 수 있다.

6. 연대 편년과 문화 정체성

알타이 지역 성곽들의 지형을 연구함으로써 지형지리적 입지 조건의 규칙성을 발견할 수 있었다. 북부 알타이와 중앙 알타이 지역의 카툰강 우안과 좌안에서 방어구축물을 갖춘 취락지의 흔적이 나타났다. 북부 알타이 지역의 성곽들은 모두 하안단구의 상단에 세워졌으며, 중앙 알타이 지역의 얄로만 성곽은 곳에 세워졌다. 북부 알타이 지역의 성곽들이 서로 지형지리적으로 유사한 특징을 지니고 있다는 것은 이들이 동일한 문화-연대에 속해있음을 말해주는 것이다. 얄로만 성곽의 입지적 특성과 규모는 북부 알타이 지역 성곽들의 그것과는 차이를 보이는데,

이는 두 지역의 성곽들이 서로 연관성이 없음을 보여주는 것이다. 이 외에도 방어시설의 건축양식과 건축형식의 차이 역시 이를 시사하고 있다. 북부 지역의 산구릉 지대에 세워진 방어구축물을 갖춘 취락지 흔적과 알타이 지역의 성곽들을 비교함으로써 북부 알타이 지역 성곽 의 연대를 설정할 수 있었으며, 사용한 성곽 축조기술의 기원을 밝힐 수 있었다.

벤진합성법과 액체섬광계측법을 이용하여 니즈니이 체포쉬-3성곽 과 니즈니이 체포쉬-4 성곽에서 채취한 토양과 목탄 시료들을 분석하 여 일련의 방사성 탄소 연대를 산출하였다. 2009년 러시아 과학아카 데미 시베리아 지부 지질학 및 광물학 연구소의 신생대 지질학 및 고 기후학 연구실의 방사선 탄소 연대 측정팀의 분석결과는 다음과 같 다: COAH (과학아카데미 시베리아지부)-7852 - 1940±60년; COAH -7853 - 2010±40년; COAH-7854 - 1350±45년; COAH-7855 - 1100±70 년; COAH-7856 - 1940±40년; COAH-7857 - 2610±40년; COAH-7858 - 토양의 유기물량이 부족하여 견본의 연대 측정 불가능; COAH-7859 - 2370±85년; COAH-7860 - 1820±80년; COAH-7861 - 1790±45년 [Co енов В.И., Трифанова С.В., 2010a; Соенов В.И., Трифанова С.В., Константино в Н.А., Штанакова Е.А., Соенов Д.В., 2011].

95.4% 신뢰구간 보정프로그램REV 4.3과 OxCal v.3.0를 이용하여 시행한 보정연대는 서로 차이가 있는데, <표 1>에 표시되어 있다.

<표 1> 신뢰구간 95.4%의 COAH - 7852-7861 보정연대

시료번호	출토유적지	시료종류	REV 4.3	OxCal v.3.0
COAH-7852	니즈니이 체포쉬-4	석탄	기원전 86년 - 기원후 229년	기원전 60년 - 기원후 230년
COAH-7853	니즈니이 체포쉬-4	석탄	기원전 154년 - 기원후74년	기원전 160년 - 기원후 80년
COAH-7854	니즈니이 체포쉬-4	토양	기원후 610년 - 772년	기원후 600년 - 780년
COAH-7855	니즈니이 체포쉬-4	토양	기원후720년 - 1146년	기원후 710년 - 1050년
COAH-7856	니즈니이 체포쉬-3	토양	기원전 44년 - 기원후 135년	기원전 50년 - 기원후 140년
COAH-7857	니즈니이 체포쉬-3	토양	기원전 893년 - 593년	기원전 900년 - 590년
COAH-7858	니즈니이 체포쉬-3	토양	-	-
COAH-7859	니즈니이 체포쉬-3	토양	기원전768년 - 210년.	기원전 800년 - 200년
COAH-7860	니즈니이 체포쉬-3	토양	기원후26년 - 396년	기원후20년 - 400년
COAH-7861	니즈니이 체포쉬-3	석탄	기원후125년 - 380년	기원후 120년 - 380년

이처럼 토양 시료를 대상으로 측정하여 산출된 4개의 연대의 폭은 크다(기원전 900년부터 기원후 1146년까지). 나머지 다섯 개의 보정연대(세 개는 목탄 시료를 사용하여 측정한 연대이며, 두 개는 기둥구멍과 해자 바닥에서 채취한 토양 시료를 측정한 연대이다)는 기원전 160년-기원후 400년으로 나타난다. 위의 연대를 바탕으로 방사성 탄소 연대 오차를 반영하여 68.2% 신뢰구간의 연대보정을 실시하면 북부 알타이 지역의 방어구축물을 갖춘 취락지가 축조된 시기는 기원전 1세기-기원후 3세기로 여겨진다. 아직까

지 연대의 폭이 크긴 하지만 신뢰도는 높게 나타난다 [Соенов В.И., Триф
анова С.В., Константинов Н.А., Штанакова Е.А., Соенов Д.В., 2011]. 차후에
새로운 유물이 발견되고, 또 새로운 자연과학적인 방법을 이용한다면
성곽에 대한 연대 범위가 재조정될 수 있을 것이다. 2013년-2014년에
러시아 과학아카데미 물질문화사연구소의 고고학기술 실험실(Ле-10304,
Ле-10305)과 러시아 과학아카데미 시베리아지부의 기후 및 생태시스템
모니터링 연구소(ИМКЭС-14C702, ИМКЭС-14C705)가 니즈니이 체포쉬-4
성곽에서 4개의 시료를 추가로 채취했으며, 이들을 대상으로 방사성 탄
소 연대를 측정하였다. 이때 산출된 4개의 연대는 아직도 유효한 것으
로 인정된다 [Соенов В.И., Соенов Д.В., Константинов Н.А., 2016]. 탄소의
베타입자를 측정할 때에도 섬광계측법이 사용되기 때문에, 산출된 시료
의 연대가 그리 상이하게 나타나지 않는다. 현재 AMS 기법으로 연대를
측정하려고 하고 있으며, 이것으로 인해 절대 연대가 수정될 가능성이
있다.

　성곽이 언제 축조되었으며, 어떤 종족문화에 속하는지를 구분하기
위해서는 용구들을 비교, 분석하는 것이 가장 효과적인 방법이다. 용구
들로 판단컨대, 북부 알타이 지역의 성곽은 흉노-사르마트 시대에 축조
된 것으로 추정된다. 방사성 탄소 연대측정법으로 얻은 일련의 연대들
을 보정하여 절대 연대로 환산하였다. 이미 언급한 바와 같이 이 연대
는 편차의 범위가 크게 나타난다는 단점이 있다. 그러나 이전 시기의
유적지들에서는 나타나지 않았던 고고학적 유물들이 발견된 것으로 보
아, 성곽들을 기원후 2-3세기, 즉 중앙아시아에서 선비족이 활약하는
시기에 지어진 것으로 편년해도 무방할 것이다.

　이 시기 알타이 지역과 알타이 산구릉 지대에 위치한 방어구축물을

갖춘 취락지(얄로만 성곽 제외)에서는 시베리아 건축형식이 나타나는데,
이 건축형식은 후기 신석기 시대에 방어시설을 축조할 때 이미 사용되
었다 [Матющенко В.И, Чемякин Ю.П., Борзунов В.А., 1994; Борзунов В.А.,
1994г; Кызласов Л.Р., 2006]. 방어구축물을 갖춘 취락지에서 나타나는 시
베리아 건축형식의 주된 특징은 단구 가장자리와 곶에 배치된 성곽, 나
무 또는 나무와 돌을 혼합해서 만든 방어시설, 급경사의 벽면, 크지 않
은 해자 등이 있다. 취락지 내부의 방어시설 건축에 사용된 시베리아
건축형식은 청동기 시대에 완성되었는데, 스키타이 시대와 흉노-사르마
트 시대, 중세 시대, 그리고 현재에도 다양한 형태로 변화하여 존재하
고 있다. 흉노-사르마트 시대의 성곽들은 프리오비와 서부 시베리아의
여러 지역에서 발견된다 [Троицкая Т.Н., 1979; Абдулганеев М.Т., Казаков
А.А., 1994; Казаков А.А., Абдулганеев М.Т., 1994; Борзунов В.А., 1994а; 1994
б; 1994в; Чиндина Л.А., 1984; Кунгуров А.Л., Казаков А.А., 1993; Кунгуров
А.Л., 2013; Казаков А.А., 1996; 2014; Берлина С.В., 2010; и др.]. 방어시설
과 건물 축조 시 적용된 시베리아 건축형식은 중앙아시아의 건축양식과
현저한 차이를 보인다 [Давыдова А.В., 1985; Могильников В.А., 1992; Худя
ков Ю.С., 1995; 1999; Данилов С.В., 2004; 2005; Кызласов И.Л., 2008; и др.].

흉노-사르마트 시대에 알타이 지역은 새로운 방어시설 건축양식의
영향을 받았으며, 이로 인해 성곽 건축기법에 변화가 생겼다. 그러나
취락지의 지형적 입지, 방어 구축물 배치, 목조를 이용한 방어 시설과
가옥 건축양식, 성곽 내부 건물들의 공간 배치와 같은 시베리아 건축형
식의 주요 특징들은 여전히 남아 있었다. 이 시기 알타이 지역과 산구
릉 지대에 세워진 성곽의 방어시설 수가 증가하였는데, 방어라인도 5개
까지 구축하였다. 그리고 점토를 이용하여 방어시설을 축조하기 시작했

는데, 이것은 흉노족 도시들의 방어시설과 유사하다.

흉노-사르마트 시기에 북부 알타이 지역에 세워진 성곽들의 문화 정체성을 규정하기 위해서는 별도의 연구가 필요하다. 그러나 현재 이 성곽들은 비야강 중류지역과 비야강과 카툰강 사이에 위치한 마이마 고고학 문화유적으로 간주된다 [Абдулганеев М.Т., Кунгурова Н.Ю., 2005]. 이 문화를 지닌 사람들이 산구릉지대와 서부 시베리아의 산림스텝지역으로부터 알타이 지역으로 방어구축물을 갖춘 취락지 형태의 건축양식을 가지고 왔을 것이라 추측하고 있다. 마이마인들은 북부 알타이 지역의 낮은 지대에서만 거주하였으며, 당시 이 지역을 제외한 알타이 지역에서는 불란-코브이인들이 거주하고 있었다. 후에 마이마인들은 불란-코브이 종족의 한 집단에 귀속되었으며, 북쪽의 산구릉지대에 거주하면서 중세 시대 거주민이 되었다.

중앙 알타이 지역의 얄로만 성곽은 대대적인 발굴 작업 없이는 연대와 문화정체성을 규정하기 힘들다. 이 성곽을 투르크 [Кызласов И.Л., 2004; Соенов В.И., 2004б] 또는 키르키스 [Могильников В.А., 1990] 고고학적 문화유적으로 여기는 견해도 있지만, 이런 견해는 문화층과 인공유물들을 발견하고 연구하기 전까지는 단지 가정에 지나지 않는다. 얄로만강 하구의 방어구축물을 갖춘 취락지는 그 지방의 토착민들이 가지고 있던 건축기술이 아니라, 외부인들의 건축기술로 지어진 것이다. 이 취락지는 알타이 지역의 취락유적들, 그리고 산구릉과 곳에 세워진 성곽들과 유사성을 보이지 않는다. 하지만 얄로만 성곽 축조 시 사용된 몇 가지 건축기법이 흉노족 성곽에서도 발견되기 때문에, 얄로만강의 취락지가 흉노-사르마트 시대에 알타이 동쪽 지역에 거주한 어떤 거주집단과 관계가 있을 가능성이 크다.

7. 결론

위의 내용을 요약하자면, 알타이 지역의 성곽들 7개 중 6개는 흉노-사르마트 시대에 축조되었다. 이런 결론은 알타이 지역 성곽들의 주요 특징(지형적, 배치적, 구조적 특징)을 연구하고, 알타이 지역과 북쪽 산구릉지대에 위치한 취락지와 성곽에서 발견한 물리적 유물들을 비교하여 얻은 것이다. 이 성곽들은 비야강 중류지역과 비야강과 카툰강 사이에 형성된 지대에 자리잡고 있는 마이마 고고학 문화유적과 관련이 있다. 방어구축물을 갖춘 취락지 건축형식을 가지고 있던 이 문화의 주체들이 산구릉지대와 서부 시베리아 산림스텝지역을 떠나 알타이로 이동하였다. 마이마인들은 북쪽의 저지대에서만 생활했으며, 그 밖의 알타이 지역에는 불란-코브이 인들이 거주하였다. 이후 마이마인들은 불란-코브이 종족의 일원이 되었고, 북쪽 산구릉지대에 거주하면서 중세시대의 거주민이 되었다. 얄로만 성곽의 대대적인 발굴 작업 없이는 연대와 문화정체성을 파악하기 힘들지만, 건축기법에 있어서는 시베리아 축조기법이 아닌, 다른 기법을 사용한 것으로 보인다.

고고학적 측면에서 알타이 지역 연구는 지역적으로 균등하게 이루어지지는 않았다. 스텝 지역의 연구는 많이 이루어진 반면, 알타이 북쪽의 산림타이가 지역의 유적에 대한 연구는 거의 이루어지지 않았다. 그렇기 때문에 그곳에 아직 발견되지 않은 성곽들이 존재할 가능성도 배제할 수 없다. 성곽 입지의 지형지리적 특성을 바탕으로 추정해보면 카툰강과 비야강 하류, 그리고 카툰강과 비야강 지류들의 하류 유역에 형성된 남부시베리아 산림스텝지대와 인접하고 있는 북부의 산구릉 지대에서 새로운 성곽 유적을 발견할 가능성이 높다. 비록 가능성이 전혀 없지는 않지만, 알타이의 다른 지역에서 새로운 성곽을 발견하긴 힘들 것으로 예상된다. 그렇기 때문에 새로운 유적지를 탐사하고, 조사를 활성화해야 한다. 또한 이미 발견된 성곽 방어시설들의 공통점과 차이짐을 조사하고, 방어구축물이 있는 마을의 건축술과 내부 배치를 연구하기 위해 발굴 작업의 규모를 확대할 필요가 있다. 이 외에도 습득한 유물들의 상세한 유형 분류 및 실험실 테스트를 하기 위해 설정한 과제들을 현대 자연과학, 컴퓨터 및 수학적 방법을 적용하여 해결해야 한다. 이를 통해 이미 규정된 유적의 연대 편년과 종족 문화정체성을 수정 보완할 수 있으며, 고대 방어구축물을 갖춘 취락지에 거주한 주민들의 경제 활동 양상과 정치적 역할의 흐름에 관한 문제 또한 타당하게 연구할 수 있다. 뿐만 아니라 광범위한 역사-문화적 배경을 지닌 세계 곳곳에서 도시문화와 방어시설이 발전하고 있는 상황 속에서 알타이 지역 토착민과 남부시베리아와 중앙아시아 인접지역의 주민들에게 있어서 알타이 지역에 형성된 이런 취락지의 성립, 기능, 그리고 의미에 관한 문제를 파악할 수 있을 것이다.

⌕ 참고문헌

Абдулганеев М.Т., Казаков А.А. Кулайская культура (I – IV вв. н.э.) на территории лесостепного Алтая // Очерки культурогенеза народов Западной Сибири. Поселения и жилища. – Томск: ТГУ, 1994. – Том 1. – Книга 1. – С. 303-306.

Абдулганеев М.Т., Кунгурова Н.Ю. Новые поселения эпохи железа на реке Бия // Актуальные проблемы археологии, истории и культуры (к юбилею профессора Т.Н. Троицкой). – Новосибирск: НГПУ, 2005. – Том 2. – С. 4-12.

Атлас Республики Алтай. – Новосибирск: Новосибирская картографическая фабрика, 2010. – 84 с.

Берлина С.В. Жилая и оборонительная архитектура населения западносибирской лесостепи в раннем железном веке (по материалам саргатской культуры): Автореф. дис. ... канд. ист. наук. – Тюмень: ТюмГУ, 2010. – 19 с.

Борзунов В.А. Закономерности развития ранних укрепленных поселений Западной Сибири. Городища второй половины раннего железного века // Очерки культурогенеза народов Западной Сибири. Поселения и жилища. – Томск: ТГУ, 1994а. – Том 1. – Книга 1. – С. 337-341.

Борзунов В.А. Лесная полоса и северная часть лесостепи. Городища второй половины раннего железного века // Очерки культурогенеза народов Западной Сибири. Поселения и жилища. – Томск: ТГУ, 1994б. – Том 1. – Книга 1. – С. 318-331.

Борзунов В.А. Саргатские городища. Городища второй половины раннего железного века // Очерки культурогенеза народов Западной Сибири. Поселения и жилища. – Томск: ТГУ, 1994в. – Том 1. – Книга 1. – С. 333-337.

Борзунов В.А. Укрепленные поселения Западной Сибири каменного, бронзового и первой половины железного веков // Очерки культурогенеза народов Западной Сибири. Поселения и жилища. – Томск: ТГУ, 1994г. – Том 1. – Книга 1. – С. 203-244.

Бородовский А.П. Микрорайон археологических памятников у с. Манжерок Майминского района Республики Алтай // Древности Алтая. Межвузовский сборник научных трудов. – Горно-Алтайск: ГАГУ, 2002. – № 9. – С. 42-52.

Бородовский А.П. Продолжение археологического обследования правобережья горной долины Нижней Катуни // Сохранение и изучение культурного наследия Алтая. – Барнаул: АлтГУ, 2007. – Вып. XVI. – С. 183-189.

Давыдова А.В. Иволгинский комплекс (городище и могильник) – памятник хунну в Забайкалье. – Л.: ЛГУ, 1985. – 111 с.

Данилов С.В. Города в кочевых обществах Центральной Азии. – Улан-Удэ: БНЦ СО РАН, 2004. – 202 с.

Данилов С.В. Строительные традиции кочевников Центральной Азии // Россия и АТР. – 2005. – № 2. – С. 108-114.

Казаков А.А. Одинцовская культура Барнаульско-Бийского Приобья. – Барнаул: БЮИ МВД РФ, 2014. – 152 с.

Казаков А.А., Абдулганеев М.Т. Лесостепной Алтай. Городища второй половины раннего железного века // Очерки культурогенеза народов Западной Сибири. Поселения и жилища. – Томск: ТГУ, 1994. – Том 1. – Книга 1. – С. 331-333.

Киреев С.М. Поселение Черемшанка // Охрана и исследование археологических памятников Алтая (тезисы докладов к конференции). – Барнаул: БГПИ, 1991. – С. 84-88.

Кочеев В.А. Свод древнетюркских рунических памятников Горного Алтая. – Горно-Алтайск: АКИН, 2006. – 52 с.

Кунгуров А.Л. Городища эпохи поздней древности на Алтае: картографические и планиграфические особенности // Вестник ТГУ. История. – 2013. – № 2(22). – С.58-61.

Кунгуров А.Л., Казаков А.А. Комплекс городищ около Бийска // Культура народов евразийских степей в древности. – Барнаул: АлтГУ, 1993. – С. 219-231.

Кызласов И.Л. Рунические письменности евразийских степей. – М.: Вост. лит., 1994. – 346 с.

Кызласов И.Л. Памятники рунической письменности Горного Алтая. Часть 1. Памятники енисейского письма. Горно-Алтайск: ГАГУ, 2002. 164 с.

Кызласов И.Л. Руническая надпись на Жалгыз-Тёбе (Новые данные по рунологии и исторической географии Алтая) // Археология и этнография Алтая. – Горно-Алтайск: Институт алтаистики им. С.С. Суразакова, 2004. – Выпуск 2. – С. 66-75.

Кызласов Л.Р. Городская цивилизация Срединной и Северной Азии. Исторические и археологические исследования. – М.: Вост. лит., 2006. – 360 с.

Маринин А.М., Самойлова Г.С. Физическая география Горного Алтая. – Барнаул: БГПИ, 1987. – 110 с.

Матющенко В.И, Чемякин Ю.П., Борзунов В.А. Лесная полоса. Поселения и жилища Западной Сибири эпохи мезолита, неолита и времени перехода к эпохе бронзы // Очерки культурогенеза народов Западной Сибири. Поселения и жилища. – Томск: ТГУ, 1994. – Том 1. – Книга 1. – С. 90-103.

Могильников В.А. Древнетюркские курганы Кара-Коба-1 // Проблемы изучения древней и средневековой истории Горного Алтая. – Горно-Алтайск: ГАНИИИЯЛ, 1990. – С. 137-185.

Могильников В.А. Хунну Забайкалья // Степная полоса азиатской части в скифо-сарматское время. – М.: Наука, 1992. – С. 254-273.

Соенов В.И. Археологический словарь Горного Алтая. – Горно-Алтайск: ГАГПИ, 1993. – 156 с.

Соенов В.И. Изучение крепостей и городищ в Горном Алтае // Комплексные исследования древних и традиционных обществ Евразии. – Барнаул: АлтГУ, 2004а. – С. 337-340.

Соенов В.И. Яломанское городище // Алтай – сокровище культуры.

Наследие народов Российской Федерации. – 2004б. – № 4. – С. 124-125.

Соенов В.И. Полевые работы научно-исследовательской лаборатории по изучению древностей Сибири и Центральной Азии ГАГУ в 2011 г. // Древности Сибири и Центральной Азии. – Горно-Алтайск: ГАГУ, 2012. – № 4(16). – С. 3-8.

Соенов В.И., Константинов Н.А., Соенов Д.В., Трифанова С.В., Бакиянов А.И. Емурлинское городище на Алтае // Древности Сибири и Центральной Азии. – Горно-Алтайск: ГАГУ, 2013. – № 5(17). – С. 83-102.

Соенов В.И., Соенов Д.В., Константинов Н.А. Древние городища Алтая. – Горно-Алтайск: ГАГУ, 2016. – 244 с.

Соенов В.И., Трифанова С.В. О хронологической принадлежности городищ Нижний Чепош-3 и 4 (Горный Алтай) // Туухийин товчоо / Исторические очерки. – Улаанбаатар: ≪Соёмбо принтинг≫ XXK, 2010а. – Том V. – Т. 285-294.

Соенов В.И., Трифанова С.В. Полевые каменные фортификационные сооружения Алтая. – Горно-Алтайск: ГАГУ, 2010б. – 104 с.

Соенов В.И., Трифанова С.В. История Алтая (с древнейших времен до V в. н.э.). Учебное пособие. – Горно-Алтайск: ГАГУ, 2013. – 130 с.

Соенов В.И., Трифанова С.В., Константинов Н.А., Штанакова Е.А., Соенов Д.В. Чепошские городища. – Горно-Алтайск: ГАГУ, 2011. – 228 с.

Соенов Д.В. Городища Алтая и северных предгорий // Исторические, философские, политические и юридические науки, культурология и искусствоведение. Вопросы теории и практики. – 2012. – № 10-1. – С. 173-176.

Степанова Н.Ф., Соенов В.И. Археологические памятники и объекты Чемальского района. – Горно-Алтайск: АКИН, 2009. – 212 с.

Сухова М.Г., Русанов В.И. Климаты ландшафтов Горного Алтая. – Новосибирск: СО РАН, 2004. – 150 с.

Тишкин А.А. Крепостные сооружения в Горном Алтае // Мир Центральной Азии. Археология. Этнология: Материалы международной научной конференции. – Улан-Удэ: БНЦ СО РАН, 2002. – С. 61-67.

Тишкин А.А. Историко-культурное наследие Алтая. Вып. 1: Древности Онгудайского района. – Барнаул, 2006. – 12 с.

Троицкая Т.Н. Кулайская культура в Новосибирском Приобъе. – Новосибирск: Наука, 1979. – 124 с.

Худяков Ю.С. Древние и средневековые фортификационные сооружения в Южной Сибири и Центральной Азии // Военное дело и средневековая археология Центральной Азии. – Кемерово: КемГУ, 1995. – С. 62-73.

Худяков Ю.С. К вопросу об укрепленных поселениях и оборонительных сооружениях в Южной Сибири // Кузнецкая старина. – Новокузнецк: Кузнецкая крепость, 1999. – Вып. 4. – С. 104-119.

Чиндина Л.А. Древняя история Среднего Приобъя в эпоху железа. Кулайская культура. – Томск: ТГУ, 1984. – 255 с.

Шульга П.И. Скотоводы Горного Алтая в скифское время (по материалам поселений). – Новосибирск: НГУ, 2015. – 336 с.

Шульга П.И., Тишкин А.А., Соенов В.И. Городища Нижний Чепош-3 и 4 // Известия Алтайского государственного университета. Серия история и политология. – 2010. – № 4/2(68/2). – С. 249-253.

Soenov V., Konstantinov N., Trifanova S., Soenov D., Konstantinova E. "Specific Character of Localization and Construction of Hill Forts in Mountaninous Areas: A Study of Sites of the First Half of the 1st Millenium AD in the Russian Altai" *Belleten*. – Yıl: 2015, Nisan. – Cilt: LXXIX. – Sayı: 284. p. 1-22.

Результаты археологических исследований древних городищ Алтая

Василий Соенов

Кандидат исторических наук, доцент,
руководитель Научно-исследовательского центра
истории и культуры тюркских народов,
Горно-Алтайский государственный университет

I. Введение

По определению географов, Алтай входит в состав Алтайской горной области, являющейся частью Алтае-Саянской физико-географической страны. Его современный горный рельеф сформировался в результате длительной истории развития земной коры. Здесь распространены горные породы различного возраста: докембрия, палеозоя и мезокайнозоя (гранит, кристаллические сланцы, красноцветные эффузии, известняки, мраморы и т.д., а также рыхлые отложения, являющиеся продуктами разрушения гор – песок, гравий, глина) [Маринин А.М., Самойлова Г.С., 1987].

Алтай, в пределах современной Республики Алтай, является сегодня самой высокогорной областью в Сибири. Многие горные массивы поднимаются выше 3-4 тысяч метров. Расположение горных хребтов имеет определенные закономерности. Наиболее высокие хребты расположены в Центральном Алтае [Атлас Республики Алтай, 2010].

Благодаря своим достаточно благоприятным, несмотря на резкую континентальность, природно-климатическим условиям регион был заселен и осваивался человеком практически во все исторические периоды, начиная с раннего палеолита [Соенов В.И., Трифанова С.В., 2013]. Прямые письменные источники, относящиеся к периоду древности, на Алтае пока не выявлены. Для средневековья имеются небольшие надписи религиозного и эпитафийного характера, написанные разными вариантами тюркской рунической и уйгурской письменностей [например: Кызласов И.Л., 1994; 2002; Кочеев В.А., 2006; Тишкин А.А., 2006]. Поэтому основными источниками по древней и средневековой истории населения Алтая являются археологические источники (в том числе, получаемые археологами в ходе раскопок, антропологические, биологические и др. материалы), а также лингвистические данные. Сегодня к источникам в форме конкретных древних артефактов, следов человеческого труда и антропогенной деятельности в виде археологических памятников добавились такие источники, как, например, результаты палеогенетических исследований.

Археологические памятники, встречаются практически во всех уголках региона [Соенов В.И., 1993]. Преимущественно они располагаются в долинах рек и межгорных котловинах. Алтайские памятники известны в широких кругах, благодаря средствам массовой информации и Интернету. Особенно популярны некоторые стоянки палеолита – Улалинка, Кара-Бом, Карама, Денисова пещера (алт. – Айу-Таш), Усть-Канская пещера (алт. – Алмысту), а также погребения знати пазырыкской культуры – Пазырык, Туекта, Шибе, Башадар, Ак-Алаха.

Другие наши памятники менее известны. Их знают преимущественно в научных кругах. Это разновременные погребальные и культовые сооружения, изваяния, стелы, надписи, памятники наскального искусства, и т.д.

И совсем узкий круг специалистов знаком с поселениями Алтая, оборонительными сооружениями, оросительными системами, производственными центрами. В число этих самых малоизвестных памятников Алтая входят городища, т.е. остатки древних поселений, некогда укрепленных рвами, валами и стенами.

Сегодня я представляю вашему вниманию результаты первого этапа изучения городищ Алтая. Они, в силу своей специфики, являются особыми источниками и их дальнейшее изучение важно для реконструкции военной архитектуры и изучению историко-культурных процессов в Южной Сибири и Центральной Азии.

Труднодоступность речных долин и межгорных котловин Алтая извне позволяло населению не создавать укрепленные поселения и оборонительные сооружения, поскольку естественные фортификационные возможности рельефа хорошо закрывают доступ к местностям, где традиционно располагались населенные пункты, размещались средства материального производства и т.д. [Соенов В.И., Трифанова С.В., 2010б]. Поэтому в большинстве исторических эпох ни укрепленные поселения, ни полевые фортификационные сооружения не были характерны для населения. Тем не менее, к настоящему времени в долине основной алтайской реки Катуни исследователями зафиксировано семь городищ (Черемшанское, Манжерокское, Барангольское, Нижний Чепош-3 и Нижний Чепош-4, Емурлинское, Яломанское) [Соенов В.И., Соенов Д.В., Константинов Н.А., 2016]. Но если для обитателей Алтая не было необходимости в возведении искусственных укреплений, то кем и когда построены эти городища? На наш взгляд, факт существования городищ на Алтае довольно парадоксален и специфичен, поэтому требует особого изучения и объяснения.

II. История изучения городищ

Первые достоверные сведения об алтайских городищах относятся к концу XIX века. Столь позднее начало фиксации остатков укрепленных поселений связано, в первую очередь, со сложностью обнаружения данного вида памятников, поскольку большинство городищ Алтая располагаются на высоких катунских террасах, т.е. в труднодоступных местах, которые были наиболее выгодны в плане обороны. К тому же эти террасы, за исключением яломанской, сейчас заросли лесом и кустарником. С другой стороны, видимо, это объясняется и тем, что до XX века у историков и археологов преобладало представление о застойной архаичности и консервативности социально-экономических отношений у коренного населения Сибири, из-за чего многие исследователи не предполагали искать здесь остатки древних крепостей или городов [Кызласов Л.Р., 2006].

Интересен тот факт, что первое достоверное письменное упоминание об остатках укрепленных поселений на Алтае содержится не в работах исследователей, а в письме православного священника Алтайской духовной миссии Петра Бенедиктова [Соенов В.И., 2004а]. Данный архивный документ датируется 1892 годом. В своем письме «Обществу любителей исследования Алтая в городе Барнауле» миссионер отмечал: «Около Чепоша, на берегу Катуни есть место, где заметны следы древнего городища или военного лагеря: заметны вал и ров, окружающие это место. Говорят, таких мест много в нашем отделении». Далее П. Бенедиктов писал еще об одном месте у Чепоша в виде большого круга, образуемого довольно глубокой канавой. Согласно записанной им у алтайцев легенде, канаву протоптал богатырский конь, ходивший по кругу на приколе.

Профессиональные археологи и краеведы обратили внимание на алтайские городища только во второй половине XX века [Соенов Д.В., 2012]. В конце 1950-х или начале 1960-х годов Б.Х. Кадиковым – сотрудником Бийского краеведческого музея на Северном Алтае открыты Черемшанское и Манжерокское городища. Тогда еще вышеупомянутые архивные сведения конца XIX века о городищах у села Чепош не были введены в научный оборот, поэтому открытия Б.Х. Кадикова стали значительным шагом в изучении укрепленных поселений Алтая. Но, к сожалению, никто из археологов в тот момент не заинтересовался найденными объектами. Поэтому никаких разведочных или раскопочных работ на памятниках не было произведено, но сам факт обнаружения двух городищ свидетельствовал об их неслучайности и явно указывал на перспективность поиска аналогичных археологических объектов, по крайней мере, на севере Алтая, т.е. в зоне низкогорий.

В начале 1980-х годов барнаульским археологом С.В. Неверовым в Центральном Алтае открыто еще одно городище – Яломанское. Интересно, что до настоящего момента оно является единственным городищем, известным за пределами Северного Алтая [Соенов В.И., Соенов Д.В., Константинов Н.А., 2016].

Объекты, отмеченные миссионером П. Бенедиктовым, обнаружены и обследованы профессиональными археологами практически через сто лет. Сначала в 1986 году барнаульскому археологу П.И. Шульге удалось обнаружить городище Нижний Чепош-3, позже им открыто городище Нижний Чепош-4 [Степанова Н.Ф., Соенов В.И., 2009; Шульга П.И., Тишкин А.А., Соенов В.И., 2010; Шульга П.И., 2015].

В 2006 году новосибирским археологом А.П. Бородовским открыто Барангольское городище [Бородовский А.П., 2007].

С конца 1980 годов полевые исследования на алтайских городищах осуществляли археологи С.М. Киреев, Т.Н. Троицкая, В.И. Соенов, П.И. Шульга, А.А. Тишкин, А.П. Бородовский, И.Л. Кызласов. В тот период производились следующие работы: сбор подъемного материала, шурфовка и зачистки, составление описания и инструментального или глазомерного планов памятников.

Наиболее существенные результаты удалось получить в 2009-2013 годах, когда реализовывался наш проект «Древняя и средневековая фортификация Алтая» Благодаря работам по данному проекту обнаружено новое городище – Емурлинское; детально обследованы с производством шурфов все североалтайские городища, а на памятниках Нижний Чепош-3 и Нижний Чепош-4 заложены траншеи, пересекающие фортификационные сооружения [Соенов В.И., Трифанова С.В., Константинов Н.А., Штанакова Е.А., Соенов Д.В., 2011; Soenov V., Konstantinov N., Trifanova S., Soenov D., Konstantinova E., 2015]. В ходе исследований привлекались различные специалисты для реализации работ естественнонаучного, технического и др. направлений[1).

В 2013-2016 гг. нами продолжалось обследование алтайских городищ и мониторинг их сохранности, поскольку большинство

---

1) Магниторазведку на локальных участках городищ Нижний Чепош-3 и Нижний Чепош-4 осуществил начальник отдела информатизации учебного процесса Горно-Алтайского государственного университета (ГАГУ), к.г.-м.н. А.В. Шитов, Емурлинского городища – сотрудник Лаборатории геофизики ГАГУ А.И. Бакиянов. Изучение структуры террасы, на котором расположены городища Нижний Чепош-3 и Нижний Чепош-4, производилось доцентом кафедры физической географии ГАГУ, к.г.-м.н. Н.А. Кочеевой. Предварительное определение костяка животного из ямы 3 городища Нижний Чепош-3 сделано доцентом кафедры зоологии, экологии и генетики ГАГУ, к.б.н. Н.П. Малковым. Детальное палеозоологическое исследование костного материала из городищ Нижний Чепош-3 и Нижний Чепош-4 осуществлено в учебно-научной лаборатории Кемеровского государственного университета к.б.н. С.С. Онищенко. Радиоуглеродные даты по анализу древесного угля и почвы из городищ Нижний Чепош-3 и Нижний Чепош-4 получены в Лаборатории геологии и палеоклиматологии кайнозоя Института геологии и минералогии СО РАН к.г.-м.н. Л.А. Орловой, в Лаборатории археологической технологии Института истории материальной культуры РАН к.х.н. Г.И. Зайцевой и Н.Д. Буровой, в Институте мониторинга климатических и экологических систем Сибирского отделения РАН к.т.н. Г.В. Симоновой. Технико-технологический анализ предметов косторезного производства с городища Нижний Чепош-3 осуществлен в Научно-исследовательском центре истории и культуры тюркских народов ГАГУ к.и.н. Е.А. Константиновой. Предварительный технико-технологический анализ керамики из городищ Нижний Чепош-3 и Нижний Чепош-4, а также из Манжерокского городища произведен в Барнаульской лаборатории археологии и этнографии Южной Сибири Института археологии и этнографии СО РАН к.и.н. Н.Ф. Степановой и в Научно-исследовательской лаборатории по изучению древностей Сибири и Центральной Азии ГАГУ И.А. Николаевым.

объектов находятся в зоне активной хозяйственной деятельности и застройки.

III. Ландшафтно-топографические характеристики

Все североалтайские городища – террасные. Они находятся недалеко друг от друга и имеют совершенно идентичное ландшафтно-топографическое расположение, располагаясь на правобережье Катуни в одной ландшафтно-климатической зоне (на периферии участка увлажненных предгорных и низкогорных горно-таежных ландшафтов перед переходом в среднегорные остепненные ландшафты) с одинаковым набором флоры и фауны; на левом берегу правых катунских притоков; на месте выхода притоков из ущелий, недалеко от их устья; на северо-западной стороне высоких террас [Киреев С.М., 1991; Бородовский А.П., 2002; 2007; Тишкин А.А., 2002; Шульга П.И., Тишкин А.А., Соенов В.И., 2010; Соенов В.И., Трифанова С.В., Константинов Н.А., Штанакова Е.А., Соенов Д.В., 2011; Соенов В.И., Соенов Д.В., Константинов Н.А., 2016]. Только шестое североалтайское городище – Емурлинское расположено на противоположном (левом) берегу Катуни, на юго-восточной стороне высокой террасы, в месте выхода из ущелья речки Емурлы – левого притока Катуни [Соенов В.И., 2012; Соенов В.И., Константинов

Н.А., Соенов Д.В., Трифанова С.В., Бакиянов А.И., 2013]. Только этими деталями отличается расположение Емурлинского городища от остальных. Таким образом, можно считать, что Емурлинское городище имеет полную аналогию с другими североалтайскими городищами по своему ландшафтно-топографическому положению, хотя у него в некотором роде «зеркальное» размещение.

Яломанское городище – мысовое. Оно располагается в других ландшафтно-топографических условиях: в остепненной горной долине Центрального Алтая в среднегорном поясе и отдалено от группы североалтайских городищ всего лишь на 130 км по прямой. Однако это расстояние в условиях труднопроходимости участка долины Катуни между ними является значительным препятствием. В топографическом отношении локализация Яломанского городища также существенно отличается от других объектов Алтая данной категории [Соенов В.И., Соенов Д.В., Константинов Н.А., 2016]. Оно расположено не на выходе речки Большой Яломан из ущелья, а непосредственно у места ее впадения в Катунь на вытянутом мысу, являющимся третьей надпойменной террасой, а не на краю самой высокой террасы в устье ущелья, как североалтайские городища.

В целом все городища расположены только в той части региона, которая относится сегодня к прекомфортной и комфортной зонам для жизнедеятельности человека [Сухова М.Г., Русанов В.И., 2004].

IV. Особенности фортификационных сооружений

В настоящее время фортификационные сооружения алтайских городищ прослеживаются в виде оплывших «валов» и рвов, а также участков развала каменных конструкций. В некоторых местах эти остатки снивелировны так, что проследить их без специальных геофизических методов или раскопок практически невозможно. Произведенные разведочные и раскопочные археологические работы позволили охарактеризовать главные особенности фортификационных сооружений исследовавшихся объектов, за исключением разрушенного карьером Черемшанского городища. Все объекты различаются своими размерами и имеют круговую защиту: североалтайские городища с одной стороны ограничены эскарпированным естественным обрывом, а с остальных трех сторон укреплены специальными фортификационными сооружениями. На центральноалтайском Яломанском городище эскарпирование было невозможно из-за отсутствия почвенного слоя на склоне аллювиального мыса из сыпучего песчано-гравийного состава. Конфигурация фортификационных сооружений в плане неправильной формы у всех изученных объектов. Наиболее мощные линии укрепления в виде системы из нескольких параллельных «валов» и рвов фиксируются в южной и юго-восточной частях четырех правобережных североалтайских памятников, а у Яломанского городища дополнительно укреплены западная и северная стороны, несмотря на достаточно высокие естественные фортификационные возможности. У одного объекта (Нижний Чепош-4) во внутреннем пространстве наблюдается «цитадель». У фортификационных сооружений городищ, по мнению исследователей, были дополнительные детали в виде въездов, башен, «бастионов» и т.п. Рвы североалтайских городищ представляли собой небольшие траншеи шириной до 2 м и глубиной до 1,5 м, только центральноалтайское Яломанское городище имело ров с напольной стороны шириной около 6 м, при сопоставимой глубине. «Валы» городищ, на наш взгляд, являются остатками развала стен и никаких специальных валов не насыпалось. Пока ни на одном из городищ не зарегистрировано использование сырцовых или обожженных кирпичей. Использование техники «хан-ту» также не отмечено. Возможно, крепостные стены была в виде двухрядной каркасно-столбовой или срубной конструкции, пространство между которыми заполнялось глинистым раствором. Под «валом» Нижнего Чепоша-3 и Нижнего Чепоша-4 зафиксированы две глубокие ямы, которые, скорее всего, представляли собой котлованы фундамента башни, располагавшейся в конце крепостной стены у края террасы или столбовую яму каркасно-столбового защитного сооружения. На Яломанском городище существовала стена из бревенчатых секций, заполненных внутри булыжником, щебнем и землей, а также каменные связующие кладки и участки стены из глины. О планиграфии объектов на внутреннем пространстве городищ Алтая сегодня судить невозможно из-за отсутствия раскопанных площадей. Из-за сильной задернованности и залесненности террас с объектами фиксируются только отдельные жилищные западины на территории некоторых североалтайских городищ. На площадке Яломанского городища имеются специально отсыпанные основания жилищ, свидетельствующие о том, что они были наземными.

V. Инвентарь

При проведении разведочных и раскопочных работ на городищах Алтая были обнаружены различные категории вещественных материалов, позволяющие изучить некоторые стороны жизни населения, оставившего памятники, а также установить культурно-хронологическую принадлежность объектов. Основные артефакты представлены находками из раскопок на городище Нижний Чепош-3. С остальных алтайских городищ происходят, преимущественно, фрагменты керамики и орудия труда (обломки курантов зернотерок, пряслица). Предметы инвентаря, заготовки и производственные отходы, сохранившиеся в культурном слое исследовавшихся городищ, были из глины, кости, рога и камня. Металлические предметы не сохранились.

Вещи делятся на несколько групп по функциональному назначению: детали оружия, предметы быта и туалета, украшения и культа, орудия труда, керамическая посуда. Часть найденных на алтайских городищах предметов является датирующей (костяные/роговые накладки лука гуннского типа, туалетная/косметическая щёточка, мочеотводная трубка от детской колыбели, керамика). Они прямо указывают на датировку изделий и памятников гунно-сарматским временем. Другие изделия (костяные/роговые наконечниками стрел, астрагалы животных, бусины из позвонков рыбы, подвеска из когтя, керамические и костяные пряслица, керамический скребок, каменная мотыга?, оселок, роговая проколка, каменный пест, каменные зернотерки) не противоречат их датировке первой половиной I тыс. н.э. Из-за ограниченности объема, я не могу подробно остановиться на датировке артефактов, но аналогии изделиям и аргументация хронологической принадлежности сделано мной и соавторами в нашей итоговой монографии [Соенов В.И., Соенов Д.В., Константинов Н.А., 2016], которая имеется в свободном доступе в бесплатных библиотеках сети Интернет.

VI. Хронологическая и культурная принадлежность

Итак, изучение топографии алтайских городищ позволило выявить закономерности их ландшафтно-топографического расположения. Остатки укрепленных поселений имеются только по берегам Катуни в двух районах: в Северном и Центральном Алтае. Все североалтайские городища привязаны к высоким террасам, центральноалтайское Яломанское городище, расположено на мысу. Сходство ландшафтно-топографических особенностей североалтайских городищ говорит об их единой культурно-хронологической принадлежности. Специфика локализации Яломанского городища и его размеры, на наш взгляд, свидетельствует об отсутствии связи между ним и североалтайскими объектами. На это же указывают отличия архитектуры фортификационных сооружений и строительных традиций. Сравнение городищ Алтая с остатками укрепленных поселений на территории северных предгорий дает возможность приблизиться к установлению хронологии североалтайских объектов и пониманию истоков технологий, использованных при их строительстве.

Серия радиоуглеродных дат, полученная нами по образцам почвы и древесного угля с городищ Нижний Чепош-3 и Нижний Чепош-4, сделана по бензольно-сцинтилляционному варианту. Анализ, проведенный в 2009 году в радиоуглеродной группе

Лаборатории геологии и палеоклиматологии кайонзоя Института геологии и минералогии СО РАН, дал следующие результаты: СОАН-7852 – 1940±60 лет; СОАН-7853 – 2010±40 лет; СОАН-7854 – 1350±45 лет; СОАН-7855 – 1100±70 лет; СОАН-7856 – 1940±40 лет; СОАН-7857 – 2610±40 лет; СОАН-7858 – Проба не датирована, т.к. не выделено достаточного количества органики из почвы; СОАН-7859 – 2370±85 лет; СОАН-7860 – 1820±80 лет; СОАН-7861 – 1790±45 лет [Соенов В.И., Трифанова С.В., 2010а; Соенов В.И., Трифанова С.В., Константинов Н.А., Штанакова Е.А., Соенов Д.В., 2011].

Калибровка дат, осуществленная программами REV 4.3 и OxCal v.3.0 при вероятности 95,4% предоставила интервалы, которые отражены в таблице 1.

Таблица 1. Калиброванные даты СОАН – 7852–7861 с вероятностью 95,4%

Индекс	Памятник	Материал	REV 4.3	OxCal v.3.0
СОАН-7852	Нижний Чепош-4	Уголь	86 г. до н.э. – 229 г. н.э.	60 г. до н.э. – 230 г. н.э.
СОАН-7853	Нижний Чепош-4	Уголь	154 г. до н.э. – 74 г. до н.э.	160 г. до н.э. – 80 г. до н.э.
СОАН-7854	Нижний Чепош-4	Почва	610 – 772 г. н.э.	600 – 780 г. н.э.
СОАН-7855	Нижний Чепош-4	Почва	720 – 1146 г. н.э.	710 – 1050 г. н.э.
СОАН-7856	Нижний Чепош-3	Почва	44 г. до н.э. – 135 г. н.э.	50 г. до н.э. – 140 г. н.э.

СОАН-7857	Нижний Чепош-3	Почва	893 – 593 гг. до н.э.	900 – 590 гг. до н.э.
СОАН-7858	Нижний Чепош-3	Почва	-	-
СОАН-7859	Нижний Чепош-3	Почва	768 – 210 гг. до н.э.	800 – 200 гг. до н.э.
СОАН-7860	Нижний Чепош-3	Почва	26 – 396 г. н.э.	20 – 400 г. н.э.
СОАН-7861	Нижний Чепош-3	Уголь	125 – 380 г. н.э.	120 – 380 г. н.э.

Таким образом, четыре даты по анализу почвы относятся к широкому временному диапазону (от 900 г. до н.э. до 1146 г. н.э.). Остальные пять показателей (три даты по древесному углю и две по почве из столбовой ямы и со дна рва) при калибровке укладываются в рамки 160 г. до н.э. – 400 г. н.э. С учетом разброса радиоуглеродных дат при калибровке с вероятностью 68,2%, мы по данной серии дат можем предположить время существования североалтайских укрепленных поселений, пока в широких рамках, но с максимальной вероятностью: I в. до н.э. – III в. н.э. [Соенов В.И., Трифанова С.В., Константинов Н.А., Штанакова Е.А., Соенов Д.В., 2011]. В дальнейшем хронологические рамки существования городищ будут, скорее всего, уточнены на основании новых находок и естественнонаучных анализов. Пока же нам не удалось уточнить даты четырьмя дополнительными радиоуглеродными датами для городища Нижний Чепош-4, полученными в 2013-2014 годах в

Лаборатории археологической технологии Института истории материальной культуры РАН (Ле-10304, Ле-10305) и в Институте мониторинга климатических и экологических систем Сибирского отделения РАН (ИМКЭС-14С702, ИМКЭС-14С705) [Соенов В.И., Соенов Д.В., Константинов Н.А., 2016]. Измерение бета-активности углерода также было выполнено сцинтилляционным методом, поэтому даты не соотносятся даже эпохально. Сейчас нами планируется получение AMS-дат, возможно, которые позволят осуществить коррекцию абсолютных дат.

Основные возможности для датировки и определения этнокультурной принадлежности городищ дает сравнение предметов инвентаря. Судя ним, городища Северного Алтая принадлежат к гунно-сарматскому времени. Абсолютная дата, полученная при калибровкс ссрнн дат, как отмечалось, дает широкие рамки, но в то же время, по археологическому материалу, не встречающемуся в ранних памятниках, можно пока предложить дату объектов II – III в. н.э., т.е. в пределах сяньбийского периода в истории Центральной Азии.

По нашему мнению, на протяжении всего рассматриваемого периода укрепленные поселения Алтая и его предгорий (естественно, за исключением Яломанского городища) сохраняют сибирскую традицию строительства оборонительных сооружений, появившуюся еще в позднем неолите [Матющенко В.И, Чемякин

Ю.П., Борзунов В.А., 1994; Борзунов В.А., 1994г; Кызласов Л.Р., 2006]. Для нее были присущи такие особенности укрепленных поселений как привязка к мысам и краям террас, деревянные или деревоземляные фортификационные сооружения, эскарпы, наличие небольших рвов, и т.д. Окончательно сложившись в эпоху бронзы, сибирская традиция строительства фортификаций на поселениях существовала в различных вариациях в скифское и гунно-сарматское время, а также на протяжении всего средневековья и в новое время. Для гунно-сарматского времени городища хорошо известны, как в Приобье, так и в других участках Западной Сибири [Троицкая Т.Н., 1979; Абдулганеев М.Т., Казаков А.А., 1994; Казаков А.А., Абдулганеев М.Т., 1994; Борзунов В.А., 1994а; 1994б; 1994в; Чиндина Л.А., 1984; Кунгуров А.Л., Казаков А.А., 1993; Кунгуров А.Л., 2013; Казаков А.А., 1996; 2014; Берлина С.В., 2010; и др.]. Надо сказать, что сибирская традиция строительства фортификаций и построек имела значительные отличия от центральноазиатской традиции [Давыдова А.В., 1985; Могильников В.А., 1992; Худяков Ю.С., 1995; 1999; Данилов С.В., 2004; 2005; Кызласов И.Л., 2008; и др.].

На Алтае влияние иной фортификационной традиции прослеживается в гунно-сарматское время в изменениях техники строительства укреплений. Основные черты сибирской строительной традиции продолжают сохраняться в топографии поселений, планиграфии укреплений, деревянной архитектуре фортификаций и жилищ и, вероятно, в пространственной организации построек внутри огороженной территории, и т.д. В рассматриваемый период на Алтае и в предгорьях увеличивается количество фортификационных сооружений на городищах до пяти линий обороны, начинает использоваться глинобетон при строительных работах, что имеет аналогии в городах сюнну.

Атрибуция культурной принадлежности городищ Северного Алтая гунно-сарматского времени требует особых исследований. Но на сегодняшний день мы считаем, что их нужно относить к памятникам майминской археологической культуры, занимавшей территорию среднего течения Бии и Бие-Катунского междуречья [Абдулганеев М.Т., Кунгурова Н.Ю., 2005]. Традицию строительства укрепленных поселений принесли на Алтай носители этой культуры с предгорий и западносибирской лесостепи. Майминцы заселили только северные низкогорья, а остальные районы Алтая были в это время заняты булан-кобинским населением. В дальнейшем майминцы, вероятно, включившие в состав какую-то группу булан-кобинцев, участвовали в формировании средневекового населения северных предгорий.

Определить хронологическую и культурную принадлежность центральноалтайского Яломанского городища до проведения там широкомасштабных раскопок определить не представляется возможным. Мнения об отнесении памятника к тюркской

[Кызласов И.Л., 2004; Соенов В.И., 2004б] или кыргызской [Могильников В.А., 1990] археологическим культурам остаются на уровне предположений до выявления и изучения культурного слоя, а также обнаружения культурно-диагностирующих артефактов. На наш взгляд, укрепленное поселение на устье Яломана было построено не по местной строительной технологии, а пришлой. Оно стоит особняком как среди алтайских памятников данной категории, так и в группе мысовых предгорных городищ. Не исключено, что оно связано с каким-то населением гунно-сарматского времени, проживавшим к востоку от Алтая, о чем косвенно свидетельствуют некоторые аналогии элементам строительной технологии, использовавшейся при сооружении Яломанского городища, например, на сюннуских городищах.

VII. Заключение

Резюмируя вышесказанное, отметим, что шесть из семи алтайских городищ были сооружены и использовались в гунно-сарматский период. Данный вывод сделан на основе анализа основных характеристик городищ Алтая (топография, планиграфия, конструктивные особенности) и сравнения вещественных материалов поселений и городищ, как Алтая, так и северных предгорий. Их можно отнести к памятникам майминской археологической культуры, занимающей территорию среднего течения Бии и Бие-Катунского междуречья. Традицию строительства укрепленных поселений принесли на Алтай носители этой культуры с предгорий и западносибирской лесостепи. Майминцы заселили только северные низкогорья, а остальные районы Алтая были в это время заняты, видимо, булан-кобинским населением. В дальнейшем майминцы, вероятно, включившие в состав какую-то группу булан-кобинцев, участвовали в формировании средневекового населения северных предгорий. Культурно-хронологическую принадлежность Яломанского городища до проведения там раскопок точно определить не представляется возможным. На наш взгляд, оно было построено не по сибирской, а иной строительной технологии.

В археологическом отношении территория Алтая изучена неравномерно. Наиболее исследованными являются остепненные участки, а менее всего памятников известно в горно-таежной северной части региона. Поэтому можно предположить, что не все объекты данной категории выявлены. Исходя из опыта изучения ландшафтно-топографических особенностей городищ региона, мы считаем, что обнаружение новых памятников данной категории, наиболее вероятно в пределах северных низкогорий, граничащих с западносибирской лесостепью в нижнем (равнинном) течении рек Катуни и Бии, а также их притоков. В остальных районах Алтая открытие новых городищ, на наш взгляд, маловероятно, хотя совсем исключать такую возможность нельзя. В связи с этим необходимо активизировать поиск и фиксацию новых памятников. Также нужно увеличить объемы полевых раскопочных работ для изучения пространственной организации и архитектуры укрепленных населенных пунктов, исследования общих и особенных черт фортификационных сооружений всех известных городищ. Кроме того, необходимо решать задачи подробного типологического и лабораторного анализа полученных материалов с применением современных естественнонаучных, компьютерных и математических методов. Это необходимо для корректировки вопросов хронологической и этнокультурной принадлежности памятников, обоснованного рассмотрения направлений экономической деятельности и политической роли населения древних укрепленных поселений, а также решения на широком историко-культурном фоне в контексте развития мировой городской культуры и фортификации проблемы возникновения, функционирования и значения этих поселений на Алтае для местного населения и жителей сопредельных регионов Южной Сибири и Центральной Азии.

🗐 Библиографический список

Абдулганеев М.Т., Казаков А.А. Кулайская культура (I – IV вв. н.э.) на терри
   тории лесостепного Алтая // Очерки культурогенеза народов Западно
   й Сибири. Поселения и жилища. – Томск: ТГУ, 1994. – Том 1 – Кни
   га 1. – С. 303-306.

Абдулганеев М.Т., Кунгурова Н.Ю. Новые поселения эпохи железа на реке Б
   ия // Актуальные проблемы археологии, истории и культуры (к юбил
   ею профессора Т.Н. Троицкой). – Новосибирск: НГПУ, 2005. – Том 2.
   – С. 4-12.

Атлас Республики Алтай. – Новосибирск: Новосибирская картографическая ф
   абрика, 2010. – 84 с.

Берлина С.В. Жилая и оборонительная архитектура населения западносибирс
   кой лесостепи в раннем железном веке (по материалам саргатской ку
   льтуры): Автореф. дис. ... канд. ист. наук. – Тюмень: ТюмГУ, 2010. –
   19 с.

Борзунов В.А. Закономерности развития ранних укрепленных поселений Запа
   дной Сибири. Городища второй половины раннего железного века //
   Очерки культурогенеза народов Западной Сибири. Поселения и жили
   ща. – Томск: ТГУ, 1994а. – Том 1. – Книга 1. – С. 337-341.

Борзунов В.А. Лесная полоса и северная часть лесостепи. Городища второй п
   оловины раннего железного века // Очерки культурогенеза народов З
   ападной Сибири. Поселения и жилища. – Томск: ТГУ, 1994б. – Том
   1. – Книга 1. – С. 318-331.

Борзунов В.А. Саргатские городища. Городища второй половины раннего же
   лезного века // Очерки культурогенеза народов Западной Сибири. По
   селения и жилища. – Томск: ТГУ, 1994в. – Том 1. – Книга 1. – С.
   333-337.

Борзунов В.А. Укрепленные поселения Западной Сибири каменного, бронзов
   ого и первой половины железного веков // Очерки культурогенеза на
   родов Западной Сибири. Поселения и жилища. – Томск: ТГУ, 1994г.

– Том 1. – Книга 1. – С. 203-244.

Бородовский А.П. Микрорайон археологических памятников у с. Манжерок Майминского района Республики Алтай // Древности Алтая. Межвузо вский сборник научных трудов. – Горно-Алтайск: ГАГУ, 2002. – № 9. – С. 42-52.

Бородовский А.П. Продолжение археологического обследования правобережь я горной долины Нижней Катуни // Сохранение и изучение культурн ого наследия Алтая. – Барнаул: АлтГУ, 2007. – Вып. XVI. – С. 183-189.

Давыдова А.В. Иволгинский комплекс (городище и могильник) – памятник х унну в Забайкалье. – Л.: ЛГУ, 1985. – 111 с.

Данилов С.В. Города в кочевых обществах Центральной Азии. – Улан-Удэ: Б НЦ СО РАН, 2004. – 202 с.

Данилов С.В. Строительные традиции кочевников Центральной Азии // Росси я и АТР. – 2005. – № 2. – С. 108-114.

Казаков А.А. Одинцовская культура Барнаульско-Бийского Приобъя. – Барна ул: БЮИ МВД РФ, 2014. – 152 с.

Казаков А.А., Абдулганеев М.Т. Лесостепной Алтай. Городища второй полов ины раннего железного века // Очерки культурогенеза народов Запад ной Сибири. Поселения и жилища. – Томск: ТГУ, 1994. – Том 1. – К нига 1. – С. 331-333.

Киреев С.М. Поселение Черемшанка // Охрана и исследование археологическ их памятников Алтая (тезисы докладов к конференции). – Барнаул: Б ГПИ, 1991. – С. 84-88.

Кочеев В.А. Свод древнетюркских рунических памятников Горного Алтая. – Горно-Алтайск: АКИН, 2006. – 52 с.

Кунгуров А.Л. Городища эпохи поздней древности на Алтае: картографическ ие и планиграфические особенности // Вестник ТГУ. История. – 2013. – № 2(22). – С.58-61.

Кунгуров А.Л., Казаков А.А. Комплекс городищ около Бийска // Культура на родов евразийских степей в древности. – Барнаул: АлтГУ, 1993. – С. 219-231.

Кызласов И.Л. Рунические письменности евразийских степей. – М.:Вост. лит., 1994. – 346 с.

Кызласов И.Л. Памятники рунической письменности Горного Алтая. Часть 1. Памятники енисейского письма. Горно-Алтайск: ГАГУ, 2002. 164 с.

Кызласов И.Л. Руническая надпись на Жалгыз-Тёбе (Новые данные по рунол огии и исторической географии Алтая) // Археология и этнография А лтая. – Горно-Алтайск: Институт алтаистики им. С.С. Суразакова, 2004. – Выпуск 2. – С. 66-75.

Кызласов Л.Р. Городская цивилизация Срединной и Северной Азии. Историч еские и археологические исследования. – М.: Вост. лит., 2006. – 360 с.

Маринин А.М., Самойлова Г.С. Физическая география Горного Алтая. – Барн аул: БГПИ, 1987. – 110 с.

Матющенко В.И, Чемякин Ю.П., Борзунов В.А. Лесная полоса. Поселения и жилища Западной Сибири эпохи мезолита, неолита и времени перехо да к эпохе бронзы // Очерки культурогенеза народов Западной Сибир и. Поселения и жилища. – Томск: ТГУ, 1994. – Том 1. – Книга 1. – С. 90-103.

Могильников В.А. Древнетюркские курганы Кара-Коба-1 // Проблемы изучен ия древней и средневековой истории Горного Алтая. – Горно-Алтайс к: ГАНИИИЯЛ, 1990. – С. 137-185.

Могильников В.А. Хунну Забайкалья // Степная полоса азиатской части в ски фо-сарматское время. – М.: Наука, 1992. – С. 254-273.

Соенов В.И. Археологический словарь Горного Алтая. – Горно-Алтайск: ГАГ ПИ, 1993. – 156 с.

Соенов В.И. Изучение крепостей и городищ в Горном Алтае // Комплексные исследования древних и традиционных обществ Евразии. – Барнаул: АлтГУ, 2004а. – С. 337-340.

Соенов В.И. Яломанское городище // Алтай – сокровище культуры. Наследие народов Российской Федерации. – 2004б. – № 4. – С. 124-125.

Соенов В.И. Полевые работы научно-исследовательской лаборатории по изуч ению древностей Сибири и Центральной Азии ГАГУ в 2011 г. // Дре вности Сибири и Центральной Азии. – Горно-Алтайск: ГАГУ, 2012. – № 4(16). – С. 3-8.

Соенов В.И., Константинов Н.А., Соенов Д.В., Трифанова С.В., Бакиянов А. И. Емурлинское городище на Алтае // Древности Сибири и Централь ной Азии. – Горно-Алтайск: ГАГУ, 2013. – № 5(17). – С. 83-102.

Соенов В.И., Соенов Д.В., Константинов Н.А. Древние городища Алтая. – Го рно-Алтайск: ГАГУ, 2016. – 244 с.

Соенов В.И., Трифанова С.В. О хронологической принадлежности городищ Н ижний Чепош-3 и 4 (Горный Алтай) // Туухийн товчоо / Историческ ие очерки. – Улаанбаатар: «Соёмбо принтинг» ХХК, 2010а. – Том V. – Т. 285-294.

Соенов В.И., Трифанова С.В. Полевые каменные фортификационные сооруже ния Алтая. – Горно-Алтайск: ГАГУ, 2010б. – 104 с.

Соенов В.И., Трифанова С.В. История Алтая (с древнейших времен до V в. н. э.). Учебное пособие. – Горно-Алтайск: ГАГУ, 2013. – 130 с.

Соенов В.И., Трифанова С.В., Константинов Н.А., Штанакова Е.А., Соенов Д. В. Чепошские городища. – Горно-Алтайск: ГАГУ, 2011. – 228 с.

Соенов Д.В. Городища Алтая и северных предгорий // Исторические, филосо фские, политические и юридические науки, культурология и искусств оведение. Вопросы теории и практики. – 2012. – № 10-1. – С. 173-176.

Степанова Н.Ф., Соенов В.И. Археологические памятники и объекты Чемальс кого района. – Горно-Алтайск: АКИН, 2009. – 212 с.

Сухова М.Г., Русанов В.И. Климаты ландшафтов Горного Алтая. – Новосиби рск: СО РАН, 2004. – 150 с.

Тишкин А.А. Крепостные сооружения в Горном Алтае // Мир Центральной А зии. Археология. Этнология: Материалы международной научной кон ференции. – Улан-Удэ: БНЦ СО РАН, 2002. – С. 61-67.

Тишкин А.А. Историко-культурное наследие Алтая. Вып. 1: Древности Онгуд айского района. – Барнаул, 2006. – 12 с.

Троицкая Т.Н. Кулайская культура в Новосибирском Приобъе. – Новосибирс к: Наука, 1979. – 124 с.

Худяков Ю.С. Древние и средневековые фортификационные сооружения в Ю
　　жной Сибири и Центральной Азии // Военное дело и средневековая а
　　рхеология Центральной Азии. – Кемерово: КемГУ, 1995. – С. 62-73.

Худяков Ю.С. К вопросу об укрепленных поселениях и оборонительных соор
　　ужениях в Южной Сибири // Кузнецкая старина. – Новокузнецк: Куз
　　нецкая крепость, 1999. – Вып. 4. – С. 104-119.

Чиндина Л.А. Древняя история Среднего Приобъя в эпоху железа. Кулайская
　　культура. – Томск: ТГУ, 1984. – 255 с.

Шульга П.И. Скотоводы Горного Алтая в скифское время (по материалам по
　　селений). – Новосибирск: НГУ, 2015. – 336 с.

Шульга П.И., Тишкин А.А., Соенов В.И. Городища Нижний Чепош-3 и 4 // И
　　звестия Алтайского государственного университета. Серия история и
　　политология. – 2010. – № 4/2(68/2). – С. 249-253.

Soenov V., Konstantinov N., Trifanova S., Soenov D., Konstantinova E. Specific Character
　　of Localization and Construction of Hill Forts in Mountaninous Areas: A Study
　　of Sites of the First Half of the 1st Millenium AD in the Russian Altai //
　　Belleten. – Yıl: 2015, Nisan. – Cilt: LXXIX. – Sayı: 284. – S. 1-22.

아시아학술연구총서 10
알타이학시리즈 5

유라시아 문명과 알타이

초판 인쇄 2017년 8월 24일
초판 발행 2017년 9월 2일
지은이 전 광, 류펑주·장사오산, 요시다 유타카, 겔레도르지 에레젠, 바실리 쇼요노프
펴낸이 이대현 | **편집** 홍혜정 | **디자인** 안혜진
펴낸곳 도서출판 역락 | **등록** 제303-2002-000014호(등록일 1999년 4월 19일)
주소 서울시 서초구 동광로 46길 6-6(반포동 문창빌딩 2F)
전화 02-3409-2058, 2060 | **팩시밀리** 02-3409-2059 | **전자우편** youkrack@hanmail.net
ISBN 979-11-5686-972-6 94900

　　　978-89-5556-053-4 (세트)